RECLAM-BIBLIOTHEK

Viele wüste Kommunen dieses verwüsteten Landes beschwerten sich, im spektakulären Band *Öde Orte* vermeintlich oder versehentlich unter Niveau abgeurteilt, ja abgefrühstückt worden zu sein – zu spät, da ist leider für die nächsten fünfundzwanzig Jahre nichts mehr zu machen und nichts mehr zu beschönigen. Belegschaften anderer Wüstungen bedauerten oder triumphierten wiederum insgeheim oder lauthals, keine Erwähnung gefunden zu haben. Solchem Mißstand kann und muß mit *Öde Orte 2* abgeholfen werden.
Der Band schließt die bedenklichen Lücken des ersten und traktiert Städte, Dörfer, Ortschaften wie Düsseldorf, Rostock, Magdeburg, Hildesheim, Rügen, Lüdenscheid oder Neuendettelsau weit über die Schmerzgrenze der Erkenntnis hinaus.

Öde Orte 2

Neue ausgesuchte Stadtkritiken:
von Aalen bis zur Zugspitze

Herausgegeben von Jürgen Roth
und Rayk Wieland

Illustriert von F. W. Bernstein

RECLAM VERLAG LEIPZIG

ISBN 3-379-01662-4

Reclam-Bibliothek Band 1662
1. Auflage, 1999
Reihengestaltung: Hans Peter Willberg
Umschlaggestaltung: Kay Krause und Alexander Fleischmann, Leipzig
Gesetzt aus Stempel-Garamond
Satz: Peter Conrad, Brandis
Druck und Bindung: Ebner Ulm
Printed in Germany

Inhalt

Zugspitze

Trübsal / Schicksal / Bruchsal.
Herbert Och

In Hanau zu sterben ist sinnlos.
Christoph Winnat

Ein Land in Aufruhr

Von Jürgen Roth und Rayk Wieland

»Heute gibt es augenscheinlich nur noch eine, allerdings unsägliche, beinahe tödliche Angst: die Angst, irgendwie grau und öde [...] zu sein«, beschied die *Süddeutsche Zeitung* am 28. September 1998. Können Städte Angst haben? Besitzen sie eine Seele? Ißt Angst Städteseelen auf?

Zumindest die führenden Repräsentanten bundesdeutscher Groß- und Kleinkommunen und ausgewählte Bewohner derselben scheinen Seelen zu besitzen und Ängste zu pflegen. Sie umtreibt das Grauen, ihr Gemeinwesen, für das sie gerade- und einstehen, für das sie sich bei Ungemach in die Bresche schlagen, für dessen gedeihliches Fortbestehen sie alles, ja *alles* tun – ihr fabelhaftes Gemeinwesen werde schlechtgeredet und miesgemacht, niederkartätscht und verhöhnt, in den Schmutz der üblen Gesinnung gezogen und geschändet, ideell.

Sie haben recht. Ein sinnfälliger Ausdruck infamer Geisteshaltung ist das literarhistorisch geadelte Genre der Städtebeschimpfung. Unsere edel gesonnenen Kritiken, versammelt in *Öde Orte* (Leipzig 1998), langten mal behutsamer, mal brachialer hin, legten die schlimmsten urbanen Übel dar und rissen alte Wunden (Sprache, Mentalität, Architektur, Geschichte) wieder auf.

Und die Presse semmelte wie kaum erwartet retour. Das Kasseler Stadtmagazin *INFOTIP* druckte Peter Köhlers Beitrag »Geburtsort der Parkscheibe« nach und löste damit eine kommunale Bewußtseinskrise und -trübung größeren Umfangs aus. Heft 5/1998 fragte, ob man Köhlers Polemik nicht doch lieber »totschweigen« solle. Diverse Prominente entschieden aber mehrheitlich, sich »amüsiert« zu haben, und forderten zugleich, künftig mögen Satiriker bitte auch Vorschläge zur Verbesserung Kassels machen. Die besonders engagierte Universität-Gesamthochschule belehrte über ihre »Pressesprecherin« (dafür also Studiengebühren) Autor und Verlag: »Eine Persiflage will überzeichnen, nicht vernichten. Die gelegentlich witzigen Wortspiele des Autors werden durch seine verbale Zerstörungswut konterkariert. Bezogen auf die Kasseler Universität ist offenbar aber kein Erkenntnisgewinn seit den frühen siebziger Jahren eingetreten. Schade.« Jammerschade, zweifellos.

Deutlich wurde Karl Ernst Seebach vom Deutschen Hotel- und Gaststättenverband DEHOGA: »Ein Buch wie *Öde Orte* vernichtet die Anstrengungen dieser beschriebenen Orte, die Millionen von Steuergeldern ausgeben, um sie für Besucher attraktiver zu machen.« Mathias Lobert, orange promotion, hielt dagegen: »Außerdem kann eine Diskussion, wie sie dieser Artikel entfacht hat, wunderbar dazu beitragen, daß sich wieder einmal etwas tut in dieser Stadt.« Wir erwarten den ersten Zwischenbericht. »Im übrigen«, versachlichte im übrigen Kassels Oberbürgermeister Georg Lewandowski, »scheint es das Konzept des Reclam Verlages gewesen zu sein, deutsche Städte nicht als schöne, sondern eben als öde Orte vorzustellen.«

Turbulent ging es in der *Neuen Ruhr Zeitung* (11. April 1998) zu. »Heinrich Heines böses Wort über die alte Kaiserstadt Aachen dient übrigens als Einstieg«, hieß es da, wir suchen noch heute. »Das Feuilleton der *Frankfurter Allgemeinen Zeitung*«, faßte die *NRZ* nach, »titelte in seiner Buchbesprechung einfallsreich ›Düsseldorf heißt Düsseldorf und ist wirklich ein Dorf‹, hat nur einen Haken«, den nämlichen Heine-Haken: »Düsseldorf kommt in der stattlichen Sudelei als eigenes Thema gar nicht vor.« Während die Stadt Köln, so laut läuten die Glocken selbst an der Ruhr, »mächtig ihr Fett weg[bekommt]« – »aber wenn im Umkehrschluß für Düsseldorf etwas Nettes dabei herauskommt, freut sich der Mensch«, zu früh.

Im selben Blatt wälzte am 25. April 1998 Jens Dirksen gleich die komplette bundesdeutsche Literatur hin und her und entschied, daß Eckhard Henscheid und Joseph von Westphalen die gute Dichtung Bölls und Grass' schmählich niedergerungen und verdrängt hätten – zugunsten einer skandalösen Dominanz der »Beschimpfungskultur [...], fast schon eine eigene Textsorte, wie Germanisten sagen würden«: »Es ist schon fast ein Skandal, was heute so alles Skandal macht.« Präziser: »Flüche, Nörgeleien, Meckertiraden, Schimpfkanonaden verkaufen sich prächtig. [...] Was daran liegen könnte, daß sie auf lauter Dinge und Menschen zielen, die bis dato jenseits der Kritik standen.« – *Öde Orte* betrat also Neuland. »Und so ähnlich funktioniert das eben auch mit den *Öden Orten*«, während Grass und Böll für eine bessere Welt kämpften: »Da ging's um Liebe, da ging's um Politik. Und in *Öde Orte*? Pffft.«

Eher engagiert verdrossen reagierte der Niederrhein über »das Buch, in dem niemand erwähnt sein will« (*Mannheimer Morgen*, 23. April 1998), das Buch mit dem Pfiff, über den »Reiseführer, der gegen den Strich zu differenzieren versteht« (NDR 3, 28. April 1998), über die »satirischen Zungenschläge« (*Kulturspiegel Thüringen* 5/1998) mit Peitschenhieb, den »Runde-Brillchen-Protest« (*Neue Zürcher Zeitung*, 2. Mai 1998) mit »zärtlichem Zynismus« (*taz*, 25. April 1998). Michael Ringels versuchte Moers-Ermordung hatte zwar Jürgen Schmude (SPD, Bundesbildungsminister a. D.) »herrlich amüsiert«, doch die – schon wieder – *Neue Ruhr Zeitung* (26. Februar 1998) ließ »kein gutes Haar« am »Exil-Moerser« und »Konvertiten« Dr. Ringel: »Der Mensch ist an sich verloren, in Fleisch, Gesetz, Tod und Sünde verstrickt, solange er aus eigener Kraft das Heil bauen will. Erlösung wird dem Menschen erst zuteil, wenn er die Frohbotschaft empfängt. Sollte die nun ausgerechnet aus der Stadt über die Moerser kommen, wo die Berliner die Berliner Pfannkuchen schimpfen?«

Nein. Aus Moers erreichten den tapferen Wahrheitssucher weiß Gott wahnsinnig zu nennende Briefe, Ringels Familie sah sich mit unangenehmen Fragen konfrontiert, *WAZ*-

Leser mobilisierten die Öffentlichkeit: »Hanns-Dieter Hüsch kenne ich, aber wer sind Jürgen Roth, Rayk Wieland und Michael Ringel, wo wohnen sie, und können sie überhaupt von eigener Arbeit leben?«

Weit früher mäkelte die *Mittelbayerische Zeitung* (19. Dezember 1997) an Ludwig Langs ziselierten »Dünnpfiff-Theorien« herum, das gut trainierte Nürnberg zog grau-beleidigt nach (»Schnöde Worte über öde Orte«, *Nürnberger Nachrichten*, 21. Februar 1998), und Tom Wolfs Hechingen-Studie sorgte für Ärger: Als »Hans-Wurst-Stadt« müsse Hechingen herhalten, »die ganze Nation amüsiert sich auf seine Kosten« (*Schwarzwälder Bote*, 1. April 1998). Also verweigerte die Hechinger Stadtbücherei die Anschaffung der *Öden Orte*.

Viele freuten sich: Deutschlandradio, Hessenradio, Westdeutsches Radio usf. Als die Stuttgarter *Bild*-Zeitung spitzbekam, daß da was »lief«, enterte – man hatte zunächst erfolglos zu ermitteln versucht, wer der Autor des freundlichen Stuttgart-Gedichts, Jan Orthwien, wirklich sei – folgenden Tags ein Photograph die Frankfurter Herausgeberwohnung. Vorsorglich war das Poem einfach in Satz gegeben worden, und zwar als redaktioneller Beitrag mit Autorangabe: »Von Jan Orthwien«. Bis heute kein Honorar.

Wir schreiben den 17. April 1998. »Frechheit des Jahres: Schmuddel-Dichter beleidigt Stuttgart – Dümmste Stadt der Welt, Quark-Kaff, Verseuchte Grube«. Daneben ein Kasten: »Feiger Autor: Verfasser des Schand-Gedichtes ist ein gewisser Jan Orthwien. Angeblich 30 Jahre alt und Mitarbeiter bei der Zeitung *taz*. BILD-Recherchen ergaben: Jan Orthwien gibt es nicht. Der Name ist ein Pseudonym. Der Mann, angeblich auch noch ein Hesse (!), ist also zu feige, unter seinem wahren Namen zu schreiben.« Der Vorspann konstatiert: »In einem Gedicht beleidigt ein Schmuddel-Dichter unser schönes Stuttgart auf übelste Weise.« Stuttgarts Bürger schlagen zurück, weil: »Wir lieben Stuttgart«.

18. April: »Das ist ER«. Photo. Und Text: »BILD-Reporter spürten ›Schmuddel-Orthwien‹ auf. Mit richtigem Namen heißt er […].« Es folgt ein Interview, an dem praktisch nichts stimmt.

Andere Lokalredaktionen seien enttäuscht über das Fehlen der eigenen Stadt, erklärte *Bild*-Frau Irmgard Nille telephonisch. Nicht so die Münchner. Sie brachte das größte Herausgeberfarbphoto (sehr brav) und ließ am 18. April ihre Straßenverkaufskästen mit dem Plakat behängen: »Böses Buch aus Frankfurt: ›München ist die spießigste Stadt überhaupt‹«. Ungefragt vermehrte Redakteurin Sandra Djajadisastra den inkriminierten Text »Semantisch uneindeutig, auch sonst: eher mies« um etliche Sätze, und geschrieben hatte der Herausgeber plötzlich nicht nur das ganze Buch, sondern auch, die Münchner seien »verkrampft, nörglerisch und aggressiv«. Kein Wort wahr. »Aber glücklicherweise ist uns dieser Frankfurter ziemlich wurscht.«

»Jetzt sogar als Buch erschienen«, polterte *Bild Nürnberg* (21. April 1998): »Üble Schmutzkampagne gegen Nürnberg und seine Bürger. Dieses Buch ist das Übelste, was je über unsere Stadt verbreitet wurde.« Was heißt das? »Völlig entgleiste Satire? Keinesfalls. Viel schlimmer. [...] Andere Städte trifft die üble Hetzerei in Buchform noch härter.« Radio Bremen 2 (23. April 1998) resümierte: »Wenn das die Frankfurter hören; und erst die Bielefelder; und die ebenfalls beleidigten Aachener, Bamberger, Dillenburger, Greizer, Hamburger, Hannoveraner und Moerser! Dann steht in Deutschland eine Neuauflage des Dreißigjährigen Krieges zu befürchten.« In der Stuttgarter Zentrale des Reclam Verlages wurde ein Glas Champagner getrunken.

Widerspruch rief Elke Wittichs Beurteilung der Stadt Aachen hervor. In der *Aachener Zeitung* vom 7. April 1998 langte Chefredakteur Bernd Mathieu persönlich hin; seine Philippika zählt zum Belemmertsten, was die letzten achtzehn Jahre geschrieben wurde. Wir zitieren Auszüge: »Herrlich und dämlich ist es, wenn sie losschlagen, diese selbsternannten Zeilengötter und -göttinnen. Diese verbal herumflatternden Zeitgeistschwalben auf den Bordsteinen der Publikumsbeschimpfung. Diese abgehobenen Alleskönner und alles schlecht schreibenden Besserwisser. Hauptsache: Das Publikum johlt vor Begeisterung! Alles erlaubt. Jetzt werden schon komplette Städte denunziert.« Und kaum beleidigt das Finale:

»Die Frage der Autorin, warum überhaupt noch Menschen in der westlichsten Großstadt des Landes leben, kann getrost unbeantwortet bleiben. Wider Erwarten sind es fast 250 000, die, jedenfalls in den überwiegenden Fällen, freiwillig und gerne hier leben. Sie werden auch den literarischen Tiefpunkt, der den Abgang in die Katakomben des Dilettantismus souverän bewältigt, in ihrem schönen Nest überleben.«

Eine Frau Liesel P. teilte mit, wie großartig ihre Wahlheimat sei. »Der Karlspreis – im Mai am Himmelfahrtstage verliehen – hat sehr prominente Karlspreisträger: Adenauer – Churchill (der sollte ihn meiner Meinung nach nicht erhalten haben – wenn ich an die Dresdner Luftangriffe denke), der König von Spanien u. a. m.« Und: »Die ›großen‹ Söhne: Blamabel, da E. Braun zu nennen (zeigt aber klar den Bildungsstand der Frau Wittich). Beginnen wir mit Karl (Charlemagne) dem Großen [...] – der Flugzeugbauer Messerschmitt – Ludwig der Fromme – Dirigent Karajan – Otto der Große (aus Sachsen stammend). Otto III. (begraben im Dom) [...] – Luise Hensel – Clara Frey – Franziska Schervier – Helene Weber – Emmi Welte« und die im Dom zu Aachen geborene Hildegard von Bingen-Bruchholz-Dannenberg.

»Nach meiner Meinung«, schließt die lange Schrift, »ist Elke Wittichs Beitrag: mehr als ungenügend. Und ihre Sprache rüde und unausgegoren. [...] Wieso druckt Reclam so etwas? Ich wollte dieses Buch kaufen, weil ich eine sachliche Information über Dinge, die man bei den Städtebesichtigungen besser ausläßt, erwartete. Schnell habe ich es zurückgestellt.«

Deshalb bestellte Reclam rasch den zweiten, weitere Orte inspizierenden Band. »Wie wäre ein Buch mit ›Berichtigungen zu *Öde Orte* (Blöde Worte)‹?« fragte Frau P. »Nö«, entschied Doc Sandro (Reclam). »Haut rein!« Also. Bitte.

»Nach Mitscherlichs *Die Unwirtlichkeit unserer Städte* jetzt dieser perfide Dolchstoß in mein kommunales PR-Herz«, urteilte Ewald Müller, Pressesprecher des Deutschen Städtetags, kurz vor dem Antritt des Ruhestands. Sichtlich gutgelaunt widmete er den *Öden Orten* einen Leitartikel in der Verbandszeitschrift *der städtetag* (6/1998). »Ich überlasse es den Tübinger Verantwortlichen, dem gemeinen Beitrag ›Weg damit!‹ – gemeint ist die Stadt Tübingen als solche – die rechte schwäbische Antwort zu geben«, juchzte er, und obgleich wir alles andere beabsichtigt hatten, als mit ausgerechnet Mitscherlich in einem Atemzug genannt zu werden, freuen wir uns über einen hellen Kopf, der trotz Lobbyisten- und toddröger Aktenwälzer- und Pressekonferenzentätigkeit, trotz Aktionshuberei (»Unser Dorf soll schöner werden«) und Heimatremmidemmi den Verstand nicht verlor – sondern den »Schlag ins Kontor, ins Public-Relations-Kontor des Deutschen Städtetages (DTS)« genoß und sich resp. seine Arbeit – mehr durften wir wirklich nicht erwarten – in Frage stellte: »Da habe ich mich wohl vergeblich drei Dutzend Jahre lang um das Image der deutschen Städte bemüht und mit mir die Konferenz städtischer Pressereferenten.« Wohl und weise gesprochen. »Und jetzt dies. Obwohl ich zum Beispiel den Redaktionen über die Jahre hinweg Tonnen von Hinterlassenschaften des von mir so genannten Stadthundes (siehe DST-Beitrag, Reihe A, Heft 24) unter ordnungspolitischen sowie fiskalischen Aspekten verkauft habe. Und obwohl ich die wahnsinnigsten Recherchen von Journalisten unterstützte: So habe ich erst vor kurzem die innovativste deutsche Stadt unter besonderer Berücksichtigung der Alterssolidarität mit suchen helfen.« Tja, Rache ist bitter. Wer die »innovativste deutsche Stadt« sucht und »die Rollenden Pressekonferenzen« initiiert, hat nichts anderes verdient. »Wofür«, so Müller erschüttert, »frage ich mich zum Schluß, habe ich unter 14 Präsidenten und fünf Hauptgeschäftsführern des DST gedient?«

Wir wissen es. Sagen's aber nicht. Trostreich immerhin für Ewald Müller war und ist: »Mein idyllischer Heimatort Marktschorgast im Fichtelgebirge [...] ist von der vielgelesenen Sudelei verschont geblieben, dazu auch Solingen an der Sole, um eine Tucholskysche Wendung zu gebrauchen.«

Solingen vermögen wir auch diesmal nicht zu bieten, es fand sich beim besten Willen kein Freiwilliger; dafür können wir's mit Tucholsky aufnehmen. Dessen berühmtes Pamphlet *Deutschland, Deutschland über alles* (Berlin 1929) beschließt

»eines der schönsten Bekenntnisse zu Deutschland«, wie der Rowohlt Verlag heute wirbt. In der Tat: Nachdem Tucholsky »auf 225 Seiten Nein gesagt« hat, will er unter der Überschrift »Heimat« nun endlich einmal »vorbehaltlos Ja sagen« (Arnold Gehlen), nämlich sein »Herz« sprechen lassen, denn »es gibt ein Gefühl jenseits aller Politik«, und dieses Gefühl stellt sich nicht beim Anblick alter Bäume und welliger Täler ein, sondern bezeugt »etwas allen Gegenden Gemeinsames«, das Deutsche – die Luft, die »so durch die Gassen fließt und nicht anders« und eine Liebe weckt aus »Gründen […], die doch tief im Blut sitzen«.

Offenbar sind hier alle physikalischen Gesetze außer Kraft gesetzt. Tucholsky spricht nicht von Natur, er entwickelt eine Art Metaphysik der Landschaft, ja metaphysikalischen Nationalismus. Die (Vaterlands-) Liebe, eingeschlossen in Gestein, währt, seit Urzeiten unwandelbar, ewig, nichts kann ihr etwas anhaben. Die Heide sei »deutsch«, der »Rhythmus einer Landschaft« ebenso, und wo Tucholsky, die technikfetischistische Zivilisation fliehend, seiner norddeutschen Ebene gewahr wird, steigert sich die hehre Empfindung zur Aufwallung: »Die See – Wie schon Kilometer vorher jeder Pfahl, jedes Strohdach plötzlich eine tiefere Bedeutung hat …«

Tucholsky versteht, lange vor Bob Dylan, die Sprache des Windes. Der Wind spricht deutsch. Hinter oder neben der Klassengesellschaft hockt die wahre Nation, die Heimat. Dieser höhere, reaktionär-verquollene Kitsch reklamiert »wahres Deutschtum« (Goebbels et al.) gegenüber jenen, »die sich ›national‹ nennen und nichts sind als bürgerlich-militaristisch«. Tucholsky denkt und fühlt tiefer, echter, deutscher. »Im Patriotismus lassen wir uns von jedem übertreffen – wir fühlen international. In der Heimatliebe von niemand.« Dem Militär, der Bürokratie, dem Kapital – ihnen gilt sein Zorn, weil sie ihm die Heimat verschandeln. »Wir haben das Recht, Deutschland zu hassen – weil wir es lieben.«

Deprimierend, wenn der Kritiker nach Feierabend Halt sucht und »die stille Liebe zu unserer Heimat« besingt. – Einer der bedeutendsten Dichter der Moderne, Ror Wolf, nannte sich 1997 in seiner Dankesrede zur Verleihung des Staatspreises des Landes Rheinland-Pfalz »Spezialist für das Verschwinden und Fortziehen«. Vierunddreißig Mal habe er den Wohnort gewechselt, und er bezweifle, »in seinen Büchern so etwas wie rheinland-pfälzische Grundstimmungen« zu verbreiten. Aber Mainz, was sei mit Mainz und Umgebung, wo er seit vierundzwanzig Jahren arbeite? »Dünstet da etwa eine Art Heimatgefühl, etwas verbindlich Regionales?«

Ror Wolf beantwortet die Frage, was »Heimat« und wie bedeutend für das Schreiben sie sei, folgendermaßen: »Immerhin: Ich habe über Olm geschrieben. Ich habe oft über Olm geschrieben, nicht nur über Nieder-Olm, auch über Ober-Olm. Ich habe über Mainz geschrieben, über ›Die große Kaltluftglocke über Mainz‹. Ich habe über einen Fall geschrieben, der sich zwischen Boppard und Bacharach ereignet hat, und über andere Fälle, die sich in Möz ereignet haben oder in Prüm, auf dem Motzenberg oder auf dem Betzenberg, ich habe über Schwabenheim geschrieben, Essenheim, Ingelheim und über Zornheim, besonders über Zornheim. Das sind Beispiele. Ich habe – noch ein Beispiel – zwei Jahre im 13. Stock eines Gonsenheimer Hochhauses geschrieben, und Sie dürfen sicher sein, daß fast alles, was damals im 13. Stock eines Gonsenheimer Hochhauses zu hören war, in meinen Büchern steht.«

In diesem bescheidenen Buch, das den ersten, bedenklich lückenhaften Band (nicht wenige Zeitungs- und Rundfunkredakteure bemängelten das Fehlen solcher Perlen wie Düsseldorf, Dortmund oder Koblenz, hier können wir nun Abhilfe schaffen) ergänzt, steht wieder nichts über Wernigerode, Bad König, Wismar, Greifswald, Suhl, Bautzen, Görlitz, Schwedt, Zittau, Wittenberg, Eisleben, Fürstenfeldbruck, Pforzen, Potsdam, Schwäbisch Gmünd, Dessau, Bitburg, Crailsheim, Kerpen, Dormagen, Guben, Cuxhaven, Wilhelmshaven, Osnabrück, Lippstadt, Hagen, Soest, Iserlohn und Bad Tölz.

Dennoch: »Ganz klar steht der Vernichtungskampf gegen die Langeweile vor dem Endsieg« (*Süddeutsche Zeitung*,

28. September 1998), und genauso klar ist, daß dem »Projekt Stadtplanierung« (Jan Orthwien) etwas einerseits Infinites, Sisyphosmäßiges, schwer Steinwälzerisches, andererseits fröhlich Stimmendes eignet, denn es gibt »viele Ecken« zu entdecken und viele Abstrusitäten, Albernheiten, Dämlichkeiten und reichlich Dunkelmännertum, es gilt öffentliche Anlagen zu inspizieren und architektonische Auffälligkeiten unbedingt zu ignorieren. Das Angebot ist so verlockend wie beschämend wie tückisch weit und groß, die Aufgaben wachsen mit jeder neu erforschten Ansiedlung, zumal die Menschen im Lande nach Oden an die Öde, nach »Schicksalen, die betroffen machen« (*DIE ZEIT*, 19. März 1998) und danach verlangen, daß man ihren verhockten Wohnsitzen ordentlich Bescheid gebe und sie, die kompletten Städte, am Ende womöglich des Landes verweise.

Also:

Soll ein dritter Band *Öder Orte* sein? Berchtesgaden, Ahlen, Gütersloh, Lemgo, Paderborn, Goch, Krefeld, Oberhausen, Bottrop, Bocholt, Meschede, Höxter, Holzminden, Saarbrücken bieten sich an. Altenburg, Bad Pyrmont, Rheda-Wiedenbrück, Peine, Vechta, Aurich, Itzehoe, Lübeck, Salzgitter, Oschersleben, Quedlinburg, Cottbus, Jagel, Neubrandenburg, Neuruppin bewerben sich. Frankfurt/Oder, Schwerin, Stralsund, Hamm, Remscheid, Neuss, Olpe, Fulda, Bayreuth, Schweinfurt, Jena, Gera, Kaufbeuren, Ulm, Kempten, Füssen, Passau, Zwiesel, Ingolstadt, Hof, Flensburg, Münster, Dresden, Eberswalde, Chemnitz, Anklam, Hoyerswerda, Todtnauberg stehen Gewehr bei Fuß. Rosenheim und »Scheiß=Darmstadt« (Arno Schmidt) nicht zu vergessen.

Obwohl – die Erfahrung lehrt: Es gibt Schmerzgrenzen. Ein mehrfach verabredetes Interview über Duisburg scheiterte kläglich. Da existieren Orte, die ihre Bewohner mit Sprachlosigkeit schlagen. Nicht minder die reisefreudigen Herausgeber. Es ist zuviel. Es ist zu schwer.

Auf, Aalen!

Von Albert Hefele

He da! Aalen!
Bist du nicht die Stadt an Aal bzw. Kocher?
Inhaberin eines Bürgerspitals
Und von zwo Altenbegegnungsstätten?
Und Veterinärsamt!

– von Heimat- und Schubartmuseum gar nicht zu reden.

Nur Mut – Aalen!
Bist du auch eingekreist von Mantelhof,
Brausenried und Pelzwasen,
Mußt dich behaupten gegen Himmlingen bzw. Geiselwang
Und Brastelburg!

– was haben die schon zu bieten?

Schließlich, Aalen,
Verfügst du über ein Schaubergwerk
Für Ausflug, Abenteuer und Atemkuren.
Einfahrt täglich von 9 bis 12.
Und: Montag Ruhetag.

– da geht die Post ab …

… und, Aalen …
Wie du gelbbehelmte Hausfrauen
In klirrenden Besucherbahnen chauffierst.
Durch Besucherbergwerk
Und Erzgrube Wilhelm!

– das soll dir erst mal einer nachmachen.

Herrgott, Aalen!
Deine Speläotherapie mit medizinischer Betreuung.
Wo der »Tiefe Stollen« gar alles heilt. Fast.
In jedem Fall das Asthma und die Allergien
Und: Atemwegserkrankungen!

– wo gibt's denn das heutzutage noch?

Überhaupt, Aalen –
Dein Limesmuseum mit Sonderausstellungen
»Reiter wie Statuen aus Erz«,
Freie Museumsführung jeden 1. Sonntag,
Und »Römische Krippen«!

– einmalig.

Und dann, Aalen –
Deine Römertage mit großer Truppenparade,
Kampf- und Handwerkeraction wie in echt,
Vorgeführt von Württembergern in Strumpfhosen
Und mit randlosen Brillen.

– das hat was.

Gar nicht zu reden, Aalen,
Von deinem weithin bekannten »Spion«!
Der unermüdlich sein Pfeifchen schmaucht
Im Türmchen vom Alten Rathaus!

– allen Respekt.

Also, Oallah –
Wie dich deine Bewohner gerne zungenschwer rufen,
Dranbleiben und gar nicht hinhören.
Wenn manche sagen,
Das sei doch alles todlangweilig!

– was wissen die denn schon?

An der Saale hellem Strande

Von Hannes Mühlwald

Der Herzog und seine berühmte Frau Friederike (welcher Herzog, wer war Friederike?) von Anhalt-Bernburg waren nicht dafür. Sie verweigerten sich dem Fortschritt, und so führte die Nord-Süd-Eisenbahn durch die fünfzehn Kilometer östlich gelegene Nachbarstadt Köthen und der andere Nord-Süd-Strang durch das zehn Kilometer westlich gelegene Güsten. Die malerische Residenzstadt und stolze Kapitale Bernburg mit dem Renaissanceschloß blieb also zunächst unberührt und wurde erst später neben einigen unwichtigen Dörfern auf eine ostwestlich verlaufende Nebenstrecke gefädelt. Die Landeskinder hatten das Ruhebedürfnis des im übrigen geisteskranken Herzogs während ihrer Bahnreisen noch lange auszubaden, denn man mußte mehrfach umsteigen, wollte man per Bahn nach Berlin, Magdeburg, Halle oder Leipzig.

Wer schnell in die Saalestadt zu reisen gedachte, nahm, sobald es erfunden oder besser: verbreitet war, das Auto, und so rollten die Transporte aus Zuchthäusern und Nervenkliniken nach 1933 zügig – und ohne den Reisenden das Umsteigen zuzumuten – in die Landesheil- und Pflegeanstalt in der Grönaer Straße: Busse mit zugestrichenen Fenstern. Dort warteten auf die menschliche Fracht – darunter auch politische Häftlinge – desinfizierte Duschräume, in denen Gas statt Wasser aus den Leitungen strömte. Euthanasie hieß das furchtbare inoffizielle Stichwort, Herzversagen oder Infektion das andere, urkundlich-offizielle. Ich erinnere mich des großen, während des Krieges auf ein Dach der Nervenklinik gemalten roten Kreuzes vor weißem Hintergrund. Meine Kinderfrage nach der Ursache für diesen aufwendigen Dachschmuck wurde dergestalt beantwortet, dies sei so, damit die feindlichen Piloten Rücksicht nähmen und den ordentlichen Klinikbetrieb nicht störten durch Beschuß oder Bombenabwurf. Die Rechnung ging auf, und das Krematorium auf dem Friedhof am malerischen Gletschergarten (den gibt's sonst nur noch in Luzern!) arbeitete auffällig viel.

Bernburg war damals ein blitzsauberes Städtchen und hieß Sol- und Moorbad. Novalis reiste durch und Goethe. Und Wilhelm von Kügelgen, der mit den herrlichen biedermeierlichen Jugenderinnerungen, wohnte als junger Bursche beim »Ätti« Krummacher und vorher in der *Goldenen Kugel*, dem ersten Haus am Platz. Paganini, Weber und Wagner gastierten am hübschen Hoftheater. Das alles geschah etwas früher und hat nichts mit dem anderen zu tun; jedenfalls rauchte das Krematorium noch nicht. Als »der Ami« 1945 vorrückte, sprengte man vorsorglich die stolze (Saale-) Brücke der SA (»Der Furcht so fern, / dem Tod so nah, / Heil Dir, SA!«), und als das Ganze laut Abmachung »an den Russen« gefallen war, wurden die vormals Vergasten durch Straßenschilder und Schulbenennungen geehrt.

Bernburg wird für mich immer eine Stadt der Erinnerung bleiben und eine, die man sieht beim Flanieren. Es ist 1998 aber auch manch Sichtbares gespenstisch. Das Krummacher-Haus, die *Goldene Kugel*, das gegenüberliegende prachtvolle Kaufhaus (ehem. *Makowski*), das Geschäftshaus *Meyer-*

höfer, die Brandruine des Speichers von Schmalle, *Spedition Fährgasse*, das Palmsche Haus (»Musikschule«), der *Gasthof zum Weißen Schwan*, die neue Waldauer Kirche, das Schützenhaus – fast alles in vornehmer Innenstadtlage. Öde Fensterhöhlen. Aus DDR-Zeiten stammen nur Schmalles Ruine und der verfallene *Schwan*. Sonst wurde damals gern abgerissen, was störte: Barockkrempel, alte Häuschen am Saalekai, die halbe Breite Straße, die halbe Lange Straße, der halbe Kugelweg und manches ganz. Was listigerweise überlebt hatte – und manches hatte das sogar gut –, siecht indessen am zeitgemäßen Virus namens »Rückführung« dahin. Die historische Talstadt wird offenbar, trotz ihrer tausendjährigen Geschichte, einfach aufgelassen, die jüngere Bergstadt zieht sich profan zurück in *KauflandNonnenmacherAldi*-Nirwana-Gefilde.

Die Wende brachte natürlich auch sonst Neues: *Supermarket*, *Sunpoint*, *Backpoint*, *Top Hair*, *Biker Shop*, *Center College*, *Beer Pub Black Water*, den City-Bus; schmucke Fassaden wie kühne Behauptungen zwischen manche Düsternis gestellt; ein schnittiges Pultdach-Glasbüro sinnig in die alte Dachlandschaft des Schloßbezirks lanciert; einen Diskoschuppen in der Barockkapelle auf der »alten Bibel«, jenem zum Park gemachten Friedhof. Auf dem taten sich in meinen Kindheitstagen kühnere Jungs als ich in den alten Familiengrüften um, mancher Totenschädel wechselte den Besitzer. Heute: Gruseldisko mit Gruftikick.

Umbenannte Stätten benannte man wieder um: Eine Olga-Benario-Schule, nach der in Bernburgs Nervenheilanstalt ermordeten Antifaschistin und Frau des legendären brasilianischen Kommunistenführers Carlos Prestes (»Ritter der Hoffnung«), heißt nun erneut anders. Auch der entsprechende Gedenkstein ist rückstandsfrei entsorgt worden. Die Olga-Benario-Straße, an der die Nervenklinik liegt, heißt immerhin noch so.

Die Entwicklung der Bernburger Einwohnerzahl laut Lexikon: 1933 = 38 300, 1938 = 39 500, 1946 = 53 400, 1971 = 45 300, 1998 = 35 900. Die letzte Zahl entspricht etwa dem Stand von 1900. Beachtlich die wilde Entschlossenheit der

Bürger, mit der sie den Karls-Platz aufgerissen haben, sich mit Sprengladungen und allem bergmännischen Zubehör in den anstehenden Fels hineinwühlen und dann schweißüberströmt, aber glücklich auf ihre Tiefgarage zeigen. Natürlich ist das schöne alte Schulgebäude, das einst dort stand, angesichts der geschmolzenen Einwohnerschaft ja auch entbehrlich geworden. Und vielleicht lockt die Parkingofferte im Stadtzentrum Neusiedler an und läßt sie den weiterhin dominierenden Grundton Grau gnädig übersehen. Zumal die Saale nicht mehr nach Phenol stinkt und ihr exotisch anmutender Chemieschaum gänzlich fehlt. Warten wir die Einwohnerstatistik von 2010 ab. Wobei noch sehr die Frage ist, ob die Solvay-Werke oder die Zementfabrik hinter den Weinbergen jemals wieder so viele Leute beschäftigen wie in VEB-Zeiten, als immer wechselweise – gelegentlich auch unisono – Zement- und Ammoniakwolken über der Stadt hingen.

Die Attraktion meiner Kindheit war: »Wir gehen zu den Bären!« Im alten Schloßgraben wurden seit ewigen Zeiten Hans und Lotte gehalten. Manchmal langten sie sich – alle zwanzig Jahre – ein Menschenopfer. Nach dem Krieg einen betrunkenen Russen, der tollkühn in den Zwinger stieg; in den sechziger Jahren einen Mann, von dem die wohltemperierte DDR-Zeitungsmeldung sagte, er sei schwer zu identifizieren gewesen, weil »der Bär ihn vollständig entkleidet« habe; in den Achtzigern einen unvorsichtigen Wärter, der den Tieren kurzzeitig den Rücken zugewandt hatte; und kürzlich – im Tierpark allerdings – opferte ein Bedenkenloser seinen Arm, überlebte aber zumindest.

Oder es hieß: »Wir jehn ßu Reimann!« Dort mietete man ein Ruderboot oder trank am Saaleufer seinen Kaffee. Oder: »Wir heern uns ma de Bluhmuhr an!« Aller Stunde spielt sie, versehen mit jahreszeitlich variiertem Blumenzifferblatt, die Flußhymne des romantischen Historikers Franz Kugler »An der Saale hellem Strande«. Oder: »Wir schpaziern ßum Paradies« – ein köstlicher kitschbestandener Märchengarten, den der alte Lahne als Kaffeeundkuchenlokal gegründet hatte. Oder: »Wir steijen uff dän Kesslertorm« – Spende eines betuchten gründerzeitlichen Kommerzienrats gleichen Namens für seine Heimatstadt. Von dort aus hatte man einen »Rundblick übers schöne Saaletal« per Münzfernrohr. (Kesslers altersschwache Tochter wohnte in unserem Mietshaus und trat zu meinem Kinderschrecken manchmal urplötzlich vor die Tür, wenn ich hinunter wollte.) Den Schützenplatz mit dem Rummel nicht zu vergessen. Oder, später, dafür war ich aber schon zu groß: die »Pioniereisenbahn Drushba«, die heute unter dem Namen »Parkbahn« dem wiedergefundenen Paradies Kaffeeundkuchengäste zuführt. Das alles sind Dinge, die man sieht, aber die Stadt mit Geschichte drängt dann wieder nach vorn.

Abgesehen von der Pioniereisenbahn war alles Erwähnte schon traditionelles Repertoire auch der Kinder um 1940, wenn sie an der Hand der Großeltern den Sonntagnachmittag zu überstehen hatten. Nur daß sie damals nicht wie ich durch die Wilhelm-Pieck-Straße, über den Thälmannplatz und die Friedensallee schritten, sondern durch die Kaiserstraße, die Adolf-Hitler-Straße, die Hauptmann-Loeper- und die Admiral-Scheer-Straße. Auf die gelegentlich vorbeifahrenden Busse mit den zugestrichenen Fensterscheiben allerdings achteten sie nicht. Und sie wurden auch kaum von ihren Eltern auf sie hingewiesen.

Rezept für den Aufbau Ost

Von Hartwig Suhrbier

Gegeben sei: der zweitälteste Badeort an der Ostsee, ein freundlich-verschlafenes Familienbad mit beschaulichen Vorkriegsstrukturen, überkommen unter real-sozialistischer Käseglocke.

Man nehme: gutgläubig-ehrgeizige Gemeindelenker, eine dito Kurdirektion, diverse Investoren mit tatsächlicher oder scheinbarer Kapitalkraft, umtriebige Makler, verkaufswillige Erbengemeinschaften, heimkehrende Alteigentümer; ferner abblätternde Villen in Bäderarchitektur, Baulichkeiten unter treuhänderischer Verrottung, Parkplätze, Rasenstücke, Vorgärten und überhaupt möglichst viel unbebauten Grund in Strandnähe.

Man gebe hinzu: Glas, Stahl, Verbundpflastersteine und reichlich Beton und häufe es mit vielen Versprechungen und einer Prise Sponsoring unter großem Zeitdruck und bei besten Abschreibungssätzen nach der Formel Länge mal Breite mal Geld an.

Man reiße ab: alles, was solchem Maßstab im Wege steht – wie das gewesene FDGB-Ferienheim *Fritz Reuter* aus den fünfziger Jahren, dessen stattliche Halle ragte als spätes Echo auf die mittelalterlich-backsteinernen Großkirchen in Lübeck und Wismar. Solch einen Platz besetze man mit einem Hotel in neuzeitlich-kostengünstiger Zellenbauweise samt Tagungssälen und Dachschwimmbad und gebe ihm einen Namen, der feudalherrliche Tradition vorspiegelt. Ansonsten rechnet sich vorrangig die Errichtung von Residenzen mit Eigentumswohnungen inkl. Tiefgarage und Aufzug.

Man bekommt: kurzfristige Renditen für Anleger und langfristige Folgekosten für die Gemeinde, Zersetzung des gewachsenen Ortsbildes durch architektonische Gemeinplätzchen, mehrere tausend Betten zwecks Urlauberintensivhaltung zu Ferienzeiten und bei sonnigem Wetter Autoschlangen kilometerlang auf allen Zufahrtsstraßen – eine Ortsverödung mithin, die man gesehen haben muß.

Bindet mich fest, Freunde!

Von Joachim Schulz

Warum eigentlich sind Städte nicht mit einem Verfallsdatum versehen? Werden sie nicht schlecht? Nein? Werden sie doch!

Bremerhaven ist das beste Beispiel – was natürlich einigermaßen erstaunt, denn immerhin gibt es »die größte Stadt an der Nordseeküste« (Eigenwerbung) noch nicht einmal zweihundert Jahre, für Städte ja beileibe kein Alter. Bedenkt man die alten Knaster unter den deutschen Orten, die längst tausend Jahre und mehr auf dem Buckel haben, dann sollte der junge Schlacks an der Wesermündung vor Virilität und Saft und Kraft nur so zappeln. Zumindest in dieser Hinsicht aber scheint die örtliche Tourismus-Fördergesellschaft mit ihrem imbezilen Schlachtruf »In Bremerhaven ist alles anders!« ausnahmsweise mal recht zu haben. Denn wohin man sich auch dreht und wendet: überall altersschwaches Knochenknacken, Lethargie und Verfall.

Warum bloß? Am 1. Mai 1827 wurde Bremerhaven als Vorposten Bremens, das große Schiffe wegen der zunehmenden Weser-Versandung nicht länger anlaufen konnten, auf einem morastigen Küstenabschnitt und in Gegenwart von neunzehn drösig-dösigen Niemandslandbewohnern (die sich ohne Umschweife zu den ersten Bürgern des neuen Gemeinwesens ernennen ließen) gegründet. Für 73 000 Taler hatte Bremens Bürgermeister Smidt dem König von Hannover das Gelände abgekauft, und das Getöse, das man beim Bau des Hafens veranstaltete, erregte ein derartiges Aufsehen, daß selbst Weimars ferner Goethe nicht umhinkam, »ein besonderes Interesse« für das »großartige Unternehmen« zu bekunden. Tatsächlich summte und brummte die zügig wachsende Seestadt in den folgenden Jahrzehnten vor Prosperität. Werften sonder Zahl entstanden, der Stolz auf den größten

Auswandererhafen des Kontinents wuchs 1854ff. wie nix, und prompt schickte man sich an, die europäische Kapitale der Hochseefischerei zu werden. Mit Wohlgefallen hörte ganz Bremerhaven zeitgenössische Chronisten davon salbadern, daß Bremerhaven »das treueste Bild einer neuen amerikanischen Stadt« sei. Schulterzuckend hingegen nahm man das Genörgel von Kritikastern zur Kenntnis, die den »krassen Materialismus« der Hafenstädter und die »rücksichtslose Ausbeutung der Janmaats« durch ortsansässige Händler geißelten; ja, selbst Kaiser Wilhelmzwo mochte niemand wirklich gram sein, als er am 25. Juli 1900 ausgerechnet in Bremerhaven seine berüchtigte »Hunnenrede« halten mußte, mit welcher er die Soldateska aufforderte, bei der Niederwerfung des Boxeraufstands am besten gleich jeden Chinesen, der es wagen sollte, ihr über den Weg zu laufen, einen Kopf kürzer zu machen. Denn durch Wilhelms starke Performance gelangte die Stadt endlich zu komplett weltweiter Berühmtheit.

Indessen war es nicht nur mit dem deutschen Imperialismus bald vorbei. Schon 1928 wurde die erste große Werft an der Wesermündung geschlossen. Verdattert registrierten die Bremerhavener in den sechziger Jahren, daß es Reisende nach Übersee durchaus vorzogen, den Atlantik neuerdings binnen weniger Stunden mit dem Aeroplan zu überqueren, statt sich zunächst in den Kaschemmen und Spelunken des hiesigen Rotlichtviertels die Reisekasse aus den Taschen leiern zu lassen und sodann eine endlos lange, seekrankheitsträchtige Überfahrt anzutreten.

Den nächsten Schlag führte die hundsgemeine Fauna: Eßbare Bewohner der Nordsee und benachbarter Gewässer wollten nicht genauso schnell nachwachsen, wie der Bremerhavener Fischersmann sie filetierte. Als sich schließlich gar noch der Asiate, obschon einige Jahrzehnte verspätet, für Wilhelms »Hunnenrede« dergestalt revanchierte, Seefahrzeuge aller Art zu wahren Spottpreisen zusammenzuschrauben, war der Ofen endgültig aus. Urplötzlich saßen Bremerhavens große, unternehmungslustige und clevere Bürger mit den Verlierern der Weltgeschichte in einer Bank bzw. im

Wartesaal des Arbeitsamts, ihre prächtige Heimatstadt – erledigt. Reif für die Sondermüllabfuhr.

Doch uneinsichtig duckt sich die Stadt bis heute mit ihren bröckelnden Fassaden und rostenden Kränen hinter den Deich. Ihre Bürger haben die Zeichen der Zeit entschlossen verkannt und keinesfalls das Bündel geschnürt, um andernorts Besseres zu finden denn Stillstand und Zerfall. Statt dessen gehen sie seit gut zwanzig Jahren einem Full-time-Job als furchterregende Jammerlappen nach. Man muß dazu wissen, daß der Bremerhavener ziemlich exakt die schlechthinnige Inkarnation des pflichtbewußten deutschen Sozialdemokraten ist. Er hat nicht den blassesten Schimmer vom Dolcefarniente. Er kann seine Freisetzung von der Lohnarbeit nicht genießen und sich behaglich schnarchend bis in den hellen Mittag unter die Daunendecke lümmeln, um den Rest des Tages mit wonnevollem Müßiggang zu verbringen. Er springt pünktlich um Viertel nach fünf aus dem Alkoven, als habe er noch immer Stückgutfrachter zu entladen oder Heringe in süßsaurer Marinade zu versenken, läßt sich die Frühstücksbrote einpacken und marschiert entschlossenen Schrittes zum nächsten Hafenkiosk, wo er seine Kumpane trifft. Heult um halb sieben die Sirene in ihren Köpfen, beginnen sie ihr Tagwerk: Sie schimpfen über gemeingefährliche Billigschaluppen, hadern mit dem Schöpfer, der die Erfindung des Passagierflugzeugs zuließ, und traktieren eine Voodoo-Puppe mit Enterhaken, die den *Monitor*-Chef Klaus Bednarz darstellt, welcher im Frischfisch kleine eklige Würmer namens Nematoden entdeckte und dergestalt die gesamte Fischwirtschaft ausknockte. So liegt denn den lieben langen Tag eine dichte Wolke des Lamentierens über der Stadt. Spielend könnte ich behaupten, Bremerhaven sei die einzige Ortschaft der ehemaligen DDR, die auf westdeutschem Boden liegt. Mach' ich aber nicht, da nämlicher Ehrentitel bereits in *Öde Orte* an Bamberg und Kassel verliehen wurde. Und ich will mich ja nicht streiten.

Nichtsdestoweniger drängen sich weitere Parallelen auf. Abgesehen davon, daß Bremerhaven keinen einzigen professionellen Jammerheimer vom Kaliber Jürgen Fuchs hervorbrachte, ist die Kulturlosigkeit an der Außenweser genauso erschütternd wie zwischen Rügen und Erzgebirge. Im wesentlichen besteht der Fachbereich »Geist und Schöne Künste« aus einem grauenhaften Stadttheater und einer Kunsthalle, dem unangefochtenen Abonnementsieger bei den Bedeutungslosigkeits-Weltmeisterschaften. Allerdings würden vermutlich selbst diese beiden Institutionen nicht existieren, wenn sie nicht laut SPD-Buchhaltung zum Inventar jeder Großstadt gehörten, denn der Bremerhavener Kulturbegriff ist auf den simplen Nenner zu bringen, alles sei überflüssig, was nicht über Meere dampft oder mit Kartoffelsalat verspeist werden kann. Insofern muß als Wunder gelten, daß ich in meiner von intellektueller Tristesse gezeichneten Jugend tatsächlich zwei literarischen Lesungen beiwohnen durfte. Beide Male handelte es sich um denselben Vortragenden – einen Lyriker, der ganz gut zum offiziellen Stadtheuler getaugt hätte, am Ende jedoch der Sozialdemokratenseele ein wenig zu radikal dünkte: Erich Fried.

Geringfügig offener stehen die Bremerhavener den Hervorbringungen der Bildenden Kunst gegenüber. Skulpturen und Denkmälern auf öffentlichen Plätzen verlangen sie nicht ab, vor ihrer Enthüllung den Freischwimmer im Hafenbecken zu machen. Einen unzweideutigen Wiedererkennungswert aber sollten sie schon besitzen, und deshalb konnten sich die Küstenbewohner zwar mit den Robben in der Fußgängerzone anfreunden, nicht jedoch mit einem aus rohen Quadern gehauenen Brunnen vorm Stadttheater, der durch zwei weithin sichtbare Rinnen Wasser im Gehsteig plätschern ließ. »Gräßlich! Gefährlich!« ramenterte es allenthalben, und flugs marschierte ein Trupp Rentnerinnen los, stolperte in die Rinnen und brach sich demonstrativ die Haxen. Die Stadtoberen handelten schnell und vernagelten das liebliche Kunstwerk.

Doch nicht allein in kultureller Hinsicht waren die Bremerhavener unseren ehedem geknechteten Brüdern und Schwestern Vorbild. Sie machten ihnen auch vor, wohin das ewige Maulen und Nörgeln führt: Nirgendwo anders habe ich mir den nächtlichen Bummel so häufig durch einen unabweisbar notwendigen 400-Meter-Zwischenspurt verderben müssen, weil sich unversehens ein wüster Haufen von Marodeuren an meine Fersen heftete, der mich aus purer Lust am Vertrimmen für einen Besuch beim Gesichtschirurgen präparieren wollte. Daß Bremerhaven 1987 republikweit Berühmtheit erlangte, indem es erstmals zwei DVU-Kandidaten ins Stadtparlament wählte, war geradezu zwangsläufig.

Damals hatte ich allerdings die Stadt – wie ein Gutteil meiner Altersgenossen – bereits verlassen. Bedenklich finde ich dennoch, daß nicht wenige Exilanten mittlerweile zurückgekehrt sind. Womöglich gibt es einen Virus, der über die Jahre pathologische Heimatverbundenheit auslöst, und deshalb bitte ich schon jetzt darum: Wenn ich demnächst meine Sachen packe und ein Billett einfache Fahrt Richtung Norden löse, dann, Freunde, bindet mich fest!

Samba im Altenheim

Von Stefan Erhardt

»Wo liegt und was ist Coburg?« frug sich 1956 der Lokalhistoriker Dr. Schilling – ohne schlüssige Antwort. Das Wo wäre schnell geklärt: Von der Itz durchflossen, schmiegt sich die »Krone Frankens« mit der »Veste« gerufenen Festung in die leichthügelige Landschaft zwischen Thüringer Wald und Main. Das ist noch nichts Schlechtes, auch wenn das Auge des Besuchers aufs gröbste beleidigt wird vom gründlich mißlungenen Versuch, mit kunststoffbeplatteltem Kaufhaus, div. grauklotzigen Parkdecks und der im Volksmund so genannten Ärzteburg der Stadt einen Hauch BRD-spezifischen Bausündenflairs zu verleihen. Genutzt hat's so manchem umlandigen Ziegeleierben, der in Beton machte.

Das Was-ist allerdings bedarf längerer Ausführungen.

Gut 43 000 Bewohnern bietet die spät zu den Bayern gewechselte Stadt Heim und Handwerk, aber, und schon beginnt die Malaise, mehr als zwanzig Prozent von ihnen dümpeln über der Pensionsgrenze dahin. Das ist der Spitzenplatz im Oberfränkischen, und entsprechend lang sind die Wartelisten der Altersheime.

Angesichts dieses gerontologischen Idylls schrillen längst die Alarmglocken, doch was tut die Coburgerin? Sie gebärt nicht. »Wieder weniger Babys in Coburg«, meldet seit 1992 die Lokalpresse gebärmutter- wie gebetsmühlenartig. Wohin soll das führen? Obwohl mehr Frauen als Männer hier leben? Irgendwas ist da faul. Oder irgendwer.

Man merkt's als Auswärtiger vornehmlich am Verkehr – der schleicht durch die Gassen, als gäbe es eine Initiative »Langsam leben«. Die Beschilderung der Tempo-30-Zonen ist kreuzüberflüssig, über den zweiten Gang kommt ohnehin niemand hinaus.

Auch das Kulturleben zeigt sich angepaßt. Behutsame

Modernisierungsversuche auf dem Theatersektor wurden erfolgreich ignoriert, das Landestheater läßt den Spielplan jahraus, jahrein von muffigen Sesselreißern wie *Madame Butterfly* oder *Im Land des Lächelns* dominieren. Ab und zu streut man, den vier Gymnasien und ihren Oberstudienräten mag's geschuldet sein, einen leichten Brecht dazwischen.

Mit dem Slogan »Werte und Wandel« hat die politische Spitze der Kommune versucht, dem strammen Abwärtstrends wagneresk etwas entgegenzusetzen, was nicht einer gewissen Doppeldeutigkeit entbehrt, führt man sich vor Augen, mit welchen Werten in der Handtasche Coburgs Beamtenwitwen durch die Marktstände wandeln, um ihr wöchentliches Quantum Pferdewurst und »Kuhkas« zu erwerben, letzteres ein trübes Molkereierzeugnis von gallertartiger Konsistenz, dessen Hülle streng an Fugendichtungsmasse gemahnt.

Das seit 1992 hartnäckig auf dem fünfzigsten Breitengrad (Höhe Kiew bzw. Patagonien) viel zu kühl angesiedelte »Samba-Festival« ist ein wirtschaftlicher Gewinn für die Kleingastronomie. Optisch ist es ein Gewinn für alle, denn solche Trümmer Oberweiten, wie sie die Miezen auf den Werbeprospekten in Anschlag bringen, bekommt der Oberfranke nicht alle Tage zu sehen. Was Wunder, daß das »Samba-Fieber alle erfaßt« – »the samba fever has everyone in its grip«, tönt die Hochglanzbroschüre, und spätestens nach dem Besuch des »Sambodromos auf dem Schloßplatz« platzen den Coburgern die Leggings. Halt »unparalleled in Europe«, die Love-Parade ist ein Kaffeekränzchen dagegen.

Selbst das weithin gerühmte »Vogelschießen« hat da nichts zu melden. Zum vierhundertsten Mal wird kurz vor der Jahrtausendwende der Schützenkönig ermittelt sein. Alles Trachten und Streben gilt dem Versuch, das Vorjahresergebnis von 155,7 Teilern zu übertreffen und die Königskette zu erringen. Nach der Königsproklamation ziehen die Schützen vom Ketschenanger gen Rathaus, der Dritte (!) Bürgermeister nimmt an der Balustrade die Traditionsfahne entgegen, während drunten auf dem Kopfsteinpflaster die Ballermänner in Formation antreten. Drei Böllerschüsse – Werte und Wandel, hoch! Hoch! Hoch!

Hernach klemmt man sich an einer der lodernden Bratwurstbuden das Lieblingsfleischprodukt zwischen die Zähne. Ja, die Coburger Bratwurst, von einem amerikanischen Gast mal als »rolled schnitzel« trefflich charakterisiert, ist unwandelbarer Traditionswert. Wie wird das Ding gedreht? Die *Neue Presse Coburg* berichtet: Anfangs gilt es, »entsprechende Schweinefleischstücke durch den Fleischwolf zu drehen, mit Salz und Pfeffer zu würzen und Naturdärme mit der Wurstmasse zu füllen«. Meist stopft man das auf Kiefernzapfen leicht angekokelte Stück in einen Schweinsbräthalter, die Semmel, die der echte Coburger, so ein Münchner Kunstprofessor nach höchsteigener Recherche, mit Vollzug des Wurstverzehrs in die Tonne prügelt.

An Pfingsten erhalten Coburgs Naturdärme mächtige Konkurrenz von unzähligen Blasen. Lands-, Fuhrknecht- und Burschenschaften aus aller Herren Länder drängen ins Oberfränkische, fallen über die Maßkrüge her wie der Borkenkäfer über den Bayerischen Wald, um zum Beschluß des »Kongreß« genannten öffentlichen Gebölkes querspeibetrunken bei dem Versuch zu scheitern, städtische Brunnen leer zu saugen.

Man hat es im Guten versucht, mit Wandparolen, mit zerstochenen Reifen, nix hat's genutzt, sie kommen immer wieder. Mittlerweile zieht sich die spärliche Jugend resigniert in die Vororte zurück, nachdem es jene eine und einzige Kneipe, auf die Coburg vor zwanzig Jahren noch mit dem nackten Bürgerfinger zeigte (Klo-Drogen-Verkauf!), längst nicht mehr gibt, und harrt des Abzugs der studierten Herren.

Seien wir gerecht: Die Damen dürfen inzwischen mittun. Sie huldigen jedoch lieber dem Sauren (vgl. Geburtenrückgang) und stecken sich ein bis drei Gurken »wie gewachsen« in den Schlund. Nicht umsonst hat die Stadt einem ihrer prominentesten Vertreter vor einem Waffengeschäft ein Denkmal dargebracht, dem »Gurken-Alex«. Der speit auch, sommers und herbstens, allerdings Trinkwasser. Die letzten Nostalgietöne, die Coburg spuckt.

Einst konnte man sich rühmen, Europas größte Partnervermittlung für den Hochadel zu sein. Von Mexiko bis Rußland, von Schweden bis Griechenland, von Portugal bis Polen, kein einigermaßen anständiges Königshaus blieb von den sauscharfen Herzogsbüchsen aus Sachsen-Coburg ungetroffen – mit dem Erfolg, daß Queen Victoria hier das erste Wasserklosett des Kontinents errichten ließ.

Selbst die NPD vermochte gegen des Coburgers royalistische Anhänglichkeit nichts zu biegen. Sagt sich königlicher Besuch an, gerät die Bürgerschaft aus dem Fachwerkhäuschen. Weit gefehlt indes, wer blühende Multikultur erwartet. Samba hin, evangelische Asylpfarrer her, mehr als 3781 exakt ausgewiesene Ausländer werden nicht verzeichnet. Ein »Schelm«, der behauptet, täglich würden hier Schwarze Tausende Male mit Füßen getreten.

Das Wappentier der Coburger ist nämlich ein Neger, dessen Kopf sämtliche Kanaldeckel ziert – Resultat eines Fehlers der Ursprungsthüringer. Als harte Fans des um die Jahrtausendwende gerade voll im Trend liegenden Mauritius, des ersten christlichen Märtyrers nördlich der Alpen, malten sie sich den Mohr aufs Wappen. Leider hatte der Bildhauer, der den Ägypter zum ersten Mal in Stein hieb, nach frühchristlichsozialer Art keinen Araber, sondern einen Schwarzen gemeißelt. Fürs Wappen hängte der Coburger konsequent noch den goldenen Ring ans Ohr.

Natürlich fragen Sie sich jetzt: Und heute macht man ein Samba-Festival?

Wenn wir schon dabei sind: Was macht der Sport? Idol Turnvater Jahn ist lange tot, die Taubenzüchter haben Nachwuchssorgen, und der Ortsverein gurkt seit längerem in der Bezirksoberliga herum, gegen so attraktive Teams wie den SV Würgau und die Spielvereinigung Oberkotzau. Der Fußballfan wendet sich mit Grausen. Und zwar ins Ausland: Während einer TV-Übertragung vom Europapokal war ausgerechnet in Belgrads Stadion eine Bayern-München-Supporters-Fahne mit den metergroßen Lettern COBURG zu sehen. Eine Blamage, meinen nicht nur Sportinteressierte.

Zuletzt, bei aller Schande, doch noch eine schöne Meldung. »Taucher haben auf dem Grund eines Hallenbades 24 Stunden lang Schafkopf gespielt und damit nach eigenen Angaben einen Weltrekord aufgestellt.« So geschehen wo? In Coburg. So geschrieben wo? In der *taz*, Rubrik »Was fehlt«. Nur gut, daß die vor Ort keiner liest.

Schwarze Cherusker

Von Thomas Schaefer

Ich kam von Süden und hatte mich entschlossen, per Regionalbahn »Der Cherusker« anzureisen, und so näherte ich mich über Altenbeken, Himmighausen, Sandebeck und Leopoldstal der Residenz des Landes Lippe, neugierig auf eine Stadt, von der ich schon viel gehört hatte, hauptsächlich, daß sie »besonders deutsch« (Ricarda Huch) sei: Detmold (englisch »dead mould« = toter Moder).

Mich empfing trübes, drückendes Wetter, und dabei blieb es während meines gesamten Aufenthalts. Das Klima wirkt sich offenbar gravierend auf die Bürger der Stadt aus, die im übrigen sauber und übersichtlich ist. Die Menschen sind auch sauber, und übersichtlich ist ihre Rede, denn sie sprechen nicht viel. Das wenige, das sie von sich geben, bleibt dem Fremden unverständlich, ein gutturales Murmeln. Ihr eigentlicher Dialekt, das sog. Platt, klingt nach seufzenden Kaulquappen und platzenden Gummistiefeln, die hier gern getragen werden und die traditionellen Holzpantinen verdrängt haben.

Erstaunen erzeugt das hiesige Nationalgericht, der Pickert, ein Pfannkuchen aus meterdickem Kartoffelteig, garniert mit Rosinen, bestrichen mit Leberwurst und Marmelade. Ich ließ es bei einmaligem Genuß bewenden, um mich fortan an Getränken festzuhalten, von denen es nur alkoholische gibt, die Schwarzer Cherusker und Residenzpils heißen und ziemlich exakt so schmecken.

Wer glaubt, die Bürger der Stadt, die sie gern »Lippe-City« oder aus unerfindlichen Gründen einfach »Die Wunderschöne« nennen, seien simple Provinzbacken, sieht sich getäuscht. Nach etlichen Tagen, die ich zunächst in belebten Gassen, dann in unscheinbaren Kneipen und schließlich in jenen die Stadt umschließenden düstren Forsten, »wo Wodans Rabe über braunzapfigen Wipfeln krächzt« (Hermann Löns), verbrachte, wurde mir bewußt, daß Detmold ein Hort des Subversiven ist. Man verehrt als große Söhne zwei jenseits der Stadtgrenzen weitgehend unbekannte Poeten, den Kommunisten Georg Weerth und seinen Gesinnungsgenossen Ferdinand Freiligrath, nach denen die Obersten Straßen und – im Falle Weerths – sogar eine Schule benannten. Kein Zweifel: Eine Lokalität wie Detmold muß etliche bedeutende Köpfe mehr hervorgebracht haben, das lokale Bewußtsein erkor aber just zwei Revoluzzer. Hierzu will passen, daß das Rathaus seit der Jahrzehnte zurückliegenden SPD-Machtübernahme rot gestrichen und der Regionalgott ein gewisser Hermann ist, dessen gleichnamiges Denkmal, ein Meisterwerk der Moderne, hoch über der Stadt im Walde thront. Der Che Guevara der Deutschen Frühgeschichte schlug Anno 9 n. Chr. die römischen Imperialisten und befreite das 1871 entstandene Deutsche Reich. Gegen infame Gerüchte, die Schlacht habe gar nicht bei Detmold, sondern bei Osnabrück stattgefunden, wehrt man sich durch überzeugende Kampfschriften, die in den Medienhäusern der Stadt ausliegen. Diese Blätter sind wohlbekannt und offenbaren den fortschrittlichen Charakter der Bürger, die ihre Automobile mit dem Aufkleber »Fürstenthum Lippe« schmücken und sich dergestalt als Vorkämpfer in Sachen Rechtschreibre- und Staatsform erweisen.

Merkwürdig mutet hingegen die Verehrung für einen Kaffeesieder namens Grabbe an, in dessen Geburtshaus das *Café Gothland* und in dessen Sterbehaus das *Grabbecafé* residiert, wo ich oft verkehrte, um das Publikum zu erforschen: Damen mit Torte und Turban, Versicherungsvertreter, Schüler und einen ausgemergelten Menschen, der trübe vor sich hin blickte und einen Schwarzen Cherusker nach dem anderen kippte.

Oberflächlich Reisende mögen mutmaßen, Detmold sei

monarchisch geprägt, wird doch das Stadtbild nach wie vor vom grazilen Residenzschloß dominiert, das man während der gelungenen Stadtsanierung der sechziger und siebziger Jahre übersah. Dort hausen die Nachkommen der letzten Herrscher und belustigen das Volk hin und wieder mit auf den ersten Blick wenig zeitgemäßem Treiben. Wohl wissend, daß ein Ort, der weder über nennenswerte Industrie noch anderweitige seriöse Einnahmequellen verfügt, nur vom Tourismus zu leben vermag, inszeniert man für seine Gäste nach neuesten Marketinggesetzen konzipierte folkloristische Events. Showtruppen stellen eine »vergleichsweise dezente Hochzeitsfeier« (*Lippische Landes-Zeitung*) nach, *all inclusive*: Boulevards werden abgesperrt, Prachtkutschen aufgefahren, Doubles prominenten Hochadels herangekarrt, Bürger juchzen, die Hof-Sparkasse prägt »Lippische Hochzeitsdukaten« in »limitierter Edition«, der Hof-Einzelhandel gratuliert via Anzeige »dem fürstlichen Brautpaar«, und das ganze Bohei wird groß und prachtvoll in den Hof-Zeitungen präsentiert, derer es gar zwei zu Hof, Unsinn: zu Detmold gibt, was aufs deutlichste den ausgeprägten Hang zum kritischen Diskurs dokumentiert, der sich ab und an gleichfalls in spektakulären Aktionen manifestiert, wenn z. B. heitere Bundeswehrangehörige Ausländer durch die Straßen treiben und das friedliche Detmold in ein ostwestfälisches Pamplona verwandeln.

Am letzten Tag meiner Visite suchte ich noch einmal das *Grabbecafé* auf. Wegen starken Publikumsandrangs fand ich nur Platz am Tisch des Ausgemergelten. Er hatte tiefe Ringe unter den Augen, seufzte schwer, orderte Schwarze Cherusker in Serie und rauchte ohne Pause. Wir kamen ins Gespräch, und der Elende entpuppte sich als Skribent, der beabsichtigte, für den Reclam Verlag Leipzig einen Text über Detmold zu schreiben. Er sei vor Jahrzehnten hier geboren worden, habe lange Jahre unter den Lippanern verbracht und sei für zunächst ein paar Tage zu Recherchezwecken zurückgekehrt. Mittlerweile logiere er einige Wochen vor Ort, seine Verzweiflung wachse unaufhörlich; nichts, rein gar nichts falle ihm ein, und je länger er hier verweile, desto dumpfer und stumpfer fühle er sich. Er pfriemelte einen zerknitterten Zettel aus der Jackentasche, entfaltete das Blatt und begann mit rauher Stimme zu lesen: »Zweifelsohne ist hier viel Geist zu treffen, aber er liegt für jeden Dritten im Schlaf. Man soll ihn wecken, und das hält schwer. Denn da kommt wieder die kleine Stadt: man kennt sich (so sonderbar die scheinbare Antithese lautet) zu genau, um sich nicht untereinander zu genieren, und man geniert sich zu sehr und stößt sich zu sehr zurück, um sich genau zu kennen, – für den Beobachter ein wundersames Schauspiel. Wie manche Lust, wie mancher Lichtfunken geht dadurch unter, aber mit Recht, denn die Leute selbst sind am Untergange schuld.«

Ich sprach mein Lob aus und bezeichnete das Stück als ermutigende Talentprobe, die allen Anlaß gebe, an das Gelingen eines trefflichen Aufsatzes über Detmold zu glauben. Das sei nicht von ihm, erwiderte er, sondern vom vermaledeiten Grabbe, einem Nestbeschmutzer, notorischen Säufer und Poeten, der sich an und in Detmold zu Tode getrunken habe. Er könne Grabbes Text fast auswendig, der ultimative Detmoldtext sei das, dem er nichts, aber auch gar nichts hinzuzufügen habe.

Ich wendete mich zum Gehen und nahm – auf sein flehentliches Bitten – den erbarmungswürdigen Schreiber mit. Als wir bei Rinteln die Weser erreichten, verließ mich der Unglücksmensch. Er wolle per Kahn weiter gen Bremerhaven, um sich nach Amerika einzuschiffen, obwohl es dort eine beachtliche lippische Kolonie und sogar eine Kopie des Hermann gebe.

Offensichtlich verlor der Arme späterhin völlig die Orientierung: Gerüchte behaupten, man habe ihn zuletzt in Göttingen gesehen, wo er eine zweifelhafte Existenz führe. Schicksale gibt es!

Dippspoldiwalde

Von Michael Rudolf

Das malerische Städtchen Dippoldiswalde war und ist ein von jeglichem modernen Baufrevel verschonter Spielzeughäuserhaufen. Sacht legt er sich in die abschwingenden Linien des Osterzgebirges. Einzig ein stalinistischer Hochstraßentorso sintert am Ebenmaß der südlichen Stadtrandlage vorbei.

Die ehemalige Fachschule für Lebensmitteltechnik (o. s. ä.), an der wir von 1985 bis 1988 studierten, glich einer Strafkolonie für gefallene Dozenten, und das seminarische Miteinander ähnelte auffallend den mehrheitlich totalitär strukturierten Innereien von Schrebergartenkolonien. Die Studentinnen zeigten sich in ihrer Primäreigenschaft als Hausfrauen nicht wenig erbost über die Bestrebungen der DDR-Lebensmittelforschung, gänzlich fettfreie Butter herzustellen. Wütend brüllten sie gegen diesen Angriff auf die Grundlagen privaten Wirtschaftens an. Andererseits schien es ohne Belang für sie zu sein, wichtigste persönliche Geheimnisse im Kollektiv auszuwerten. Gestik und Mimik zeugten von innigster Vertrautheit mit den Spirituosen, von beispielhaft gesäßorientierter Anatomie. Fischige Münder entblößten viel zu kurze Zähne in tief herunterlaufendem Zahnfleisch oder riesige braun gerauchte Hauer, die die Unterlippe vor jeglicher Unbill beschirmten. Aus solchen Schlünden brodelten Sätze wie dieser hervor: »Das hat die Konsequenz, daß daraus folgende Schlußfolgerung resultiert.« Verloren waren sie an das Reich der geistigen Finsternis, da können Sie einen drauf lassen.

Das Mittagsbier und eine Brühe bezogen wir aus der Geflügelgaststätte. Dort bestaunten wir am liebsten die vielen Tauchsieder, die der Wirt für jene Gäste an die Wände gebosselt hatte, die ihr Bier erhitzt trinken wollten. Anders war es damals nicht zu genießen. Unsere Trinkexerzitien mußten wir jedoch über den hellichten Tag verteilen, denn die einzige Wirtschaft im Ort, *Die Pforte* nämlich, verrammelte ihre Pforten bereits um 19 Uhr. Da hieß es Kampftrinken und immer gleich fünf halbe Liter auf einmal bestellen.

Das Gespräch mit den Autochthonen geriet allein dadurch zum Problem, daß besagter Landstrich den Südostausläufer des Tals der Ahnungslosen figurierte. Sofort und unaufgefordert setzten sie Fremden lautstark zu und sprachen im an Hilfsverben und Quetschlauten so reichen Idiom der Eingeweihten von ihren selbstmodellierten Westantennen. Da dies das einzige Thema blieb, ihre Ausdrucksmöglichkeiten schnell an eng gesteckte Grenzen stießen sowie Metrum und Modulation konsequent außer acht gelassen wurden, tranken wir nur mit ihnen, wenn sie uns auch dafür bezahlten. Dergestalt bekräftigten wir unseren Ruf, den wir als Ehrenmänner genossen.

Von den dreiunddreißig Anfängern des Studienjahrganges waren am Ende elf übriggeblieben, und wer – wie wir – das Hamstertrinken in der Radeberger Exportbierbrauerei überlebt hatte, dem wäre es nur noch mit der ML-Prüfung schiefgegangen. Wie jauchzten wir, als unser mündliches Prüfungsthema auf den Namen »Der Linksradikalismus, die Kinderkrankheit des Kommunismus« hörte. Stundenlang hätten wir berichten können, wurden aber nach zwanzig Minuten mit Zubilligung der Note 1 unterbrochen. Und nachdem die Ingenieursarbeit sauber und akkurat getippt, letztlich jedoch nur mit Ach und Krach unter Dach und Fach gebracht worden war, stand der Beendigung der Studien nichts mehr im Wege. Wirklich nichts mehr.

Ein Einkaufsmärchen

Von Fritz Eckenga

Dortmund ist eine gute Stadt. Man kann viel einkaufen. Dortmund ist Einkaufsstadt. Es hat eine lange Fußgängerzone. Mitten im Zentrum. Dort gibt es alle Geschäfte. Deswegen muß man als Einheimischer zum Einkaufen nicht wegfahren. Es scheint aber Orte zu geben, in denen es nicht alle Geschäfte gibt. Deren Einwohner schätzen Dortmund und besuchen es während der Ladenöffnungszeiten. Die meisten kommen mit dem Auto. Das ist kein Problem. Dortmund hat viele Parkmöglichkeiten. Mitten im Zentrum. Neben der Fußgängerzone. Das ist sehr attraktiv. Vor allem für die, die aus den Geschäften viel abtransportieren müssen.

Für die Besucher wird es aber noch besser. Bald können sie mit dem Zug nach Dortmund fahren und direkt neben den Bahnsteigen einkaufen. Dann müssen sie gar nicht mehr in die Innenstadt. Anfang des nächsten Jahrtausends wird Dortmund den modernsten Bahnhof der Welt haben. Er soll fast eine Milliarde Mark kosten. Ein riesengroßes, linsenförmiges, gläsernes Gebäude, das augenscheinlich wie ein UFO über den Bahnanlagen schwebt. Es sieht auf Modellzeichnungen aus, als hätten es Science-fiction-Architekten aus Hollywood entworfen.

Im UFO wird es viele neue Geschäfte geben. Fast noch einmal so viele, wie jetzt bereits in der Fußgängerzone sind. Aber nicht nur an die Bahnreisenden wurde gedacht. Auch wer mit dem Auto kommen will, kann kommen. Es wird viele Parkmöglichkeiten geben. Mitten im UFO. Neben den Bahngleisen. Das ist sehr attraktiv. Vor allem für die, die aus den Geschäften viel abtransportieren müssen. Weil es ein so modernes Gebäude ist, werden dort die Ladenöffnungszeiten bestimmt auch moderner sein als in der Fußgängerzone.

Vielleicht bis 22 Uhr. Dann können die auswärtigen Besucher zwei Stunden länger in Dortmund bleiben als heute.

Die Dortmunder sind stolz, daß sich ihre Stadt immer weiter modernisiert. In den Zeitungen steht täglich viel Gutes über die neue Errungenschaft. Manchmal vergleicht man Dortmund ihretwegen schon mit Metropolen wie Paris oder London, wo ja auch viele aufsehenerregende Gebäude gebaut werden. Und obwohl die Journalisten ihre Stadt gerne »Westfalenmetropole« nennen, muß man wohl sagen, daß sie da noch etwas übertreiben. Paris und London besucht man ja auch, wenn man dort vielleicht gar nichts einkaufen will.

Einige wenige Dortmunder sind nicht so optimistisch wie die anderen. Manche haben Angst, daß die Geschäfte in der langen Einkaufszone weniger oder gar keine Kunden mehr bekommen, wenn die neuen im Bahnhof eröffnet sind. Bestimmt müßten dann viele sogar ganz schließen, die Innenstadt würde veröden, und die Besucher der Stadt würden das UFO gar nicht mehr verlassen. Und wenn man dann selber mal ein paar andere Gesichter sehen wollte, hätte man dazu auch nur im Bahnhof die Gelegenheit.

Das ist aber bestimmt eine sehr übertriebene Schwarzmalerei. Wenn so eine schlimme Zukunft zu befürchten wäre, hätten die Politiker Dortmunds es garantiert nicht zugelassen, daß so viel Geld für ein Gebäude ausgegeben wird. Schließlich empfinden die Regenten der Stadt eine große Verantwortung, die ganz tief in der Tradition wurzelt. Seitdem es nämlich Demokratie in Dortmund gibt, wird die soziale Partei mit großer Mehrheit an die Spitze gewählt. Alle fünf Jahre wieder. Und die Menschen, die das tun, tun es, weil sie wissen, daß sie sich auf ihre Politiker verlassen können. Außer in Dortmund und in Dortmund ähnlichen Orten des Ruhrgebietes findet man so ein Vertrauen in die Gestaltungskraft und Ehrlichkeit der Bürgervertreter wohl nur noch in Bayern.

Deswegen kann man als Dortmunder ganz beruhigt sein. Auch im nächsten Jahrtausend wird man in seiner Stadt viel einkaufen können. Und zwar in der Fußgängerzone und im Bahnhof.

Setz dir Perücken auf von Millionen Locken,
Setz deinen Fuß auf ellenhohe Socken,
Du bleibst doch immer, was du bist.

Johann Wolfgang von Goethe

Für schön

Von Martin Sonnenschein

Im Sommer 1998 startete die Hirschbrauerei eine Werbekampagne in Sachen Düssel Alt, die das gesamte Elend der Gemeinde kokett offenbarte: »Was wäre Düsseldorf ohne sein Düssel? Dorf.«

Ein Obergäriges schickt sich rheinisch-frohnatürlich an, die Stadt über die Niederungen ländlicher Idylle hinauszuheben. Indessen: Düsseldorf ist und bleibt Dorf. Diese schlichte Tatsache jedoch möchte hier niemand wahrhaben, sie wird mit Rheinufertunneln kaschiert, mit der neuen Medienmeile adrett zubetoniert, daneben Stadttor, Zollhof, Innenhafen usf. Man wäre so gern Stadt, Großstadt, Metropole. »Begrabt mein Herz an der Biegung der Theke« ist in dieser Hinsicht der frommste Wunsch, den Düsseldorfer hegen können.

Immerhin bricht sich zuweilen die Erkenntnis Bahn, wenigstens Landeshauptstadt zu sein, wiewohl kein Mensch weiß, womit dieser Status verdient ward – zumal die ohne Zweifel bedeutendere Stadt nur fünfzig Kilometer weiter südlich liegt. Das beherrscht natürlich jedermanns Bewußtsein, das peinigt die Gemüter, und so heißt man alles willkommen, was der Konkurrenz, der Domstadt (als ob da überhaupt ein Vergleich statthaft wäre), Häme und Hänseleien einträgt. Lediglich die Kölner scheinen sich blenden zu lassen von solcher pappmondänen Aufmüpfigkeit und trompeten kräftig retour, sobald sie Düsseldorfs Gebell vernehmen – armes Rheinland!

Auch erinnert man sich gern daran, der Schreibtisch des Ruhrgebiets zu sein. Verwaltet wird hier, geknickt, gelocht und abgeheftet. Akten hinterlassen aber keine Spuren. Und so ist Düsseldorf der Ort ohne Eigenschaften, blankpoliertes Allerweltsfurnier, ein Ort, an dem die Buchhaltermentalität in ihrer anämischen Akkuratesse regiert.

Düsseldorf will mehr. Was das normale Dorfambiente übersteigt und Ruhm und Ehre mehren soll, ist geliehen, importiert, auf Pump installiert und schaut aus wie ein neureicher Riesenkretin mit Rolex, Rolls und Boss-Rolli – billig, peinlich, obszön. Selbst die Kö, die »Prachtmeile« von angeblich europäischem, ja mondänem Flair, signalisiert nur das verhockte Verständnis angeberischen Reichtums: ein Straßenstrich, der dem rohen Golde huldigt. Britische Ironie, französischer Esprit oder amerikanische Nonchalance – auf diesen achthundert Metern nicht zu finden. »Wo findet man heute noch so brillant ondulierte Blondinen um die Fünfzig, Mundwinkel und Kinn deutlich himmelwärts für die freie Sicht auf opulente Perlenketten«, fragt Matthias Horx – rein rhetorisch. Die Kö hat sämtliche Klischees übertroffen, die sich um sie ranken. Sie ist das »Asyl für geistig Obdachlose« par excellence, das Negativ einer Geschmacksirritation, dem Leben inmitten der Angestelltenkultur zu eigen. »Nichts kennzeichnet so sehr dieses Leben [...] als die Art und Weise, in der ihm das Höhere erscheint. Es ist ihm nicht Gehalt, sondern Glanz.« (Siegfried Kracauer) Kein Wunder, daß sich Düsseldorf als Modestadt einen Namen hat machen können, allerdings – auch kein Wunder – wird hier Mode in erster Linie konsumiert, nicht kreiert.

Wer freiwillig nach Düsseldorf zieht, teilt das Schicksal jener Motten, die des Nachts um gleißende Laternen kreisen. Düsseldorf gleich Blendwerk. An keinem anderen Ort Deutschlands wird man vom Gemüsehändler je den Tip bekommen, eine ordinäre Kürbiscremesuppe mit »frischem Lachs« aufzupeppen. Namedropping steht hoch im Kurs. Nur so ist auch die »implodierende Saudummheit« (Eckhard Henscheid) zu erklären, daß 1991 Bundespräsident von Weizsäcker, Gebieter über die seinerzeit wohl geschmeidigste aller Zungen, den Heinepreis einfahren durfte. Was Weizsäcker und Heine gemeinsam haben? Den schmucken

Namen – der den dorfvorstehenden Preisverleihern aufs blamabelste zur Ehre gereichte.

Hier, am Niederrhein, ist der Titel *Öde Orte* heimisch, hier nur findet er zu sich, wahrhaft und ohne Scheiß. Etymologisch verwandt mit dem germanischen Adjektiv »öde« ist das griechische »ausios«, das »leer« und »eitel« meint. In diesem Sinne ist Düsseldorf astrein öde. Eine eitlere Stadt kann man lange suchen – und eine, die derart das Vakuum poliert, ebenfalls.

Entledigte man Düsseldorf der Perücken, käme entweder der Schweinekoben zum Vorschein oder ein blankes Stück Weltraum. Es bliebe wenig davon, was gemeinhin Düsseldorf heißt: das Stadtzentrum, die Altstadt, die Rheinuferpromenade, die Kö, Oberkassel. Alles andere ist Derendorf, Flingern, Eller oder Bilk, gleichsam der Vorhof zur ländlichen Idylle. Oder Hölle.

Jahre ohne Kesselstein

Von Tilo Köhler

»Wie geht's, wie steht's?« erkundigte sich Walter Ulbricht 1953 bei den jungen Stalinstädtern scherzend, die ihn nach der Taufe ihrer Siedlung feierlich umringten. »Großartig«, erwiderten die jungen Stalinstädter scherzend, denn sie konnten ja nicht ahnen, daß sie um ein Haar Karl-Marx-Städter geworden wären, hätte nicht der Marschall sich so überraschend aus den Klassenkämpfen fortgestohlen. Und daß sie acht Jahre später Eisenhüttenstädter würden, wußte nicht einmal ihr bartbewehrter Sekretär, der erst 1961 alle damit überraschte: Am Samstag fuhren sie aus Stalinstadt ins Grüne, und am Sonntag kehrten sie nach Eisenhüttenstadt zurück. Die Fahrkarten behielten vorerst ihre Gültigkeit, doch Stalin fiel von unbekannter Hand und sein Sockel direkt in den Oder-Spree-Kanal; und da er, ausgerechnet in der Stahlarbeiterstadt, nur eine Gipsnachbildung des bronzenen Vorbildes der hauptstädtischen Magistrale war, trieb das geköpfte Haupt des Völkerlenkers nach Berlin zurück, um Walter Ulbricht nicht ganz unschuldig aus der Verantwortung zu entlassen. Auch das Original selbst war natürlich über Nacht verschwunden; umgeschmolzen steht die Reinkarnation der schönen Seele seit Jahrzehnten als Sitzgruppe dreier verspielter Bären im Friedrichsfelder Tierpark.

In den Arbeiterpalästen rekelten sich derweil die hofierten Hochöfner nach Feierabend in den siegreich eingeknickten Sofakissen, und am Samstag gingen sie ins Friedrich-Wolf-Theater, dessen Heizung mit dem Dampf der Werksbahn lief. Walter Ulbricht hatte festgelegt, sie würden nun den dritten Teil des *Faust* gestalten – sicherlich im Unwissen darum, daß es sich um den dritten Teil einer Tragödie handelte.

Damals bot die ferngeheizte Traumstadt mit zentralem Boulevard schon ziemlich alles, was die junge Republik ansonsten noch entbehrte. Selbst die Zahl der Restaurants war für den rechtschaffenen Feierabend mathematisch aufgeschlüsselt: Tausend Einwohner erhielten etwa vierzig Kneipenstühle, gut ein Drittel davon in den noblen Speisegaststätten, nur die knappe Hälfte für den Mann der Arbeit in den rustikalen Bierkaschemmen, und der Rest stand in Cafés herum. Berichte aus den frühen Tagen lesen sich wie ein Diarium verregneter Romantiker, wenn die Phönizier von der Oder durch die Kiefernforste rauschten und – den Blätterwald. Selbst Hauptfigur verschiedener Bücher wurde Eisenhüttenstadt, und Hans Marchwitza schrieb in einer heroischen Kantate für Chor und Orchester solche unvergänglich schöne Zeilen wie: »Baut's ruhig, euer Werk, / Wir geben euch die fehlende Kohle.«

Noch im Jahr nach jener feierlichen Weihe, 1954, hatte Ulbricht leichtfertig versprochen, auch in fortschrittlichen Siedlungen eine Kirche zu plazieren, und sein Kirchensekretär war selbst nach Stalinstadt gekommen, wo er flugs je zwei Bezugsscheine für abgelagertes Barackenholz hervorzog und sie den verblüfften künftigen Betreibern überreichte. Später lud nur noch die gutgebaute Miniatur am Messestand zur freundlichen Besichtigung, die immer, wenn sich Gäste aus dem Westen näherten, schnell in den Pappmachéentwurf gesenkt und hinterher wieder entfernt wurde.

Ulbricht aber hatte mit Gläubigkeit nicht viel am Hut und den Bewohnern 1961 klargemacht, auch wenn sie künftig nicht mehr »Stalin-Städter« wären, hätten sie noch längst kein Recht auf eine Kirche. Luziferisch erklärte er ihnen in der legendären »Turmrede«, der Sozialismus habe nun auch in den Köpfen endgültig gesiegt, die Stadt benötige wohl Ofen-, aber keine Glockentürme mehr.

Dabei hätte Stalinstadt die Kirche gut gebrauchen können, denn die rund fünftausend Abenteurer, Frauen und Männer, jeweils in getrennten Lagern, waren auch nach anstrengender Schicht nicht faul. Und als die Gründung der Kommune sich zum fünften Male jährte, zählte sie schon doppelt soviel Einwohner, und nur die wenigsten waren neu hinzugezogen. Sogar die Musen befeuerten das Liebeswerben der werktätigen Jungs und Mädels: Die mehr als siebzig größeren und kleineren Plastiken, die in der Stadt herumstehen, spiegeln die Sinnlichkeit der frühen Jahre wider. Der »Hüttenwerker« vor dem Tor der Stahlfabrik ist ein bepackter Kerl zum Anlehnen, der Bauarbeiter alles andere als ein Betonkopf, sondern ein sympathischer, verschmitzter Bursche. Die Mädels tragen eindeutige Titel wie die »Die Hockende« oder »Die Ausziehende« und beseitigen die letzten Zweifel an der Souveränität, die hier und unter den Geschlechtern waltete.

Daß die Eisenhüttenstädter mithin nicht nur vor den Hochöfen, vielmehr auch in der freien Zeit ins Schwitzen kamen, hat jedoch noch einen anderen, längst vergessenen Grund. Denn während sich inzwischen die Natur allmählich all die schwer gestürzten Industriekolosse und die Siedlung selbst zurückholt, weiß kaum einer noch, wie schwer den Einwohnern in den ersten Jahren die lichtdurchfluteten Flure der Stadt zu schaffen machten. Grünflächen und kleine Haine zum Flanieren gab es – und natürlich größere zum Salutieren –, nur an Bäume hatte man teils nicht gedacht, teils waren sie dicht wie Fahnenstangen angepflanzt und gingen ein. So konnten sich die Hüttenwerker höchstens in die Wanderschatten ihrer Wohnblocks flüchten, bis die Bewegung »1000 Bäume« für die Abhilfe sorgte. Sie verbrachten Eichen, Linden, Birken ebenso ins kommunale Erdreich wie Robinien, Ahornbäume oder Ebereschen. Keine ideologischen Berührungsängste gab es gegenüber Roteichen aus dem verfeindeten Amerika, auch nicht vor wenig volksnahen Exoten wie der Gleditschie, dem Maulbeer- oder dem Trompetenbaum. Schnell aufwachsende Pappeln wurden weniger gepflanzt als anderswo, denn Stalinstadt hatte keine Vergangenheit und ergo auch nichts, was man sonst oft hinter solchen Baumreihen verbarg. Selbst anzüglichen Spötteleien gegenüber zeigte man sich souverän und pflanzte unbekümmert Eßkastanien, Stinkeschen und andere sinnfällige Sorten in das Baumkataster der Stadt. Knapp hundert Baumarten waren damals hereingekommen, und sogar in einem Bildband erschien eine Photoserie »Junge Menschen unter alten Bäumen«.

Heute läuft man durch die Stadt wie durch ein enormes Arboretum. Längst sind die Alleen zugewachsen, alle Bäume höher als die damals aufgeheizten Blöcke. Der Stadtgärtner ist noch immer die zweitwichtigste Profession. Wer Eisenhüttenstadt einmal ganz besichtigt, spürt das Zerren, welches der meist komische Spagat zwischen Vision und Wirklichkeit hier alle Zeit verursachte.

Der Schmerz hat nachgelassen, aber auch die Komik ist erledigt. Nie mehr werden rote Sterne auf den Dächern Eisenhüttenstadts erstrahlen, wenn der Plan erfüllt ist, und auch Walter Ulbricht kann dem Werkdirektor, der ihm stolz berichtete, daß man schon Jahre ohne Kesselstein sei, nicht mehr erwidern: »Wird besorgt, Genossen, wird besorgt.«

Durchs Emsland

Von Thomas Schaefer

Durchs Emsland ras' ich emsig,
Erst hinterm Emsland brems' ich.

Auf der Flucht

Von Simone Burdach und Lissy Schmidt

Erfurt sei von wunderbarer pittoresker Erhabenheit, behaupten die einen, andere halten den Ort lieber für ein verhängnisvolles dunkles Labyrinth. Ist man hier jedoch unter denkbar schlechtesten Vorzeichen Mitte der sechziger Jahre geboren, kann man nur auf der Flucht sein. Wenn wir einen Besuch versuchen und ankommen (gern auch auf Bahnsteig 5), müssen wir kurz innehalten, um nicht aus purer Verzweiflung gleich wieder abzuhauen. Spätestens am Anger, unter der Normaluhr wird uns klar, was dieses eklige Gefühl auslöst: die Einwohnerschaft. Bis auf den heutigen Tag rangiert das geistige Klima des 200 000-Seelen-Dorfes auf der untersten Froststufe, selbst die Neugründung einer Universität konnte den Prozeß des Einfrierens nicht stoppen.

Das größte Problem ist die Kontaktaufnahme mit Einheimischen jedweder Generation. Die Erfurter sind generell schlecht zu verstehen. Vermeiden Sie daher die Inanspruchnahme ortskundiger Informationen, Sie werden sowieso nichts erfahren. Die Geschwindigkeit der Antwort ist wirklich eine Klasse für sich. Auf ihrer ständigen Suche nach Fluchtmöglichkeiten verlieren Erfurter immer mehr an Geschwindigkeit. Manche fahren jahrelang um den Stadtring, laufen im Kreis oder pendeln zwischen dem *Café Rommel* und der Stadtgrenze hin und her, stets unentschlossen, ob sie nicht endlich doch verschwinden sollten. Zur schlechteren Orientierung haben die Stadtväter überall gänzlich in die Irre führende Hinweisschilder aufgehängt, damit weder Seßhafte noch Besucher jemals wieder aus diesem Labyrinth der Langsamkeit hinausgelangen. Selbst zwei uns namentlich bekannte Jungautoren aus Berlin konnten nach einer gründlich mißglückten, besser: gar nicht zustande gekommenen Lesung nur deshalb wieder aus der einschlägig bekannten *Engelsburg* davonkommen, weil sie zuvor (auf unseren Rat hin, versteht sich) wie Hänsel und Gretel Brotkrumen und Bierkleckse auf den Weg gestreut hatten.

Wie ist Erfurt auszuhalten? Nur unter Zwang. Dreiundzwanzig lange Jahre haben wir uns mit dem Elend, alle Notwendigkeiten berücksichtigend, arrangiert, bis uns vor gut zehn Jahren endlich die Flucht glückte. Erste Versuche hatten wir Anfang der achtziger Jahre unternommen, wir waren halbwegs herangewachsen und auf der Suche nach Ersatzhandlungen. Natürlich wollten wir Spielkameraden und Geisteskranke kennenlernen, und ziemlich schnell fanden wir heraus, wo sich die Lokalmatadoren trafen. Deshalb mußten Lissy und ich dann häufig im *Angereck*, einer Kaschemme mit Bildern von großen Söhnen der Stadt an den Wänden, rumsitzen, um einander Mut für die flüchtigen Sportstunden anzutrinken. Hinterher sahen wir alles und sogar Erfurt doppelt. Schlimmer kam es höchstens, wenn wir mit höllischen Schmerzen auf dem Kasernengelände und unter den Pfiffen der exerzierenden Sportlehrerin endlose 2000 Meter im Kreis laufen durften. Damals hatten wir geschworen, den Erfurter Paralytikern den Rücken zu kehren.

Ganz so einfach war das freilich nicht. Unter Krämpfen hielten wir es noch bis 1989 aus. Seitdem sind Simone und ich dafür auf der Flucht vor Erfurtern in aller Welt. Nachdem wir dem Grauen von Kassel zwei Jahre die Stirn geboten hatten, flohen wir weiter Richtung Berlin und fanden neben dem Neuköllner Friedhof die besten Bedingungen, von Erfurtern unerkannt und ohne weitere Schäden zu überleben. Allzulange sollte unsere Fluchtstation aber nicht im verborgenen bleiben. Scharenweise folgten uns längst verschollen geglaubte Bekannte, so daß wir nach fünf Berliner Jahren in einen hoffentlich ewig geheimen Ort entkamen.

Diesen Text möchten wir aber gern mit einem Lob auf die in Erfurt Verbliebenen beschließen. Wenigstens sie haben uns mit ihrer Gegenwart verschont.

Gottlos

Von Peter Köhler

Es gibt sie noch, die heile Welt. Irgendwo im Eschweger Becken muß sie sein. Dort soll sich, so verspricht es ein alter *Wegweiser durch Stadt und Kreis*, eine »Landschaft von besonderer Schönheit und Harmonie« befinden, und da, »zwischen Wiesen und Wäldern, zwischen Hügeln und Bergen«, könnte es sein; dort vielleicht, wo, »ringsum von herrlichen Mittelgebirgen umzingelt«, sich »eine sehr breite Aue« erstreckt. In der sehr breiten Aue zwischen den herrlichen Hügeln und Bergen aber befinden sich Autos, Straßen und Gebäude statt Wiesen und Wäldern: Eschwege.

Eschwege, warnt selbst das Verkehrsbüro mittels einer neuen Reklamebroschüre, liegt »im Herzen Deutschlands«. Das haben viele gesucht, in Eschwege fanden es die wenigsten. Alle aber verloren den Verstand. Auch wer nicht gleich Deutschlands Herz sucht, sondern bloß eine »liebenswerte Fachwerkstadt im Werratal«, sei vorsichtig: Wer sich nach Eschwege begibt, kommt dort an, jedoch schwer wieder fort. Die listige »Tourist-Information« der niederhessischen Kleinstadt gibt allein acht Reisewege an, die gen Eschwege führen, und keinen einzigen, der hinausführt. Absicht oder Plan? Das Verhängnis nimmt seinen Lauf: Irgendwo zwischen Hetzerode, Hitzerode und Hitzelrode verfranzt sich der Abreisende unweigerlich, verliert notwendig die Orientierung zwischen Kirchhosbach, Thurnhosbach und Stadthosbach, verirrt sich hoffnungslos zwischen Hausen, Unhausen und Gehau, bleibt resigniert liegen in Abterode, Alberode oder Albungen, verhungert in Waldkappel, vermodert in Oberhone, skelettiert in Niederdünzebach. Er bleibt also besser in Eschwege.

Was verschlägt's? Die Gastronomie bietet dem Ankömmling behagliche Fremdenzimmer in ruhiger Lage mit gepflegter Gastlichkeit in familiärer Atmosphäre. Toilette und Fön vorhanden. Sitzgelegenheit im Garten. Gemütlicher Aufenthaltsraum mit Kühlschrank. Wassertretstelle hinter dem Haus. Ab 8. Tag kleine Überraschung. Sie werden vom Chef persönlich kulinarisch verwöhnt. Wasch- und Trockenmöglichkeit. Zustellbett möglich. Aufmerksame Bedienung, Sie müssen nur Zeit haben. Gästen ab 10 Tagen 1 Flasche Wein zur Begrüßung. Preis auf Anfrage. Nichtraucher- und Behindertenzimmer. Pflege und Betreuung rund um die Uhr. Gutbürgerlich gehaltene Küche, umfangreiche Speisekarte mit Kinderteller und frischem Gemüse, internationale Kaffeespezialitäten aus eigener Herstellung, Hausschlachtung in idyllischem Biergarten. Herrlicher Ausblick. Ansichtskarte vom Haus. Wir freuen uns darauf, Sie zu begeistern. Sie können Ihren Ferientermin mit Ihrem Dialysetermin bei uns problemlos vereinbaren.

»Also: nur Mut!« Den braucht man, so das Verkehrsbüro mit bemerkenswerter Offenheit. »Ruhig und gemütlich geht es hier zu in einer Stadt, die zwar nicht hinterwäldlerisch ist« – man kann nicht alles haben –, »sich jedoch das Gesicht und den Charme vergangener Tage bestens bewahrt hat.« Anders ausgedrückt: »Der Schlüssel zum Judenfriedhof ist an der Pforte des Krankenhauses erhältlich.«

Das Gesicht und der Charme vergangener Tage konzentrieren sich ferner auf den Julianfang, auf das Johannisfest, das, so heißt es schon 1594, »von vndenklichen Jahren hero alßo vblich vnd herbracht«. Nachdem am Mittwoch altem Brauche gemäß Eichenlaub in der Innenstadt verknispelt wurde, reitet am Donnerstag eine nackte Jungfrau auf den Marktplatz mit einer Schärpe im Gebinde und kündigt das Fest mit prächtigem Geeumel an. Am Freitag ißt jeder in den Brunnengemeinden die aus echtem Wurz geschroteten »Johannisfestbrötchen«, außerdem schlagen zur Mittagsstunde zwei unbeschnittene Jünglinge von hohen Gnaden ein Rad und entbieten den Anhub der leuchtenden Zeit im Zeichen des alten Lehens. Am selben Abend folgt das »Kränzewickeln«.

Das Kränzewickeln ist nach braver Sitte der ererbte Mittelpunkt der Feier fürbaß. Wer, fragen fremde Leut' gar oft, ist es, der die Kränze wickelt? Ganz einfach: Es sind die Kränzewickler, die die Kränze wickeln. Sie warten, bis die Kränze soweit sind, und wickeln sie dann. Darum nennt man es »Kränzewickeln«, und die Leute, die es machen, sind die Kränzewickler.

Am Sonnabend tragen die unförmigsten Schüler junge Birkenreiser zum Kirchhof, wo bereits die Maiden die Kröten im Kropf gesammelt haben. Am Sonntag wird dann der Festzug vollstreckt. Die Vorhut zum Troß im Parademarsch bilden seit alters die Fanfarenbläser der Spielmannszüge mit dem Schellenbaum des Herolds vom Truchseß der städtischen Standarte auf dem Wappen des Dietemanns im Siegel der Petschaft zum Schild des rechten Geblütes, jedermann zu wehren und zu trutzen. Anschließend flutschen die Versehrten auf ihren Rollwägelchen vorbei. Dann schieben die Pflegefälle mit ihren Wärtern heran, die natürlich alle Hände voll zu tun haben, um die Fliegen zu verscheuchen. Es folgen die Verstorbenen des letzten Jahres. Schließlich haben die Kranken und Alten der Spitäler und Heime ihr großes Defilee und singen im Chor »Bis hierher hat uns Gott gebracht in seiner großen Güte« sowie »Danket dem Herrn«. Wenn alle durch sind, wird endlich pokuliert und kohibiert, dahero die dicken Bäuche der Mannsbilder und Frauenzimmer ihr Ursach haben.

»Ruhig und gemütlich« geht es dabei zu. Ehrgeiz, Mobilität, Dynamik und Flexibilität jedenfalls sind den Eschwegern in der Tat unbekannt – das ist das Gute an der Provinz. Sie sieht auch aus wie überall. Irgendwo steht das übliche Landgrafenschloß, ein Altes Rathaus gibt es sowieso, irgendein »Dünzebacher Torturm« aus dem 16. Jahrhundert muß ebenfalls sein, mittelalterliche Kirchen sind ohnehin selbstverständlich, ein paar Fachwerkhäuser dürfen nicht fehlen. Und drum herum: breite Straßen, Hochhäuser, Neubausiedlungen, Gewerbegebiete, Freizeitzentren. Eschwege ist Korbach in Fritzlar.

Fuchs und Hase haben hier gute Wohnung. Man muß auf die Uhr sehen, um zu merken, daß die Zeit vergeht. Manchmal wirkt es so still, als wenn alle gestorben wären. Aber der Unterschied zwischen Leben und Tod ist in Eschwege sowieso fließend.

Sonntags hört man gelegentlich eine Stecknadel krachend zu Boden poltern, am Montag liest man in der *Werra-Rundschau* die Hintergründe. Ob »Open-Flair-Festival« im Juni oder sein Pendant, die »Eschweger Puppen-Festtage« im November, in Eschwege passiert einfach nichts. Den Eschwegern ist's recht. Die Wolken ziehen hin, die Wolken ziehen her, schon haben die Leute Gesprächsstoff. Ab und zu fliegt ein Vogel vorbei und sorgt für Aufregung. Die Jugend vertreibt sich die Tage mit Hauswandbeobachten. Bisweilen veranstaltet sie ein Schneckenwettrennen. Meist gewinnt die Schnecke. Schildkröten sind wegen ihres hippeligen Getues wenig beliebt.

Mitglied der Grauen Panther wird man in Eschwege schon mit dreißig.

Andererseits währt Eschwege über tausend Jahre, und das Durchschnittsalter der Bevölkerung liegt kaum darunter. »Auch sind bei Menschengedenken doch gleichwohl viele Hundertjährige wie auch solche Eheleute, welche in stehender ersten Ehe fünfzig und mehr Jahre miteinander gelebet haben, allhier gefunden worden«, wußte 1736 ein Heinrich Hoferock zu vermelden.

In Eschwege ist die Welt noch in Ordnung, trägt doch die Bevölkerung hier, im Herzen Deutschlands, Deutschland im Herzen, und nicht nur dort. Rolf Hochhuth zum Beispiel, der seit Jahrzehnten den Stellvertreter eines Schriftstellers mimt und für neues deutsches Nationalbewußtsein wirkt, stammt aus Eschwege. Entgegen dem Augenschein trägt

Hochhuth aber keinen Stahlhelm; es handelt sich tatsächlich nur um seinen Schädel. 1963 gelang es ihm von der Theaterbühne herab, dem Papst die Mitschuld an Auschwitz aufzubürden; den Deutschen kam's zupaß. Vielleicht sollten seine Dramen besser Lesestücke heißen – wer liest schon Dramen.

Viel noch könnte man über Eschwege sagen, allein mit seiner langen Geschichte ließen sich mehrere Zeilen füllen. Aber warum in die Vergangenheit schweifen, wenn die Gegenwart so viel zu bieten hat. Ich komme also zum Schluß:

Gott schuf Himmel und Erde am ersten Tag, Sonne, Mond und Sterne am dritten und »Vieh, Gewürm und Tiere« sowie den Menschen am sechsten; von Eschwege ließ er bis zuletzt die Finger. Ich weiß das. Ich bin dort geboren.

Im Felde unbesiegt

Von Ludger Claßen

Essen ist unzweifelhaft: der öde Ort schlechthin, die Stadt als Wille und Vorstellung. In Essen lebt man nicht, in Essen geht man einkaufen, oder man verlängert im Rathaus seinen Personalausweis. Essen ist eine Kleinstadt und liegt in der Mitte eines Flickenteppichs aus Kleinstädten. Dieser Flikkenteppich nennt sich nach seiner Mitte und eifert seit hundert Jahren der Idee nach, eine Stadt zu sein, ist aber nichts weiter als »ein zusammengeklebtes Riesenstück aus gestaltlosen Klecksen und punktierter Leere, ein anmaßendes Chaos aus Verlassenheit und Betrieb« (Erik Reger: *Das wachsame Hähnchen*).

Der Essener stellt sich die Frage: »Gehe ich in die Stadt – oder nach Essen?« Die Stadt, in der er lebt, heißt Werden, Borbeck, Steele, Katernberg oder Kettwig. In Essen selbst wohnt niemand, Essen besteht aus Kaufhäusern und katastrophal öden Plätzen, deren Leere alles übertrifft und fürchterliche Ängste schürt. Essens Plätze kennen weder Bäume noch Stellen zum Ausruhen, der Horror vor dem Verdursten treibt die Menschen überstürzt durch Pflasterstein- und Plattenwüsteneien. So erweckt Essen den Eindruck allergrößter Betriebsamkeit.

Wie der unablässige Menschenstrom, der seine Langeweile durch Shoppingevents und noch mal Shoppingevents zu bezwingen gedenkt (und scheitern muß), ist das offizielle Essen unentwegt bemüht, *big city* zu simulieren. Dabei kommt nichts Originelles heraus; man zeigt sich stolz auf Errungenschaften wie Theater, Oper und »Hochhäuser«, vergißt aber, daß am gewöhnlichen Inventar einer Stadt jenseits der 200 000 Einwohner wenig Besonderes zu finden ist.

Der Horizont der Essener aus Werden, Borbeck, Steele, Katernberg oder Kettwig endet an der übernächsten Straßenkreuzung, was sie jedoch nicht davon abhält, bei Kommunalwahlen zu kandidieren. Einmal in den Stadtrat entsandt, verfallen sie dem verheerenden wie unbesiegbaren Glauben, Bürger einer richtigen Stadt zu sein. Ihr Wahn läßt sie den eigenen und artgemäßen heimischen Stammtisch vergessen und verleugnen und weitere »Hochhäuser« und weitere schwer begehbare Einöden planen, um sie als Fußgängerzonen zu deklarieren. Es nimmt nie ein Ende damit.

Der Essener Lokalpatriotismus artikuliert sich durch die Behauptung, die fünftgrößte Stadt der Republik zu bewohnen – wohl wissend, daß man mit dieser »Information« regelmäßig gröbstes Erstaunen in In- und Ausland hervorruft. Ist die Überraschung abgeklungen, muß viel Mühe darauf verwendet werden, die kaum zu ermessende Bedeutung Essens zu unterstreichen (erste Fußgängerzone Deutschlands! – z. B.). Zumindest in dieser Beziehung ist Essen unvergleichlich: der größte unbekannte öde Ort Deutschlands zu sein, dessen plötzliches Verschwinden von der Landkarte niemanden erstaunte.

> Hier ist alles elfenhaft grün, überall Blumen und Thau, nichts vom Lärm des Alltags, kein Staub, kein zertretener Pfad.
>
> *Nikolaus Lenau*

Old Zwieblingen

Von Marvin Chlada

Irgendwann in den achtziger Jahren stand ich vor einem Esslinger Eisstand. »Bitte ein gemischtes Eis«, verlangte ein Eingeborener, »aber nur mit Vanille!« So reden Esslinger.

Keiner weiß genau, warum die »Stadt aus dem Musterbuch der Romantik« (Theodor Heuss) gegründet wurde, allerdings sollen Ausgrabungen den Beweis dafür liefern, daß die Gegend um Esslingen bereits in der Jungsteinzeit und in der Bronzezeit bewohnt war. Darob sind Esslinger ausnehmend traditionsbewußt – einmal Esslinger, immer Esslinger.

Immer Esslinger? So hätten's die Zuständigen gern und feiern daher rund um die Uhr (historische) Feste. Stolz ist der Esslinger auf die reichsstädtische Vergangenheit Esslingens, stolz aufs mittelalterliche Stadtbild Esslingens, aufs Wolfs- und Schelztor, auf die Frauenkirche als »eine der schönsten, die weit und breit zu finden sind« (Eduard Mörike), auf die Pfleghöfe, Klöster, Kapellen, Brückchen und kleinen Kanäle (Esslingen = Klein-Venedig), auf den Postmichelbrunnen, das Alte Rathaus und, natürlich, die mutmaßliche Burg, »Esslingens Wahrzeichen und Lieblingskind« (Dorothee Bayer). Ja, was einen Turm und einen Wassergraben hat, dort, wo Kanonen rumstehen, das und da muß eine Burg sein, denkt der Esslinger, das weiß er von Muttern her. Die »Burg«, tatsächlich nichts weiter als ein Teil der Stadtbefestigung, mutiert in letzter Zeit mehr und mehr zum Open-air-Kino. »Kino auf der Burg«, so liest man es auf den Plakaten. Dort oben auf der Burg sitzen und stehen sie dann, schauen *Titanic* an, lassen ihre Tränen der

Rührung über vertrocknete Weinberge fließen und finden das gut, schön und herzzerreißend.

Keine Geschmacklosigkeit scheut der Esslinger. Jedes Jahr feiert er sein Zwiebelfest, stopft sich mit Zwiebelkuchen voll, säuft Esslinger Wein und hört sog. Volksmusik. Anschließend furzt er und bricht hinter eine der zur Auswahl stehenden Kirchen. Selbst das von Albertus Magnus persönlich geweihte Gotteshaus läßt der gewöhnlich fromme Bürger nicht aus.

Reichlich und satt wachsen Zwiebeln seit jeher in und um Esslingen. Den früheren Spottnamen »Zwieblingen« haben unsere Esslinger schließlich übernommen. Sie pflegen ihn bis heute, wovon etwa die Karnevalsgesellschaft Zeugnis ablegt. Um diese Miß- und Peinlichkeit entschieden aufzuwerten, erzählt ganz Esslingen die Geschichte vom Teufel und der Esslinger Marktfrau: Irgendwann, vor langer, langer Zeit, soll der Deubel das schwäbische Städtle besucht haben. Er grüßte Passanten und freute sich, daß sie ihn nicht erkannten. Als er auf den Marktplatz kam, staunte er über all die leckeren Dinge, die es dort zu kaufen gab. Besonders hatten es ihm die schönen Äpfel angetan, und also mochte der hungrig gewordene Gottseibeiuns eine solche Frucht probieren. Er sprach die nächste Marktfrau an, und die sah, als er sich einen Apfel nehmen wollte, einen Pferdefuß aus seiner Hose herausschauen. Sie griff in einen Korb und reichte dem Teufel das »Versucherle« – eine Zwiebel. Gierig biß Beelzebub hinein, verzog das Gesicht und schrie: »Das sollen eure Äpfel sein? Zwiebeln sind's! Und darum sollt ihr nicht mehr Esslinger, sondern Zwiebeln heißen!« Augenzeugen berichteten später, der Teufel sei Richtung Stuttgart verschwunden, womit sie vielleicht gar nicht mal unrecht hatten.

Der sagenhafte Witz der Marktfrau blieb singulär. Gewöhnlich bringt Esslingen nicht eben die hellsten Köpfe hervor, eher einen Otto Hauser und ähnlich strebsame Gestalten. Zwar bestätigt auch hier die Ausnahme die Regel (Julius Motteler, Wolfgang Fritz Haug et al.), was aber am Neckar unter »Persönlichkeiten« kursierte – wie der von

Heinrich Heine verspottete Schwäbische Dichterkreis –, ist kaum der Rede wert. Den Rest der bedenkenswerten Geschichte entsorgt die gründlich desinformierende *Esslinger Zeitung*. Wer heute Einheimische fragt, ob ihnen bekannt sei, daß die KPD 1924 zur stärksten Partei in Esslingen wurde, muß allzeit mit einem grunzignoranten »Nö« rechnen.

Esslingen ist Touristenstadt geworden. Man wird bestaunt und photographiert, das Merchandising nimmt die üblichen monströsen Ausmaße an. Häuserplaketten weisen den Gast auf die Bedeutsamkeit des jeweiligen bedeutenden Objekts hin. Weil indes heute kein Mensch mehr über »Esslingen am silbergrauen Neckar« (Nikolaus Lenau) zu schwärmen vermag, wimmelt es ersatzweise von entsprechend zeitnaher und zeitgenössischer Kunst und Kultur und obligatorischen Ausstellungen. Vor wenigen Jahren erfand man gar die »Esslinger Jazz-Tage« und, so scheint es, ein besonders verblödetes Esslinger Jazzpublikum gleich dazu. Aus der alten Dick-Fabrik wurde ein Kinopalast mit allerhand Freizeitgebimmel. Dessen Wahrzeichen, ein »blinkender« Turm, war von der B 10 aus, die an der »lieblichsten Gegend und Stadt in Schwaben« (Gustav Schwab) vorbeiführt, deutlich zu sehen. Die aufgeweckten Zwiebelköpf' empfanden eine Lichtquelle dieser Stärke als Zumutung, angeblich, weil sie ihre düsteren Schlafgemächer erleuchtete. Seither ist Dunkel im Karton.

Irgendwann zur Sommerszeit 1998 stand ich in Esslingen vor einem Eisstand. »Bitte eine Kugel saure Sahne«, verlangte ein Eingeborener. So reden Esslinger. So denken und wählen sie. Es ist deprimierend und im Grunde – zum Heulen.

Für Günther Koch

Kartoffel mit Karies

Von Jürgen Roth

Fürth belegt auf der Rangliste der im Republikrahmen notgedrungen vorgesehenen Appendixstädte und Anhängselkommunen einen unstrittigen Goldrang. Sagt der Nürnberger. Von dem wissen wir ja, was wir wissen. »Ein Dreck« sei Fürth, urteilt der Nürnberger und insistiert: »Ein Loch aus Dreck und Gewalt.«

Fürth gleich Verfehlung. Fürth hängt am Zusammenfluß von Pegnitz und Rednitz herum. Seinen Königshof schenkte Heinrich II. im Jahre 1007 der Stadt Bamberg. Die Fürther Kartoffelköpfe indes beharrten auf Autonomie und erhielten nach ausdauerndem Quengeln 1808/18 die Stadtrechte. Es »tat nichts« (Alfred Schmidt). Ein Leben zu Fürth ist beim besten Willen nicht möglich. Fast hunderttausend Menschen weigern sich noch heute, diese einfache Tatsache zu akzeptieren. Am Bahnhof, der verludertsten Bierschwemme nördlich der Alpen, stopfen sie ihre Köpfe mit Schnaps aus. Die reine und zumal ausweglose Verrohung.

Rund um ein bedeutungsloses klassizistisches Rathaus und das verachtungswürdige neobarocke Stadttheater nistet und nestelt eine augenscheinlich unbezähmbare fiebrige Bereitschaft zum Bauen und Herumsauen. Ins urbane Zentrum stopfte man 1985 das *City-Center*, Schandtat höheren Grades und Zeugnis der Hirnerweichung und weiter fortschreitenden Kopfzersetzung. Als da Bauernsonntage und Schunkelabende exekutiert werden. Während der Meisterbetrieb *Kracker Hörgeräte* nebstan sein Ding verrichtet und das *Autohaus Graf* die Fluchtschneise Schwabacher Straße belagert, werbend »Für Audi / Für Fürth, / Für Sie!« O eigentümlich entschlossene Stadtverwesung.

Die Geschichtswissenschaft meldet Aktivitäten wie Tafelglasherstellung und Großversandhaushandel. Barocke Patrizierhäuser künden von durch dreierlei Herren verwirrtem Geist (symbolisiert im dreiblättrigen Kleeblatt des Stadtwappens) und altem Übermut, ein verkommenes Stück Land zu bewirtschaften. Heute rückt und ruckt alles und jeder in seinen ursprünglichen Zustand der Schweinigelei zurück. Die Regression aufs endogen Verblendete mag niemand leugnen. Der Ankunft der ersten deutschen Eisenbahn 1835 gewissermaßen verpflichtet bleibt ohnehin die »6. Fränkische Modellbahnausstellung« unter der Regie des Fürther Eisenbahnclubs e.V. und der Schirmherrschaft von Oberbürgermeister »Wilhelm Wenning – selbst ein großer Eisenbahnfan« und Tor, jaja.

Nein, wenig zu tadeln ist an der »15. Fränkischen Uhrenbörse – Schmuck + Schreibgeräte«, denn »das Sammeln von Uhren, Schmuck und Schreibgeräten liegt voll im Trend« (*Das aktuelle Monatsmagazin* 10/1998).

Um so erstaunlicher dünkt jene Riesenkartoffel, die sich am 30. September 1998, dem Tag der Fürthreise, an der Frankfurter Saalburgallee blicken ließ und in der Fürther Gustavstraße sofort sittenwidrig zu Kartoffelpizza verwurstet, zerwurstelt worden wäre. Hätte Fürth sie greifen können, sie zu packen gekriegt. Allerdings – zerfetzt, zerstampft und zerdeppert worden wäre unsere große Kartoffel, zerschnitten, zerhackt und umgerührt, gevierteilt und kaputtgedonnert und zuletzt geknetet und gekocht. Und hernach serviert als klage und jaule und – Jammerleid! – schreie lauthals: Kartoffelpizza! Kar-tof-fel-Piz-zazaza!!

Zäglich schlummert Kiefernwald am Rande Fürths. Die Auen der Pegnitz winden sich schamvoll. Vach, Stadtteil im Norden, grüßt. Die Brauerei Dorn verkauft bis lediglich fünfzehndreißig. Ein freundlicher *Rimini*-Italiener klärt auf; der Voltaire der Bierologie. Man werde betrogen. Neuhaus und seine Kaiser stünden seit drei Jahren für Dorns Gedöns gerade. Das verrate der Zusatz »GmbH« auf dem »künstlerisch indiskutablen« Etikett. Habe man rasch »herausgefunden«. Frohgemut schicken sie sich dennoch in den klarsten Betrug, die »Färtther«. Ausweglos sei die Lage. Lunte der Mafia, Knebel der Kaisersleut'.

Kind mit Kettcar rollt die Hofeinfahrt hinab. Häuser aus bröckelndem Sandstein auf gegenüberliegender Straßenseite. Ein Pappschild kündigt »Schnaps vom eigenen Obst« an. Der Nachbar reklamiert seinen Garagenvorplatz als sog. »Prosl-Gasse«.

Richtung »Stadtmitte« walzt sich der Müllberg am Atzmhof in unverschämte Höh'. Gehsteigbepflasterung unbekannt. Jeder Siedlungscharakter ist gründlich verfehlt. Dafür lenkt der einzige städtische Wegweiser rechter Hand zur »Stadtbildstelle«. Für die Christlich-Soziale Union kandidiert der reife Ex-Frankfurter Christian Schmidt, die Brille etwas sorgfältiger gewählt, etwas gediegener, die Halbglatze etwas voller geworden. Strenger dem »Zentrum« (Centre) angenähert, angeschlichen, breitet sich die legere Zerklüftung des Stadtbildes weiter aus und ist bald etabliert auf einen Hieb. Am Asphalt wird Raubbau getrieben. Frau Conrad, die Begleiterin, wirft den Kopf nach hinten. Mittellanges Haar flattert mißbilligend durchs Fahrtwindgewöhrl. Der erste Preis des Poesiewettbewerbs des Germanistischen Seminars Erlangen sei mir nicht mehr zu nehmen.

Fassadenanstriche verweilen im Versuchsstadium. »Vallof! Vallof!!« bellt der Chauffeur. Graugelbe Busse kreuzen an der Bogenstraße. *Rodi* nennen sich die Einkaufsmärkte. Einsam ragt nächst zum Stadtwald die Gaststube *Altes Forsthaus*. Ist ein Dasein hier?

Im »gemütlichen Altstadtviertel mit urigen Kneipen und Gasthäusern« rund um die Gustavstraße arbeitet die Jugend daran, jugendlich zu »wirken«. Ihre Bar heißt *BAR*. Eingezwängt vom Ringstraßenbau erbricht sich die Innenstadtgrube in Kartoffelsuppenwürstl. Die Betreiber des Restaurants *Grüner Baum* halten stand. Unter den tiefen Decken ihrer Wirtsstube *Kartoffel* beherbergen sie bei 11 Mark Vorverkaufsgebühr auf Initiative der »Arbeitsgemeinschaft Fränkische Volksmusik Bezirk Mittelfranken« und des Liegenschaftsamtes zur selben Zeit das Acherwäldlers-Duo, die Cadolzburger Burchgrom-Musikanten, die Eschenbacher Madli, die Geschwister Graf und das Handwerker Trio. An »Silvester 1999/2000« zieht, Motto: »Grenzenloses Deutschland«, die Band Happy Day nach. »›Grenzenloses Schlemmerbuffet‹ im ganzen Haus«. Kostenpunkt alles inkl. 170. »Die Reservierungen haben bereits begonnen.«

Seit Jahrtausenden verursacht u. a. Salz- und im speziellen Jodmangel Kröpfe zu Fürth. Große, lästige Kröpfe. Die vegetarische Kartoffelpizza spart an Kropfprophylaxesubstanzen wie an Pizza. Indes Managerin Kartoffel-Heidi und ihr »Künstlertreff« kehlkopfkrautig den nächsten Gig der Triller-Girls annoncieren. Für den 21. März 1999 ist dann der »Post Big Band-Frühschoppen« dran, aber wirklich.

»Reden ist Silber, Kartoffel ist Gold.« Gold meint: »Wir möchten nicht, daß Sie ein schlechtes Gewissen haben müssen, weil Sie unsere Kartoffel-Zeitung geklaut haben. Wir überreichen sie Ihnen ganz offiziell für 5.– DM.« Die *Kartoffel-Zeitung* setzt sich aus acht photokopierten Blättern zusammen. »Mit Informationen, Originellem, Tips, Neuem, Altem, um ein rundes, braunes Thema.« Das Komma wird auch im einheimischen Idiom unpfleglich behandelt.

Der Kleinkulturkosmos mit kolossalem Größenwahn penetriert neben der mausfaulen *Kartoffel* das übrige und von Grund auf unvermeidliche Stadtleben. »Der bekannte Fürther Autor« Ewald Arenz »liest eine Geschichte für Kleine und Große« und soll sich währenddessen schon mal das Bein gebrochen haben. Stefan Kügel zeigt *Rumpelstilzchen – Ein Märchen wie bei Grimm, für alte Porzellanfiguren, Gerümpel und eine lebhafte Phantasie*, wie nicht anders zu erwarten. Das *KuFo* im *Schlachthof* kennt keine Gnade und »keine Exoten mehr, sondern [die] sichtbare Spitze eines alle Kunst durchziehenden Elements«. Wo ist Gott?

Laut *Termine und Tips* 9/1998 nicht in der Fürther Stadthalle. Zwischen Uferstraße und Löwenplatz gastiert »Das 1. Europäische Dance-Festival«.

»Aber: Daß Ritchie Blackmore, ob man Deep Purple nun mag oder nicht, und abgesehen davon, daß er so ein fieser Patron sein soll, alles in allem ein grandioser Rockgitarrist ist – davon findet sich in dem 1344 Seiten umfassenden Buch *Die flüchtige Seele* [von Harold Brodkey] kein Wort.« (Eugen Egner in: *junge Welt*, 10. November 1995) Korrekt. Hingegen beehrt er die Stadthalle mit einem zum schönen Ende ja wahnsinnig machenden, sauguten Sololärmkonzert. Oberpfälzer trinken Bier im Foyer, am Tresen werden Wurst- und Käsesemmeln kredenzt, Ausdruck resignativer Zufriedenheit und »gemütlicher Moral« (Alfred Edel).

»In Fürth tanzt der Bär« (*Das aktuelle Monatsmagazin* 10/1998). Fürwahr. Stimmt. »Mit ihrer Kirchweih kommt Fürth spät, dafür aber gewaltig.« Die Michaeliskärwa, volkstümlich: Kartoffelkirchweih, »die ja historisch gewachsen ist und nicht, wie etwa die verschiedenen Volksfeste, von irgendwelchen Stadtoberen zur Volksbelustigung verordnet wurde«, brummt. Erfreut sich starken und immer stärkeren Zulaufs. Als »Königin der fränkischen Kirchweihen«. Ursachen: »Vor allem rund um die Moststraße gibt es bei den zahlreichen Fieranten so gut wie alles zu kaufen: von Blumenzwiebeln und Feldkartoffeln über Hosenträger und Speisekartoffeln bis zu Staubsaugerdüsen oder Frühkartoffeln.« Es schmeckt wunderbar. Man ißt viel. Man läßt nichts anbrennen. Auch mal eine Kartoffel mehr. Und Zuckerwatte kiloweise. Plus Bier, Kartoffelpizza, Fettwürste, Pansenbruch, Schinkenspeck und Kartoffelauflauf mit Musik (Zwiebeln, Öl, Pfeffer, Salz, Kartoffelmehl).

Verkaufsoffene Kirchweihsonntage (c/o Mode und Bekleidung *Wöhrl*) steuern den Rest an herrlichem Feeling bei.

Bedeutend lieber und zügig fahr' ich dann doch nach Herrngiersdorf / Langquaid, die Karies zu behandeln und auch zu besiegen.

Ernste Warnung vor dem Trauma

Von Barbara Geschwinde

An vielen Menschen haftet von Geburt an ein Makel – sei es, daß sie Zangengeburten sind, also häßlich; sei es, daß sie unmittelbar nach ihrem Start ins Leben zu heiß gebadet werden und zügig verblöden. Das Schlimmste jedoch ist, wenn sie am falschen Ort das Licht der Welt erblicken, etwa in Gelsenkirchen. Und genau das widerfuhr mir. Es ist nie mehr rückgängig zu machen, es wird mich mein Leben lang begleiten. Erschwerend kommt hinzu, daß in meiner allernächsten Ahnenreihe, präzise: in meiner Elterngeneration auch noch der Name Stratmann auftaucht. Nein, Mutti verkörpert zwar nicht jene durch Elke Heidenreich fleischgewordene Metzgersfrau Else, aber immerhin – Stratmann.

Besonders brutal schlägt das Schicksal zurück, wenn das Leben außergewöhnliche Augenblicke zelebriert. So sollte ich nach jahrelangem gepflegt ziellosem Studium ein Zeugnis über meine akademischen Erfolge erhalten. Andere waren stolz und glücklich, als sie es in den Händen hielten; stolz darauf, sich neben Freizeit- und Kneipenstudien auch der Wissenschaft, mehr oder weniger jedenfalls, genähert zu haben. In meiner Umgebung nahmen Sabine Françoise L. aus Fontainebleau oder Alice van D. aus Alexandria ihre Papiere entgegen. Ja, ich hätte gleichfalls stolz sein können an diesem Tag, stünde nicht auf dem Zertifikat unter meinem Namen der Geburtsort. Und so spürte ich, wie mir das Blut in den Kopf schoß, da es zwischen all den klangvollen Namen und Geburtsorten plötzlich hieß: »Barbara Geschwinde aus Gelsenkirchen«.

In Gelsenkirchen »das Licht der Welt erblicken«? Abgesehen davon, daß Licht dort immer Dunkelheit, zumindest Schummer und Dämmerung bedeutet, haftet der Stadt rein gar nichts Weihnachtlich-Gemütliches an – jedenfalls dann nicht, sollte man sie doch einmal verlassen haben, zufällig oder gar bewußt, vielleicht, um den Horizont zu erweitern, was allerdings selten der Fall ist, denn nicht umsonst rühmen sich der Gelsenkirchener im besonderen und der Ruhrpötter – kurz: Ruhri – im allgemeinen immer wieder gerne ihrer Bescheidenheit und Bodenständigkeit.

Aufs Stadtbild wirken sich nämliche Tugenden katastrophal aus. Im Zweiten Weltkrieg wurde Gelsenkirchen nicht völlig dem Erdboden gleichgemacht, mit der Folge, daß es noch einige ausgesprochen schöne Baudenkmäler zu bewundern gibt, etwa die ehemalige Hauptpost, erbaut kurz nach der Jahrhundertwende. Mitte der achtziger Jahre rissen die Stadtväter die »bedeutende städtebauliche Dominante« keineswegs einfach ab, sondern funktionierten sie zum Verwaltungsgericht um. Das ist durchaus eine bemerkenswerte Leistung, würde sie nicht relativiert durch des Gelsenkircheners Bescheidenheit und Bodenständigkeit, die ihn zwangen, das Einzelkunstwerk in einen sog. Gesamtzusammenhang zu stellen. Gemacht wird's wie folgt: Kauert irgendwo eine schöne Kirche oder ein anderes bemerkenswertes Gemäuer, baut man ringsherum flink ein paar grauenhafte Klötze, angelegentlich der ehemaligen Hauptpost zunächst den Bahnhof, *Bahnhofscenter* genannt. Des weiteren gibt es einen Seventies-Bau, souverän in Orangebraun gehalten, ein eingeschossiges Flachdachgeschäftshaus, an dem die langweiligste Leuchtreklame der Welt hängt, eine klobige grüne Grausamkeit, die wahrscheinlich modernes Bürogebäude geheißen wird, und viele, viele Spiegelglasfronten. Und wenn der Ruhri dann erneut seine angeblichen »Tugenden« geltend macht, dann, ja dann munkeln manch Auswärtige, er sei eigentlich das Gegenteil eines tugendhaften Menschen, nämlich angeberisch und provinziell. Denn die geballte Ladung Häßlichkeit exponiert das rare Schöne erst so recht.

Ich hingegen glaube nicht daran, daß es sich bei den ungezählten städtebaulichen Fauxpas um kühle Berechnungen oder eine besonders ausgebuffte Strategie handelt. Viel zu schlicht strukturiert ist der Gelsenkirchener – und so lautet die einzig richtige Erklärung: Es regiert schlicht und einfach die rabiate und rohe Geschmacklosigkeit, die Reiseführer bisweilen als »Gelsenkirchener Barock« euphemisieren.

Doch gab es auch schon wagemutige Auswärtige, denen die bloße Betrachtung der »Sehenswürdigkeiten« noch nicht reichte. Sie wagten es überdies, mit den Eingeborenen zu sprechen. Gänzlich unbedarfte Neuankömmlinge berichteten mir von einer Art »schicksalhafter, glücklicher Fügung«, die sie beinahe veranlaßt habe, zu einem verloren geglaubten kindlichen Vertrauen in ein höheres gottähnliches Wesen zurückzufinden. Dabei spielte sich lediglich folgende Szene ab: Stehen zwei Männer im Hauptbahnhof Gelsenkirchen vor einer Telephonzelle. Sagt der eine zum andern: »Hömma, iis dat getz en Tellephohn für Penunsen zum Reinstecken, odda geddat miite Kaate?« Und der andere antwortet: »Sachma, bisse getz volll am Spiennen, ich kann donnich hellsehen!« Der Glückliche, der Zeuge einer solchen, für Gelsenkirchener alltäglichen Szene wird, ist gewarnt. Er vermeidet es tunlichst, jemals wieder das Gespräch zu suchen. Er nimmt die Möglichkeit wahr, auf dem Absatz kehrtzumachen und mit dem nächsten Zug zu verschwinden; eine Chance, die sich nicht jedermann bietet. Ist die Unterhaltung erst aufgenommen, gibt's kein Entkommen mehr. Einzig mögliche Antwort: »Hmmjaja.« Das klingt unverdächtig und genügt, um einige Stunden als Gesprächspartner akzeptiert zu werden.

Wer in Gelsenkirchen wirklich Ansprache und gedanklichen Austausch sucht, muß sich vorderhand eine Reihe grundlegender Sprachfehler zulegen. »J« wird wie »g« gesprochen (»jetzt« heißt »getz«), das »r« als »a« artikuliert (»Kiache« statt »Kirche«); ein Bier ist ein »Pilsken«, und zwei Bier sind zwei »Pilskes«. Sofern passend, darf man ein zusätzliches »s« einfügen oder anhängen, also hat's »Bratskartoffeln« und »Räubers«. Ad infinitum.

Die Widrigkeiten der sprachlichen Verschlammung müssen natürlich kompensiert werden – auch von einem Ur-Gelsenkirchener. Das ist jedoch kein Problem, denn es existiert ja Schalke! Auf Schalke fügt sich alles wieder zusammen. Auf Schalke hampeln Leute herum, die alle die gleiche Sprache sprechen resp. brüllen; alle tragen die Erkennungsfarben Blau und Weiß; alle sind bodenständig und bescheiden. Denn der FC Schalke 04 wurde 1904 im Arbeitervorort Schalke gegründet. Und der Mythos vom Spieler, der in der Nachbarschaft wohnt und auf derselben Zeche schuftet, lebt fort. Selbst wenn es keine Zechen mehr gibt. Daher liefert das letzte Spiel keinen Gesprächsstoff mehr bis zum Mittwoch, und nu' ist Mitleidstour angesagt. Man lamentiert über die Abschaffung des Kohlepfennigs und die Hinwendung zu ökologisch vertretbaren Energien, O-Ton: »Maine Zeche wird getz auch stillgelecht, alle Kumpels sind wech, getz müssn wa umschulen, und maine Alte wolln se auch noch wat vonne Stütze abknapsn.«

Wer am Bahnhof nicht rechtzeitig die Kurve kriegt, hat unweigerlich derartigen endlosen Litaneien zu lauschen. Es sei jedem deutlich und scharf gesagt: Fahr nie hin, dat Trauma wirsse nie widda los!

Leben Sie wohl, so wohl sichs in Gießen leben läßt. Ich meine immer das wäre vor Euch Dichter eine Kleinigkeit alle, auch die schlechtesten Orte zu Idealisiren, könnt ihr aus nichts etwas machen, so müßt es doch mit dem [Gott] sey bey uns zugehen, wenn aus Gießen nicht eine Feen Stadt zu machen wäre.

Frau Rath Goethe

So unbedeutend

Von Tom Wolf

»Gießen und Marburg [...] so unbedeutend«, schrieb Goethe einst an Knebel (9. Oktober 1817). Als Kenner Marburgs dem Weimarer leichthin beipflichtend, wollte ich sein Urteil über Gießen hingegen nicht rundheraus gelten lassen, ohne mir die Stadt einmal gründlich angesehen zu haben.

Dem Sammler abstruser Örtchen sei die klangvolle Anfahrt über Mücke, Lumda, Göbelnrod und Geilshausen empfohlen. Sodann benutze er den Gießener Ring, ein Asphaltrondell, das just zu Zeiten der Ölkrise ausgewalzt wurde und seit 1975 vor allem der Verkarstung des Biotops Hangelstein dient. Dreimal mindestens sollte der Heranreisende auf dem Monsterparcours das Fahrtziel umrundet haben, um Mut zu fassen, bevor er sich hineinbegibt. Irgendwann jedoch muß es sein: Von den zahllosen Möglichkeiten, die sich bieten, den aus B 49, A 485, A 480, E 40 und B 429 gebildeten Orbit Richtung Stadtkern zu verlassen, sei nur die Variante »Gießen West« erwähnt. Sie führt durch das »Elefantenklo«, einen Betonpott mit drei Öffnungen, der das Verkehrsnadelöhr am Selterstor überspannt.

Weiten Teilen der Stadtkernbebauung möchte der ästhetisch geschulte Blick ihre Daseinsberechtigung nicht zusprechen. Gern wird die mehr als 75%ige Zerstörung Gießens im Krieg (und mithin 100%ige Vernichtung der Gießener Stadtmitte) entschuldigend angeführt, wenn es gilt, das fürchterliche architektonische Nullpunktgebastel der fünfziger Jahre mit seinen Notkirchen, Notämtern und Notschulen schönzureden. Das ist ebenso sinnlos wie irreführend. Viele alte Häuserzeilen wurden lange nach 1945 von Gießener Bauspekulanten gefällt. Die »gegossene«, zu über 75% Gießen bildende »substanz« erschien und »erscheint als ungegliederte masse, die meist von oben nach unten, seltener in anderer richtung bewegt wird« (*Grimmsches Wörterbuch*, »gieszen«). In beispielloser Zartheit ergoß sich graue Materie aufs Campusgelände. Eine »Symphonie aus Waschbeton und Wald« nannte das Ergebnis ein wohlmeinend Beteiligter, der offenbar auch das eigene Haupt im grauen Elemente zu kühlen pflegt.

Innerorts hat das Vorbild der Zeil einmal mehr teuflische Schule gemacht. Muß man sich eigentlich überall wie in Frankfurt fühlen? Unermüdlich rotierten die Betonmischer, bis zuletzt ein wüster Konsumkampfplatz aus Kaufhauswucherungen und Boutiquengeschling entstanden war. Die »Einkaufsmetropole Mittelhessens« (Homepage) – der von Wetzlar, Partner bei der kurzzeitigen Großstadtallianz, inzwischen arg das Wasser abgegraben wird – erkaufte ihren Ruf mit dem Verzicht auf ein architektonisches Zentrum – was um so trauriger stimmt, da Gießen doch allzu gerne im Mittelpunkt stünde. Es behauptet, das »Zentrum Mittelhessens« zu sein, und sagt von sich, es liege »mitten in der Bundesrepublik Deutschland« (Homepage). Das Zentrum von Gießen jedoch ist bauliches Vakuum. »Gießen ist eine Stadt, die keinen erkennbaren Mittelpunkt hat«, gesteht selbst der Jubiläumsprachtband ein (Ludwig Brake et al.: *800 Jahre Gießener Geschichte 1197–1997*, Gießen 1997). Versuche, die historischen Gebäude der Stadtmitte nach Frankfurter Vorbild (Römerzeile) zu rekonstruieren und zu reinstallieren, scheiterten am mangelnden Gelde, desgleichen Pläne zu einer Skyline. Glück gehabt.

Selbst Gießens Universität mit ihrem umsatz- und beschäftigungsfördernden Potential (150 Millionen Mark lassen allein die Studierenden pro Jahr im Kreis) vermochte die wirtschaftliche Gesundung der Region nicht zu erzwingen; der Arbeitslosenanteil taumelt um die 20%-Marke. Das neue deutsche Gießener Elend schreit geradezu nach rasch verabreichbaren Extrakten aus Arbeit, Brot und Geld. Das Schaufenster einer gewesenen Änderungsschneiderei verspricht noch immer: »Wir ändern aller Art auch Leder und Pelze.« Der einzige Segen aus Gießener Labors ist bis dato der Fleischbrühwürfel, eine humanitäre Errungenschaft von Doktor Liebig.

Justus bestimmt heute in jeder Hinsicht Gießens Bild. Leicht kann man sich an Hand seines Konterfeis auf dem Uni-Logo ausmalen, welch selbstgefälliger Großschwätzer er gewesen sein muß. Aus seinem umfangreichen Werk genüge ein übelriechender Satz: »Zuletzt ist es mir gelungen, durch einen Oxydationsprozess den stinkenden Bestandteil der Faeces des Menschen künstlich darzustellen.« (Liebig an Schloßberger, 18. November 1845) Man glaubt es dem emsigen Forscher aufs Wort, sobald man nur sein hinterlassenes Labor betritt – es scheint sich olfaktorisch originalgetreu erhalten zu haben. Vielleicht aber ist das Gülleodeur auch bloß die Nachwirkung späterer Nutzungen des Gebäudes. Nach dem Zweiten Weltkrieg etwa »hatten die CDU und ein Gießener Kaufmann ihre Büros« in der vormaligen Chemikerstube (Günther Judel: *Die Geschichte des Liebig-Museums [...]*, Gießen 1995). Ganz Gießen, dies »feuchte Nest« (Judel), roch einst schlecht. Erst mit der restlosen Beseitigung der zirkulationshemmenden Stadtwälle 1810 und der

Einführung der Kanalisation 1888 verzogen sich die Schwaden.

Was überhaupt blieb übrig von Alt-Gießen? Das Alte und das Neue Schloß, das Wallenfelssche Haus und dasjenige der Burgmannen, die Laborbaracke und der Bahnhof: Als Zwergkathedrale aus Sandstein leuchtet er juwelenartig inmitten der Betonverwüstung. Das ihn umgebende Viertel sei hiermit zu Gießens Not-Mittelpunkt erklärt.

Frankfurter Straße, Ecke Liebigstraße sitzt noch ein leibhaftiger Bahnwärter in einem Beobachtungstürmchen und kündigt mit verschiedenen Glockensignalen die Züge an: »ding diding«, »ding diding« für den Regionalexpreß, »diding diding« für einfache S-Bahnen. Ein Dauergast dieses aufregenden Spektakels inspiziert, lässig an die Bahnschranke gelehnt, den periodisch sich aufstauenden Menschenstrom. Neben Pro Familia und dem Frauenhaus prangt der Pornoshop, fast vis-à-vis vom Liebigmuseum. Die ungeheure ahistorische Gewaltschachtel der Post spuckt postmodern-geschmacklos auf ihren vermodernden gründerzeitlichen Vorgängerbau. *Waffen-Geller* schließlich bildet die Überleitung von der Post zum Bahnhof. Die Streifenpolizisten des Bezirks verweilen hier gerne vorm spiegelnden Schaufenster, um zwischen Colts und Jagdbüchsen angeregt die Frittenbude samt finstersten Currywurstverputzern zu observieren. Stadteinwärts an der Kneipe *Justus* behauptet ein Plakat: »Gießens beste Seite: 30 Jahre Frauenbewegung«. Das Info-Heftchen des AStA veranschaulicht, daß Gießens aufdringlichste Seite die Schwulenbewegung ist (fünfzehn Seiten einladende Dokumentation gegenüber acht allseits kämpferischen Amazonenseiten). Die wichtigsten und fürs Sozialklima charakteristischen Stadtseiten sind die Kontaktanzeigenseiten der Stadtmagazine *Fritz* und *Express*: vierzig Spalten Gießener Einsamkeit.

Und Literaten? Gab und gibt es nennenswerterweise in Gießen so gut wie nicht. Georg Büchner wohnte bei Botts, Selterstorweg 46, Ecke Wolkengasse. Er war für Medizin eingeschrieben, aber im Grunde ganztägig als Menschenrechtler aktiv. Erst nachdem er Gießen den Rücken gekehrt hatte, regte sich Dramatisches in ihm. Ähnlich belastend und der Entwicklung hinderlich empfand der Journalist Wilhelm Liebknecht (Karls Vater) das politische Milieu. Er verließ Gießen schon als Jüngling und stürzte sich kopfüber in die badischen 48er-Unruhen. Wenn partout doch noch ein waschechter Lokalmatador namhaft zu machen wäre, dann ließe sich nur auf Karl Brodhäcker verweisen, der so unvergeßliche Bücher schrieb wie *Handkäs' mit Musik* (1966) und *De fidehle Owwerheß* (1978). Sein Opus *Kerle, woas Kerle* (1979) feiert die Gießener Akademiker, die sich an den zahlreichen proppevollen Tränken wie zu Goethes Zeiten »in der tiefsten Rohheit« *(Dichtung und Wahrheit)* laben. Friedrich Christian Laukhard könnte von den »Gießern« auch heute noch füglich behaupten: »Die meisten tr[e]ten einher [...] wie die Schweine.« (*Leben und Schicksale [...]*, Halle 1792) Ein Studiosus fiel mir schon beim Parken vor dem Opernhaus ins Aug' – da er voller Inbrunst den Stadtpark bewässerte. Es gibt sogar einen Berg am Ort, der heißt der »Schiffenberg«.

Im Café *Takt*, die Uni-Aula zur Immatrikulationszeit beobachtend – vereinzelt und verstört trudeln Erstsemester ein, von Korporierten und AStA-Aktivisten belauert – mag man Goethes eingangs zitiertes Diktum nachdrücklich unterstreichen. Erhebliches dürfte in Gießen in diesem Jahrtausend nicht mehr zu gewärtigen sein.

Die andern ham's

Von Simone Schmid

Alle, alle haben es. Kottgeisering, Türkenfeld, Geltendorf, Moorenweis, Landsberied, Mammendorf, Schöngeising. Nur wir haben es nicht.

Das Ortseingangs-Holz-Dreieck-Kreuz-Schild samt Regendacherl mit brandgemalter Inschrift, vorne »Grüß Gott« und hinten »Auf Wiedersehen« und »Dorffest, Stadelfest, Weinfest, Sänger-, Krieger-, Veteranen- und tausendjähriges Fest«.

Und alle diese Orte, die teilnehmen und gewinnen bei »Unser Dorf soll schöner werden«, die schaun einfach runter auf uns.

Aber jetzt hat unser kürzlich gegründeter Lederhosenclub den Antrag gestellt, daß wir endlich auch unser Ortseingangs- und Ausgangs- und Seitenstraßen-Begrüßungs- und Verabschiedungsschild samt Dacherl und Brandmalerei bekommen. Weil wir nämlich der einzige Ort im Landkreis FFB sind, der so was noch nicht hat.

Ein öder Ort halt.

Legoland und der Donau-Elvis

Von Albert Hefele

In Günzburg herrscht eine Aufregung wie seit Hitlers Fünfzigstem nicht mehr. Legoland kommt! Was ist los? Jawoll, Sie haben schon richtig gehört, Legoland kommt. Das dänische Baukastenimperium hat den festen Plan gefaßt, seinen europäischen Zentralpark in Günzburg zu errichten. Disneyland in Paris. Legoland in Günzburg.

Die Einzelhändler reiben sich die Hände, und so mancher sieht sich schon im Legokostüm. Oder als Goofy verkleidet Step tanzen ... halt, das waren die anderen. Trotzdem: Schloß Neuschwanstein neben Brandenburger Tor und Matterhorn. Und alles in krachend bunter Knopfziegelbauweise! Wer möchte da nicht mittun und die Konjunkturchance beim Schopf ergreifen! Wenn die Firma Lego den energischen Wunsch äußerte, würde sich die einheimische Bevölkerung wohl widerstandslos Playmobil-Frisuren zulegen. Das war natürlich ein Witz und maßlos übertrieben, aber die freudige Bereitschaft zur Mitarbeit, psychotherapeutisch gesprochen: die *compliance* der Günzburger spielt unter Garantie eine nicht geringe Rolle im dänischen Szenario.

Unmäßig attraktiv darf das Städtchen, sind wir mal ehrlich, nämlich nicht genannt werden. Eine beachtlich große Klapsmühle, hie die rauschende Donau und da die vorbeirauschende Autobahn. Die Landschaft ist rundum langweilig, weil flach und nur nachlässig gegliedert. Matt schweift der Blick; ein eventueller Wanderer suchte vergebens nach markanten Erhebungen. Wären da nicht die Kühltürme des Atomkraftwerkes Gundremmingen, die von ferne grüßen und lustige Wolken ausstoßen. Paff, paff! Wie die Rauchzeichen eines kontaminierten und daher unterirdisch dahinvegetierenden Indianerstammes. So schlimm ist es nicht und

Atomenergie schon lange kein Thema mehr. Wie auch! Würde sonst der dänische Steckriese seinen europäischen Zentralpark ausgerechnet in die Günzburger Tiefebene pflanzen? Man rechnet mit zwanzigtausend Besuchern pro Tag! Davon mindestens die Hälfte Kinder! Wenn das wirklich so verheerend wäre mit diesen Halbzeitwerten und Verstrahlungen, würde doch der Däne das seiner Kundschaft niemals antun. Andererseits Petra Kelly. Die war auch aus Günzburg und, wie man weiß, ganz und gar nicht begeistert von den schnellen Brütern. Hat trotzdem postmortal einen Straßennamen abgekriegt. Als Wiedergutmachung? Weil sie zu Lebzeiten immer etwas kränklich daherkam? Diese Augenränder und nichts auf den Rippen. Folgen des Strahlenbombardements? Vielleicht sind ihr ja bloß die ewigen Sitzblockaden und der Ärger mit dem alten Bastian nicht bekommen. Weil – wenn sie sich heutzutage umgucken in Günzburg: Auch hier gibt es Rotbackige. Keine Humpler am Straßenrand. Frohes Treiben auf dem Marktplatz, der unbestritten ein Schmuckkästlein ist. Weit und breit keine Folgen einer wie auch immer gearteten Genverstümmelung zu sehen. Den einzigen Gnom zeugte Günzburg lange vor dem ersten Reaktor. Und ausgerechnet jener hatte von Berufs wegen mit Vererbungsgeschichten zu tun. Allerdings die etwas rabiatere Methode, die innerhalb der Forschergruppe Auschwitz praktiziert wurde. Mengele ist in Günzburg ein bekannter Name und allgegenwärtig. Allerdings nicht mehr im Fach »Rübe ab«, sondern im Bereich Rübenernte. Die Familie hat sich nämlich auf die Herstellung von landwirtschaftlichen Fahrzeugen verlegt, und der Namenszug »Mengele« ziert allerlei Erntegerät. Mengele gehört zu Günzburg wie der Glöckner von Notre Dame zu Paris, und so richtig für ihn zu genieren scheint sich niemand. Es geht das Gerücht, er sei des öfteren zu Besuch gewesen. Mancher Einheimische schwört sogar Stein und Bein, daß er immer noch und immer mal wieder im Ort umhergeistert, obwohl er offiziell schon länger tot und in Südamerika am Verwesen ist. Vielleicht liegt diesem Gerücht auch bloß die Vision eines Insassen der großen Klapsmühle zugrunde. Oder aber es steckt eine gezielte Strategie des Fremdenverkehrsamtes dahinter, dem der Slogan »Besuchen Sie Legoland« eine Kleinigkeit zu unspektakulär war. Und dem auf der Suche nach internationaler Attraktivität das Nazigespenst gerade in den Kram und in die Werbestrategie paßte: »See famous Legoland and meet the Donau-Elvis!«

In Halle werden die Dummen nicht alle

Von Michael Rudolf

Hier gibt es tatsächlich aus bislang der Forschung noch nicht geläufigen Gründen eine Universität. Sie ging irgendwann aus der von Martin Luther humanistisch-reformatorisch inspirierten Universität Wittenberg hervor und heißt seither einfach Martin-Luther-Universität Halle-Wittenberg.

Ob man in Halle studieren soll, ist in der Folge genauso unbefriedigend geklärt worden wie die Frage, ob man da leben soll. Von dieser diffusen Forschungslage gänzlich unbeeindruckt zeigen sich etwa 300 000 Eingeborene. Sie knödeln einen Dialekt, der zivilisierte Verständigung unmöglich macht und in den untersten Regionen bundesdeutscher Beliebtheit rangiert. Es sind die nachweislich häßlichsten Menschen, welche die Evolution hervorbringen wollte. Ihre Paßbilder müssen noch in Holz geschnitten werden, daher hängen in den Fotofix-Kabinen kleine Laubsägen. Was Dummheit und Tölpelhaftigkeit anbelangt, hätte jede Casting-Agentur für Bauernkriegsfilme ihre wahre Freude an ihnen. Apropos: Bauernkrieg. Daß der zu Halle noch nicht lange vorbei sein kann, ja im eigentlichen Sinn noch tobt und tost, dafür legt die ubiquitäre Schwundarchitektur beredtes Zeugnis ab: abweisende Ziegel- und Betonversammlungen, ein Dom, der keiner ist, Laubsägefachwerkhäuser, Bauimitate etc. Und über alles schmiert ein schmutziger Geruch, wie aus 300 000 vermodernden Luftpumpen gepreßt. Übrigens: Der Mundgeruch der Einheimischen scheint dito aus der Zeit um 1525 zu rühren und tut ein übriges.

Die Einwohner glauben, die Heimstatt der Mehrzahl aller Hallenser liege an der Saale, einem Mahlstrom aus Geschwür- und Photoentwicklerflüssigkeiten, der – doch halt! Soweit war die Chronistenpflicht gar nicht definiert, und wir haben nur noch zwölf Zeilen. Okay.

»Hallenser – Halloren – Halunken!« und »Ihr pflanzt euch doch bloß durch Geschlechtskrankheiten fort!« lästern die Nachbarn bereits ungeniert fünf Werst außerhalb des Weichbildes und somit der Reichweite hallischer Sägen. Wobei wir einschränkend zu bedenken geben müssen, daß wir die Sachlichkeit als Basis konstruktiver Auseinandersetzungen darin nicht erkennen können. Nun, sie werden ihre Gründe haben.

»Halle, da werden die Dummen nicht alle«, behauptet darüber hinaus der kluge Don van Vliet. Und wir glauben fast, an diesem Postulat wird auch eine Universität kein Jota ändern, schon gar nicht die in Halle.

Hüten werd' ich mich!

Von Thomas C. Breuer

Undenkbar, undankbar, eine Stadt zu verteufeln, in der man nach wie vor lebt – die Einheimischen meiden einen, schneiden einen, die Auswärtigen fragen stante pede: Wieso lebst du dann da? Um die Antwort vorwegzunehmen: Irgendwo muß es schließlich sein.

Ich habe andere Lokalitäten ausprobiert: Koblenz – die Bundeshauptstadt der Bausünden. Trier – Köcheln im Römertopf. Marburg – das Tübingen Oberhessens, gefürchtete Teesockenmetropole: Da holte ich mir eine Überdosis Fachwerk, lebenslänglich. Die Belästigung durch Kreuz- und Querbalken vor dem Horizont hält sich zu Heidelberg in Grenzen, füglich darf ich mich glücklich schätzen. Zudem ist Heidelberg allemal besser als jene fragwürdigen Ansiedlungen – Mannheim, Ludwigshafen, Heilbronn oder Karlsruhe –, die es umzingeln. Und doch gibt es andere Gründe, warum ich niemals meine Wahlheimat schmähen würde, niemals!

Gut, gewaltig ist die Zahl der Kritiker, die meinen, Heidelberg sei haarscharf wie Göttingen oder Freiburg, etwa gleiche Einwohnerzahl bei gleich hoher Volvo- und Saabdichte, schwerst universitätsabhängig, lieblos an ein Mittelgebirge hingeklatscht, im Würgegriff der Pharmaindustrie, ein Pharmageddon. Usw. usw. Ist es nicht, ist es nicht! Internationales Flair hat nur Heidelberg! Frage eines offensichtlich angetrunkenen Iren: »Do you speak English?« Ich bejahe, während ich mich gleichzeitig an ihm vorbeizumogeln versuche. »Do you have one mark?«

Heidelberg ist die wahrscheinlich einzige Stadt hierzulande, in der Asiaten wissen wollen, wie man zur »Einbahnstraße« komme. Die Stadt pflegt derart viele Kontakte in alle Welt, daß sie 1994 versehentlich eine Städtepartnerschaft mit sich selbst abschloß. Die Touristen bieten zu wenig Klagen Anlaß: In zahllosen Tandläden erstehen sie Souvenirs wie Schneekugeln oder Aschenbecher, die den Stempel »Made in Korea« bzw. »Taiwan« tragen. Mit der ihnen eigenen Begeisterung schleppen unsere Gäste den Krempel nach Asien zurück, ein schönes Beispiel zeitgemäßen Recyclings.

Kämen nicht jahrein, jahraus die vielen neugierigen Besucher, Heidelberg wäre nichts weiter als ein schnödödes Studentenkaff, vergleichbar Tübingen, das einen Schmiß sogar im Stadtwappen führt. Wir können zwar keine ähnlich spektakulären Kultobjekte vorweisen wie etwa Trier das Original-Leintuch Guildo Horns, nennen dafür jedoch ein Schloß unser eigen, das die Franzosen dankenswerterweise gleich zweimal abgefackelt haben. Peter Scholl-Latour schrieb ehedem vom »französischen Beitrag zum romantischen Charme der Neckarstadt«. Die Amerikaner fragen immerzu nach dem »SchloB«, weil sie das scharfe »ß« nicht kennen – ein weiterer Grund gegen die Rechtschreibreform.

Ich kann also nichts Schlechtes sagen. Ich sag' Ihnen auch, warum. Nachher.

Viele Menschen führen als Grund für die Wahl ihres Wohnsitzes gerne dessen Lage an. Der Karlsruher tönt: Man ist ruckzuck im Elsaß resp. Schwarzwald. Warum in Dreiteufelsnamen wohnt er nicht gleich da? Der Heidelberger ist natürlich irgendwo auch Badener, ein Straßenname wie »Nörgelgewann« sagt einiges, in erster Linie ist er aber Kurpfälzer, leicht zu erkennen an seinem schwerfälligen Dialekt: Unterlippe rausgeschoben und nie wieder bewegt, jedenfalls beim Sprechen nicht. Nicht mal in Heilbronn oder Kaiserslautern sind die Menschen mit solchem Zungenschlag gestraft. Aber darüber werde ich kein Wort verlieren, ich wohne gezielt in Heidelberg und will daher rigoros das Positive herausarbeiten, soviel Demokratie muß dieses Buch ertragen, selbst wenn man sich gezwungen sieht, Scholl-Latour zu zitieren – reine Notwehr!

Heidelbergs Attraktivität illustriert am ehesten sein Mietspiegel. Die Entspannung des Wohnungsmarktes mag für

Aschenbrödelgemeinden gelten, wir halten uns mit derartigen Oberflächlichkeiten nicht auf. Legion die Zahl derer, die hier wohnen wollen und den Quadratmeterpreis in schwindelerregende Höhen treiben. Sie überrennen ein Gemeinwesen, das die Abrißbirne als Lieblingsobst favorisiert und Mülltrennung als bevorzugtes Freizeitvergnügen. Die waghalsigsten Radfahrer westlich des Urals geben dem Leben einen besonderen Kick.

Der Südwestrundfunk erkor Heidelberg zum »Wohlfühlort«, auch diesen Titel hat die Stadt überlebt. Ihre natürliche Anmut ist jedoch selbst den Ureinwohnern nicht verborgen geblieben. Wiewohl konfessionell ausgeglichen, haben sich die selbstquälerischen Elemente des Katholizismus durchsetzen können: Um nicht überheblich zu werden, schuf man ein kompliziertes Selbstgeißelungssystem durchaus neurotischen Charakters, das sich beispielsweise in der gezielten Vernichtung von Parkraum niederschlägt. Die Ampelschaltung hat man in die Hände eines ausgewiesenen Sadisten gelegt. Der Frage, warum alle gastronomischen Betriebe von Rang ein Bier kredenzen, das 1603 gebraut wurde, möchte ich im Schwunge meiner Begeisterung gar nicht mehr nachgehen, das sind doch alles Quisquilien, über die ich mich in der Öffentlichkeit nicht weiter verbreiten kann, und ich sage Ihnen jetzt, wieso: Ich muß hier schließlich wohnen bleiben, am Ende werde ich aus der Stadt gejagt, die drohende Ehrenbürgerwürde für immer verspielt, mein Käsehändler würde mir den Käse verweigern, und auch der Strafenkatalog für Nestbeschmutzer veranlaßt mich zum Nachdenken: lebenslängliche Mitgliedschaft in einem Ruderclub, ein Abend mit dem CDU-Lokaltribun Karl A. Lamers (im Volksmund Kalamares), Teilnahme an diversen Krabbelgottesdiensten, ärgstenfalls Teeren und Federn, wobei in einer derart penetrant grünen Stadt (knapp 20%) die Teerplacken natürlich aus dem Tresor des Deutschen Krebsforschungszentrums kämen und die Federn aus freiheitlich-demokratischer Bodenhaltung, gewiß doch. Wollja, Heidelberg ist tiefgrün, der öffentliche Nahverkehr wird seit der Zwangsdachbepflanzung 1991 stellenweise sogar mit Lianen aufrechterhalten. Und einer derart innovativen Stadt soll ich ohne Not den Rücken kehren? Njet!

Nein, kein Geschimpfe, ich habe Familie. Anders gesagt: Heidelberg? Alles bestens! Super! Aber voll!

Und alles das geschieht in Hildesheim so nahe bei Hannover.

Georg Christoph Lichtenberg

Der tausendjährige Hodensack

Von Frank Schäfer

Als sich der berühmte Schlachter und Misanthrop Fritz Haarmann vom »Herrn Professor«, dem Gerichtsgutachter, schon fast ein väterlicher Freund, hatte bedeuten lassen, wie es ihm nach der Verhandlung wohl ergehe, soll er auf einmal ganz fahl um die Nase geworden sein. »Nee, nee, ich will nich' wieder nach Hildesheim«, rief er verstört aus, beinahe panisch, »dann schon lieber Kopp ab, aber nich' nach Hildesheim.«

Man muß nicht eigentlich wissen, daß der Fritz die sog. *Sülte* meinte, die ehemalige, seinerzeit bekannteste Irrenanstalt weit und breit, man kann ihn auch so gut verstehen. Denn seit dem Hildesheimer Silberfund Anno 1868, bei dem immerhin neunundsechzig gut erhaltene Stücke besten römischen Tafelsilbers dingfest gemacht werden konnten, sind die Sensationen hier nicht mehr so übermäßig dicht gesät.

Na ja, stimmt nicht ganz. Die Anzahl der Straßen, Gassen und Plätze beispielsweise hat sich seit der letzten Zählung des Dr. Rudolf Zoder im Frühjahr 1957 von 357 auf 812 erhöht. Immerhin, das heißt mehr als verdoppelt. Neue Stadtviertel kamen hinzu: Godehardikamp, Drispenstedt, Stadtfeld-Ost, Bockfeld, Trockener und Blauer Kamp, Marienburger Höhe-Ost – und was dergleichen noch sind. Hildesheim mithin generierte zur Großstadt, einer auch weiterhin beschaulichen kleinen Großstadt für viele – einem veritablen Moloch für die katholische Kirche. Von allen Seiten brachen protestantische Ungläubige in diese Enklave ein und ließen es sogleich an der gehörigen Ehrerbietung fehlen. Mit vielerlei zweideutigen Fingergaukeleien machten sie dem hiesigen Bischof auf offener Straße das Leben schwer und zeichneten versaute Bilder von ihm und seinen Nonnen. Kurzum, das wilde, ausgelassene Leben im Bistum sollte langsam der evangelischen Wassertrinkerei weichen – wie fast überall im Norden.

Was ihm blieb – und allen seinen Nachfolgern auf immer bleiben wird –, ist der Dom nebst »tausendjährigem Rosenstock«. Aber die vielen Häretiker neiden ihm auch die letzten Relikte ehemaliger Machtentfaltung und laden ihre auswärtigen Gäste daher gern im November ein, um ihnen ein gar krüppelig' Gestrüpp vorzuführen: »Der alberne Strauch da. Eine einzige Farce. Ach, guten Tag, Herr Bischof. Kalt geworden, nicht wahr? Jaja, aber wo die Sonne rauskommt, da hat sie immer noch Kraft.« – »Tschrrkrrrrrglllll.«

Daß angesichts solcher Ranküne sich die Rede des hiesigen Klerus schon mal ins Kryptische verkehrt, darf uns da nicht mehr verwundern. Allerdings will es doch mitunter scheinen, dies sei auch früher so gewesen. Bereits Lichtenberg notierte im *Sudelbuch*: Wer »sich von der viehmäßigen Stupidität des gemeinen katholischen Pfaffen-Pöbels überzeugen will«, der müsse sich nur einmal in Hildesheim umsehen. Aber das ist nun über zweihundert Jahre her und der Autor ein waschechter Katholenfresser.

Die Gegenwart sieht anders aus. Denn mittlerweile, wie gesagt, wimmelt es nicht mehr so von Gotteskriegern. Viele Studenten haben sich hier niedergelassen – und auch ein wenig in die »Domstadt« verliebt. Kein Wunder, bieten ihnen doch sowohl die lokale Universität (die solche Powerfrauen wie Rita Süssmuth und Christa Wolf zu ihren Patentanten zählen darf) als auch die Hochschule für angewandte Kunst und Wissenschaft (FH) genügend Möglichkeiten der unangestrengten Selbstfindung. Historisches Kulturgut, Farbdesign oder Kulturpädagogik heißt dann das fein säuberlich in Semester zerteilte Eierschaukeln. Aber kurz bevor die sanfte Lethargie in so etwas wie Verdrossenheit umkippen kann, trifft sich der Jungakademiker mit anderen seines Schlages in der *Andreas-Passage* und bummelt bei Vollenweiders meditativen Harfenklängen an den überteuerten

Auslagen vorbei (es herrscht weiterhin Rentnerüberschuß, und der verdirbt bekanntlich die Preise). Oder er wirft sich ins flirrende Nachtleben, das ihm immer neue Knüller offeriert – wenn der Blues zu seinen Passionen zählt. Denn eins dürfen wir nicht vergessen, Hildesheim ist die heimliche Blueshauptstadt Niedersachsens. Alle internationalen Größen dieses Genres geben sich hier ein Stelldichein: im *Thav*, in den *Vier Linden*, der *Kulturfabrik Löseke*, vor allem aber in der guten alten *Bischofsmühle*. Und da entsprießen dem heiteren Himmel dann bisweilen Momente, die dieses kleine bißchen Leben in der Provinz wieder verdammt lebenswert erscheinen lassen:

– – – endlich, endlich entlud sich die gewaltige musikalische Erektion in einem Solo, für das der baumlange, vor Schweiß glänzende Schwarze an der goldenen Gießkanne verantwortlich zeichnete – – – weit nach hinten warf er den Kopf und knickte in den Knien ein – – – sein Körper formte förmlich das hohe C, das er gerade in die helle Mondnacht hinausblies, hinausschrie – – – eine sündhaft schöne Vollmondnacht, die man in dem engen, stickigen Club aber nicht sehen konnte, selbst wenn das altersmäßig sehr gemischte Publikum gewollt hätte – – – es wollte aber nicht – – – »Schaff dich, schaff dich!« feuerte die tobende Menge den riesigen Neger noch an, und sein sehniger Tierkörper bog sich immer weiter nach hinten wie ein Flitzebogen aus feinstem Vogelaugenahorn – – – seine große schwarze Seele verdunkelte den Raum, kam über sie und nahm sie mit auf einen Teufelsritt durch den Hades – – –

PS: Eine der Hauptattraktionen Hildesheims haben wir noch zu erwähnen versäumt: das *Knochenhaueramtshaus*; vom Volksmund so geheißen, weil hier Haarmann in der Zeit seines Wirkens ein und aus gegangen sein soll.

Einfach Mekka

Von Jochen Stuck

Nicht zu verwechseln ist das rheinpfälzische Hockenheim mit dem linksrheinischen, gute dreihundert Kilometer weiter nördlich gelegenen und gewissermaßen null wie nichtigen Beamtenstädtchen Meckenheim. Es wurden bereits Vertauschungen gemeldet, die sollen aber nie mehr passieren fürderhin.

Hockenheims Häuser sind lindgrün, graugrün, schmutziggrau, ockerfarben, beige, kohleblau und klein, und es gibt ein öffentliches Parkhaus. Die Durchfahrt dauert 4,3 Minuten. Die Mittlere Mühlstraße existiert zweimal. Im gesamten Ortsgebiet herrscht Anschnallpflicht. Es bestehen Wohngebiete. »Zelten und Lagern ortspolizeilich verboten.« »Aus Wut über einen Unfall hat gestern ein Achtzehnjähriger seinen Führerschein zerrissen.« (HR 1, 6. November 1998) Die grüne Minna suchte die Straße mit Taschenlampen ab. Das gilt indes für Haiger.

In Hockenheim pflegt man eine Ordnung und reibungslose Verkehrsverhältnisse. Alle sind froh darüber. Die Temperatur beträgt 7° Celsius. Die Partnerstadt Hohenstein-Ernstthal blickt neidisch und gewogen auf Hockenheims Gewerbegebiet Talhaus, wo *Haffner Weine* und *Krämer Pferdesport* wirtschaften. Hockenheim hat einen Ruf und nennt sich »Rennstadt Hockenheim«. Der Wurstladen sperrt über Mittag zu.

Nicht weit ist es z. B. nach Alt-Neulussheim oder via Continental Rondell zum traditionsreichen und legendären Hockenheimring. Auf dem braust es fast ganzjährig mitten im Tann wie wild umher. Scharen lockt er insonderheit Anfang August anläßlich der vornehmen Anwesenheit des F1-»Zirkus« heran. Schilder weisen den Weg (»Fahrerlager«). Während die Boliden noch beschraubt und geschrubbt, die

Telemetriedaten ausgewertet, die Flügel vermessen und die Nockenwellen sorgsam geschmiert, die Reifen gefüllt und die Tankladungen taxiert werden, strömen sehr viele von den nahe der Autobahn 6 eingerichteten Campingplätzen ins Motorsport-Museum vis-à-vis der Haupttribüne des weltberühmten und für seine einzigartige Stimmung bekannten Motodroms. Glücklich schätzt Hockenheim sich.

Kernstück des Museums ist trotz zwischenzeitlicher Ferrari-Sonderschau die »Walter-Brandstetter-Sammlung« (historische Motorräder inkl. der Königswellen-Sunbeam), nimmer zu vergessen außerdem der ATS D 7 BMW aus der wahnsinnigen Turboära (auch 800 PS schützten Manfred Winkelhock und Gerhard Berger 1984ff. nicht vor den gefürchteten »Motorplatzern«) und Riccardo Patreses Williams FW 12 mit Renault-V10-Maschine und 650 zuverlässigen Pferdestärken, 1989 ein praktischer »Siegerwagen« und eine Garantie, in die »Punkteränge« zu kommen. Dagegen kann man das Verkehrsmuseum Dresden und das Automuseum Aschaffenburg (»Art & Auto-Forum«) richtiggehend vergessen und abhaken.

Wie schön und gelungen Hockenheim sich dem Gaste darbietet, zeigt ein Blick von der Haupttribüne auf das wunderbare Gewirrl aus Sachskurve usw. Majestätisch ruht das Sachs-Haus zwischen Fahrerlager I und Fahrerlager II. Der Hardtwald sorgt für kühle Winde. Laut glühen Wurstkessel, Grillstationen und Brummis. »Die Palette des Gebotenen ist attraktiv und breit, so daß sich auch außerhalb der Großereignisse ein Abstecher zum Motodrom immer lohnt«, sagt Gustav Schrank, Hockenheims und Deutschlands beliebtester Bürgermeister, laut *Hockenheimring*, dem *Magazin für die Freunde des Motorsports*.

Früher ward die Heimstatt der »Helden des Asphalts« geheißen Kurpfalzring. Die aus dem 1932 gezimmerten Dreieckskurs entstandene Ovalstrecke machte den Herrschern Freude. 1947 Umbenennung. 1965/66 Bau des Motodroms. Es ist noch heute so und gut. Auch der Tod Jim Clarks 1968 konnte nichts anderes erwirken.

Die Vögel zwitschern unvermindert. »Zuletzt wurde es

dann noch einmal ganz laut rund um den Kurpfalzring. Die benachbarte Schwetzinger Panzereinheit hatte ihren Schulungsbetrieb total auf die Rennstrecke verlegt [...]. Unter dem Gewicht tonnenschwerer Raupenfahrzeuge verwandelte sich der neue, von Neubauer so gepriesene Spezialbelag schnell in seine Grundbestandteile zurück: Teerbrocken und feinkörnigen Rheinsplitt.« Materialien aus der Umgebung leisteten beim Bau des neuen und voll funktionsfähigen Rathauses sowie der Unterkunft der Rennstadtwehr beste Dienste. »Hockenheim wird auch den unterschiedlichsten Herausforderungen gerecht – wie es sich für eine weltoffene Rennstadt gehört.« – »Einfach mega!« findet Vize Bröndorfner. »Einfach Mekka!« ergänzt der gewöhnliche Rennfan.

Die Pflanzung weiterer siebzig Bäume soll nach G. Schrank hinsichtlich seiner 19000-Guteseelen-Gemeinde »in Sachen Landschaftsgestaltung und Ökologie einiges bewirken. Zum anderen würden sie auch den parkenden Fahrzeugen Schatten spenden und seien gut für das Stadtklima insgesamt.«

Soweit Hockenheim. Burn out!

Wie nach Debord gemalt

Von Stefan Müller

Fährt man die A 8 von Pforzheim – auch eine »Stadt«, die mehr als bloß Dresche verdient hätte – Richtung Westen, taucht nach der letzten Anhöhe die Oberrheinische Tiefebene auf – oder zumindest das, was durch die Dunstglocke zu erahnen ist. Kann auch die Vielzahl der Autobahnabfahrten nicht erwirken, besser weiterzufahren, gibt es keine Ausrede mehr. Einmal in den Dauersmog eingetaucht, stellt sich nicht länger die Frage, wie das Zentrum der »Technologieregion Mittlerer Oberrhein« mit der bundesweit höchsten Autodichte zu seinem Namen kommt, zumal die Allgegenwart der Polizei keinen Zweifel daran läßt, wohin es einen verschlagen hat: in die Residenz des Rechts.

Karlsruhe kann konsequente architektonische Lösungen offerieren, wenn es um zeitgemäßen Urbanismus geht. An der südlichen Einfallstraße versinnbildlichen drei eng beieinander stehende Gebäudekomplexe die Heilige Dreifaltigkeit der Kontrollgesellschaft. Als mittelalterliche Festung mit absolutistisch anmutender Auffahrt präsentiert sich die Bundesanwaltschaft. Das Arbeitsamt besticht durch vorausschauend großzügige Gestaltung. Auf Großkotzigkeit setzt das ZKM (Zentrum für Kunst und Medientechnologie). Letzteres hat sich zum Exportschlager in Sachen Kooperation von Wirtschaft, Kultur und »Neuen Medien« gemausert, dem Standort allzeit zu Diensten.

Karlsruhe, wo badische Stoffeligkeit und regionalchauvinistischer Neureichenprotz zusammentreffen, brachte in 280 Jahren Existenz eine Population hervor, die seiner würdig ist. Die elfte Person, die eine Karlsruher Gaststätte mit zehn Tischen betritt, macht auf dem Absatz kehrt. Wer diesen putzigen Brauch der spätkapitalistischen sozialen Kälte in die Schuhe schieben will, sollte lieber noch mal Friedrich

Engels auflegen (Anspieltip: *Die Reichsverfassungskampagne*) und danach für immer schweigen. So gestalteten sich die Jubiläumsfeierlichkeiten anläßlich der »badischen Revolution« 1848/49 als Demonstration lokaler Großmannssucht gegenüber »Stuttgart«, das alle Kompetenzen in Württemberg konzentriere und die armen Badener diskriminiere. Jene bevorzugen die Kooperation mit dem Paradies der billigen Grundstücke und Arbeitskräfte auf der anderen Rheinseite, denn das Elsaß und die Südpfalz sind dem gemeinen Karlsruher ein natürlicher Expansionsraum.

Der wohlverdiente Abstieg des KSC konnte dem Karlsruher leider nur vorübergehend das Maul stopfen; zu sehr ist er sich seiner Erfolgsbilanz bewußt: High-Tech-Boom und Selbstinstrumentalisierung für den Ausbeutungsprozeß, politische Stabilität und Treue zum Standort. Dem bißchen Hirn, das bleibt, geben der New Yorker Klimasituation vergleichbare Sommermonate, in denen einstmals die kaiserlichen Kolonialtruppen auf Tropentauglichkeit gedrillt wurden, den Rest. Diese Witterungslage kommt dem Karlsruher gerade recht: Tagsüber liegt er schwitzend auf dem Bett oder im mikrobiologisch aktiven Baggersee. Sobald es dunkelt, walzt er in einen der vielen Biergärten, um sich von seinesgleichen, selbstredend schnauzbärtig, braungebrannt und spitzstiefelig wie er, anhimmeln zu lassen.

Frei nach Guy Debord und Gianfranco Sanguinetti: Der Karlsruher tut so, als ob er das, was er hat, gewollt hätte.

Man sollte diese Stadt in der größten Toilette der Welt runterspülen!

Robert De Niro (Taxi Driver)

Vier Wochen war ich nich mehr in Kiel ... da kommt man wieder und immer noch die gleichen Pißgesichter!

Werner (Wer sonst?)

Es gibt viele Gründe, Kiel nicht zu mögen: z. B. dort geboren zu sein.

Rainer Affeldt (geboren in Kiel)

Quelle oder Keil?

Von Kay Sokolowsky

Als brutalste Strafe, so in der Seefahrt ersonnen, gilt das *Kiel*holen. Richard *Kiel* gab als »Beißer« den härtesten Hauer, den James Bond je zu bestehen hatte. Der *Kiel* hängt unterm Bauch des Schiffes, nicht unähnlich hämorrhoidalen Ausstülpungen – von Seepocken überwuchert, vom Rost zerfressen, klagen ihn Tierschützer weltweit als messerscharf-schartigen Todfeind des lustig durch den Okeanos gleitenden Tümmlers an.

Kiel ist sprachgeschichtlich eng verwandt mit »Kehle«. Eben sie drückt's vielen zu, die zum Zwecke der Kriegsdienstableistung in die Stadt Kiel verschickt werden, um dort alsbald zügig zu verrohen und sich dem Alkohol- und Antibiotika-Abusus zu ergeben. Dazu später evtl. mehr. Die Stadt Kiel hat ihren Namen aber nicht aus dem *Duden Etymologie*, sondern vom Grafen Adolf (!) IV. von Schauenburg, der sie »zwischen 1233 und 1242« (*Baedeker*) gründete: »neun Jahr gegrüblet und doch gefehlet« (apokryph). Friedlich, ach, strich und streichelte einst der Ostseewind über die Halme und Büschlein am Ufer der kleinen Förde ... Bis der feine »Herr« Graf beschied, in den feineren Sand ein Rathaus usw. zu rammen.

Er nannte das »nasty Nest« (Keith Richards) »Holstenstadt tom Kyle«. *Kyle* aber hieß in der friesischen Mundart des (später reuig ins Kloster gekrochenen!) Buchtschänders »Quelle« resp. »Gewässer«. »Holsteinische Stadt am Gewässer«? Das war so originell, wie der Ort später wurde. Die mittelniederdeutsche Alternative bietet für »kyle« übrigens die Übersetzung »Keil« an. Das paßt schon besser. Trieb denn Kiel nicht in die »Beziehungskisten« zahlloser zur Kriegsmarine Gepreßter einen – Keil?

Der *Kiel*. Die *Quelle*. Der *Keil*. In Kiel hat der Keil seinen Kiel in der Quelle? Oder die Quelle einen Keil im Kiel? Kriegt der Kiel Keile von der Quelle? Kiel Keil Quelle – Kelle Kerl Qual? Zwischenruf: »Ach, hör' schon auf! Ist der Stinkhaufen doch gar nicht wert, den Aufwand. Mach' lieber was mit Olm!« Das hättest du gern.

Vom Hochmittelalter bis in die frühe Neuzeit wollte es in *Kiel* einfach nicht vorangehen. Obzwar von 1284 bis 1518 Mitglied der Hanse, hat das »Kackdorf« (John F. Kennedy) im »Vorläufer der EWG« (Mahatma Gandhi) »niemals eine Rolle gespielt« *(Baedeker)*. Seinerzeit beliebter Scherz in den norddeutschen Kontoren: »›Wat wullt du denn in Kiel, Hinnerk?‹ – ›De Lüüt övern Tisch trecken, Uwe!‹« Besser wurde die Lage auch nicht, als in den 1630er Jahren Herzog Friedrich III. beschloß, via Kiel »einen Seidenhandel mit Persien zu eröffnen« *(Baedeker)*. Wenige der Kaufleute überlebten die Reise. Die Mullahs, die von Kiel noch nie was gehört hatten, ließen die abgerissenen Gestalten aus dem Spätabendland vorsichtshalber zerhacken und in Ziegenmilch beizen. Ganz wie es Landesart und -brauch für »ungläubige Söhne läufiger Hündinnen« vorsehen. Der Islamismus – ein Vorbild?

Gleich allen Städten, die man besser sofort nach Errichtung abgerissen hätte, suchte das lebensuntüchtige Kiel sein Heil in der Verführung Unmündiger und richtete 1665 eine Universität ein. Was an hoffnungslosen Fällen Abitur »baute« (J. R.) im Norden, strömt seither dorthin. Zarin Katharina II., Erbin des feuchten Fleckens, hatte 1773 genug und tauschte die »Region« *(Gays Only)* mit dem dänischen

König gegen die Grafschaften Oldenburg und Delmenhorst. Gewinn machte sie dabei nicht, aber das merkte die »Husaren-Hure« (Mussorgski) erst, als es zu spät war.

Den klotzigen Kielern ging es unter der klugen, freundlichen, toleranten bzw. »gütigen, milden, trefflichen« (Herder) dänischen Herrschaft erstmals gut, ja, so gut, daß sie 1848 nichts Besseres zu tun wußten, als lauthals Anschluß an Großpreußen zu fordern. Den bekamen sie nach mehreren Waffengängen denn auch i. J. 1864. Und ihre »Pinseltown Rebellion« (Frank Zappa) wurde 1865 belohnt mit der Verlegung der preußischen Flotte in den so-called Kieler Hafen. Also nahm das Unheil seinen Lauf. Einige Zeit später kam der »Kaiser-Wilhelm-« resp. »Nord-Ostsee-Kanal« hinzu. Nun war man wer. Zigtausend »shanghaite« Matrosen marodierten fortan täglich durch die muffkalten Straßen, vor Augen den Seemannstod, im Nacken die Knute der Bootsleute; Zigmillionen Seelen wurden hier für immer verdorben. Leichtfertig die Frauenzimmer – scheinbar. Tatsächlich: berechnend. 11 198 Hektar Stadtgebiet, durchtränkt vom Weichen Schanker.

Die Literatur macht, gleich allen anderen Künsten, einen weiten Bogen um die Stadt »tom Kyle«. Es gibt hier keine Dichter, wird niemals einen geben. Gott (Allah) wollte es so. Darum verlieren sich Spur und Verfasser des folgenden Textes im selben Nebel, der jeden Abend und Morgen über der scheußlichen Schrundwunde am Strand der kleinen Förde webt und klebt.

»Man fährt nicht aus Spaß nach Kiel. Nur aus Not. Die einen bedürfen einer Fährpassage gen Schweden, die andren verdienen ein Zubrot als Taschendiebe auf der Kieler Woche. Die meisten jedoch folgen dem Ruf des Vaterlandes. Verlorene sind sie, Verdammte, Verachtete! Sie wissen es, sobald sie vor die Tore des Sackbahnhofs treten. Ein dicker Himmel von der Farbe kalter Zigarettenasche lastet auf den Dächern, als habe er dort immer schon Platz genommen, als würde er sich nicht erheben, ehe die Totenhäuser unter ihm zu Staub zermahlen sind. Wie Lebertran und Schneckenschweiß kriecht die Kieler Luft unter das Matrosenhemd. Von fernher erklingt ein schwindsüchtiges Akkordeon: ›Wein' nicht, mein Kind, die Sehnsucht, sie ist vergebens ...‹ Schlachtschiffgrauen Gesichtes stapfen die Eingeborenen vorüber, unschlüssig, ob sie dich jetzt töten oder vorher noch berauben und foltern sollen. Kiel sitzt dir an der Kehle, Kamerad, und, glaube mir, es wird deine Seele aussaugen wie ein Vampir das Blut seidenhäutiger –« (Fragment)

Kurzum: »Kiel ist wie Bremen, aber Bremen ist eher so wie Hamburg.«

> Schlag dir das aus dem Kopf [...], es bringt nichts, noch ist es nicht zu spät, hör auf damit.
>
> *Jim Thompson*

Das Deutsche Eck in mir

Von Rolandt Saß und Harald Schamkowski

Milano – Koblenz – Köln, 21. September 1997

Lieber Rolandt,

gestern kam ich von meinem Seminar »Selbsterkennung & -behauptung in einer komplexer werdenden Welt« (»Woher komme ich, wohin gehe ich – Wege aus der Krise«) zurück. Es war schön, endlich wieder einmal in der Toskana gewesen zu sein.

Auf der Rückfahrt war ich noch immer aufgewühlt, stand im Zuggang und starrte aus dem Fenster. Während des Seminars hatte ich erfahren, daß sich mein Leben grundlegend, von den Wurzeln her ändern muß. Sorge bereitete mir jedoch die Frage: WO ANFANGEN? Worauf soll ich die freigesetzte Energie fokussieren? Wohin gehen? In diesem Moment begann der Boden unter meinen Füßen zu beben, und der IC-Nibelungenexpreß von Mailand nach Amsterdam kam mit leichtem Rütteln und Rucken in Koblenz zum Stillstand.

Mir wurde augenblicklich klar: Von dieser Stadt sollte die Neuordnung meiner Welt ihren Ausgang nehmen. Hier sollte mein Werk beginnen, in jener Stadt, in der ich meinen Militärdienst abgeleistet hatte, der größten Garnisonsstadt Europas, einer Stadt, die ich nur allzuoft ein »verpißtes Drecksloch« genannt habe. Einer Stadt, deren Verunglimpfung ich mit Lust und beinahe sportlich betrieb. Eine Stadt, die es mir leicht machte, in ihrer Verdammung zur Meisterschaft zu gelangen – weil sie nun mal war, wie sie war.

Aber nun, nachdenklicher, besonnener und vielleicht auch weiser geworden, stellte sich mir die Frage, ob ich diesem Koblenz nicht Unrecht tat. Gerne würde ich Koblenz nochmals aufsuchen und prüfen, ob meine Wahrnehmung evtl. falsch und irrig war. Da Du ja Koblenz auch besser kennst, würde ich mich freuen, wenn Du mich begleitetest.

In Erwartung Deiner Antwort:
Harald

Vallendar, 28. September 1997

Lieber Harald!
Wie könnte ich, wo ich doch weiß, was Du erlebt hast, kein Verständnis haben für die Entwicklung, die Du gerade durchmachst. Es ist gut, Erlebtes aufzuarbeiten, sich finden zu wollen, die Dinge in seinem Leben neu zu bewerten. Aber ein wenig Sorge mache ich mir doch, v. a. angesichts Deines Vorschlags, Deiner Zeit in Koblenz und der Stadt als solcher Gerechtigkeit widerfahren zu lassen. Was willst Du dabei entdecken, welche Erlebnisse willst Du aufarbeiten, was hatte und hat das alles mit Deinem ›Leben‹ zu tun? Wie Du richtig schreibst, trage auch ich meine Koblenz-Vergangenheit mit mir herum, wie mutmaßlich jeder einigermaßen labile Mensch. Aber doch nur, um sie zu überwinden! Das Koblenz in mir ist etwas, dem gegenüber ich keinesfalls Fairneß walten lassen möchte. Eher schon Rücksichtslosigkeit. Denn die Wochen, die ich dort zugebracht habe, ja, die sich gewissermaßen in mich eingebrannt, hineingefräst und -gefressen haben, waren das Deprimierendste, Hoffnungsloseste und Geisttötendste, was ich je erleben mußte.

Man hatte mir versichert, ich könne zu Koblenz leben wie im »Herzen Europas«. Doch ich fand mich eingesperrt zwischen Krankenhäusern, Verwaltungszweckbauten und muffigen Mehrfamilienhütten, umgeben von Menschen, die wahlweise Verwaltungsdeutsch sprachen, mehrere Familien hatten oder Schwesternuniformen füllten, deprimiert von Monaten (oder Jahren?) ohne Inspiration und sensual-intellektuale Offenheit, nur allerentschiedenstes Maulaffenfeilhalten, Brüten allerorten und Verdörflichung des Bewußtseins. – Du weißt, was mir das angetan; hast selbst genug darunter gelitten. Deshalb tue ich mich schwer, Deiner Bitte zu folgen.

Nachdenklich und besorgt –
Rolandt

Köln, den 2. Oktober 1997

Lieber Rolandt,
natürlich haben wir alle unsere Koblenz-Vergangenheit. Jeder deutsche Wehrpflichtige hat seine Koblenz-Vergangenheit. Wem ging es nicht so: Vom heimeligen Zuhause wurden wir in zugige Baracken verschleppt. Wir sollten Bettdecken strammziehen, Hemdfalten planieren und den Gebrauch von Vorputz-Schuhbürsten erlernen. Statt Deutschunterricht erhielten wir Lektionen im Waffenschmieren. Statt warmer Mahlzeiten gab es zerfallene Kartoffeln im Fleischsaft. Nachmittags inspizierten schweißgeile Männer die Photos in unseren Wandschränken. Und nachts konnt' ich nicht schlafen vom Jucken der Fußpilzsalbe. War einmal Dienstschluß, dann war eben Disco. Und nicht einmal dort bekam ich jemand' zu sehen, dessen Muskeln am ausrasierten Nacken *nicht* strammstanden. Es war degradierend.

Und dennoch: Könnte es nicht sein, daß ich der Stadt gegenüber zu harsch urteile? Könnte es nicht existieren: das *andere* Koblenz? Ein hübscher, netter Ort, an dem man die Leut' in Ruh' und leben läßt?

Ich verzweifelte, gäbe es jenes Koblenz tatsächlich – und spräche eben, ohne es je gesehen zu haben, schlecht darüber. Laß uns doch noch einmal Koblenz anfahren. Laß uns versuchen, Koblenz in einem anderen, in warmem Licht und gutherziger Stimmung zu schauen.

Der Spätherbst wäre gerade gut dafür …
Harald

Bergisch-Gladbach, 5. Oktober 1997

Harald,
ich bitte Dich! Gutherzig sagst Du, gutherzig willst Du Koblenz anschauen, das Nette an Koblenz herausfinden? Was hast Du in Deinem Seminar gelernt: Soft-thinking? Wie kannst Du das ganz Andere bedenken und dabei Koblenz im Sinn haben? Die schiere Unmöglichkeit! Neu anzufangen heißt doch: sich von Koblenz lösen! Und von allem, was damit zusammenhängt. Mensch!

Verzeih', Harald, ich wollte nicht grob sein. Du weißt, ich bin sensibel, was das Thema Koblenz betrifft. Ich habe sicher nicht das gleiche erlebt wie Du. Aber ich habe diese Stadt, mit der Du es aufnehmen willst, von einer anderen Seite gesehen, von einer Seite, die auch mir das Rückgrat stauchte (und beinahe brach!). Wann immer ich nur den Versuch unternahm, meinen bald so getauften »Koblenz-Frust« alkoholisch zu bekämpfen (und darob wahllos Kneipen aufsuchte), geriet ich unter rührige Rekruten mit Rettungsschwimmerwesten. Wann immer ich an der Strandpromenade ein Eis zu kaufen trachtete, wurde ich angewiesen, das schokoladenbekleckerte Papier BITTESCHÖN UNBEDINGT ANGEMESSEN ZU ENTSORGEN. Bemühte ich mich auf meinen der schieren Verzweiflung geschuldeten und diese noch verstärkenden Sprittouren nicht mal mehr, die Weinlokale zu umsteuern, fing mich ebenda die rabiate rheinische Fröhlichkeit ein: Saufen und Singen im Viervierteltakt. Der Sonntagnachmittag bestand darin, Schnauzbärte zu sichten, die durch Koblenz' Fußgängerzone schoben. Und weil ich gerne die Ohren zwei-Drittel-bedeckt habe, wurde ich in meinem angestammten Supermarkt als Jesusjünger beschimpft. Es schien, als sei die Bundeswehr der ideelle Gesamtvorgesetzte der Stadt.

Wenn Du meinst, es lasse sich dazwischen Gutes finden, dann freue ich mich über Dein neugewonnenes positives Weltbild. Geh' Deiner Wege aus der Krise. Ob ich Dir aber darin und gen Koblenz folgen kann, darüber werde ich immer unsicherer.

Es kommt eine ganze Menge hoch in mir …
Rolandt

Köln, den 12. Oktober 1997

Lieber Rolandt,
könnte es nicht sein, daß wir jener Stadt und ihren Bewohnern grundlegend falsch Bescheid geben? Wäre das nicht unerträglich? Einer Stadt und besonders ihren Menschen falsch tun? Könnte es nicht sein, daß unsre schnauzbewehrten Feldwebel nett und zuvorkommend sind? Liebende Familienväter gar? Vielleicht kann man mit ihnen ja sogar reden? Evtl. diskutieren? Vielleicht haben sie sogar recht? Gegebenenfalls gibt es wirklich nichts Schöneres, als im Weindorf zu schwofen? Muß man sich denn über alles echauffieren? Kann man sich nicht zufriedengeben mit Einfamilienhaus, Frau, Waschmaschine und einem Sohn, der Schuh-, entschuldige: Schulprobleme hat?

Ich stelle es mir behaglich vor, entlang der von Schatten befreiten Uferpromenade zu spazieren, am Kiosk mein Cornetto-Kirsch zu erwerben und zu spüren, wie der Gehirnsaft vaporisiert.

Das nette, einfache Leben: sauberer Haarschnitt, Warten auf den Sommerschlußverkauf und zwischen Grillwurst und Katerfrühstück Sorgen um den Zustand der Nationalelf und des Deutschen Ecks.

Laß uns nicht nur Koblenz besuchen. Laß uns nicht nur versuchen, Koblenz gut und schön und prima zu finden. Laß uns doch gleich nach Koblenz übersiedeln und werden wie diese Stadt: lieblich und selbstzufrieden.

Was kann es Besseres geben?

Harald

Olpe, im *Stiefel*, Montag, 23 Uhr 40

Ja, H.,
was kann es Besseres geben, wenn Du das nicht selbst weißt? Ich fürchte: tatsächlich nichts. Ich bin entsetzt. War Dein Seminarleiter Koblenzer? Oder warum denkst Du, Dein Schicksal, das mir immer noch (wenn ich auch unter diesen Umständen nicht weiß, wie lange noch) einiges bedeutet, müsse weiter von diesem Trumm von Stadt belastet werden?

Wenn es um Dein Selbst geht, dann vergiß sie. Sonst vergißt Du Dich!

Überhaupt: Was ist zu loben, zu preisen an der Lieblichkeit, außer der Tatsache, daß sie für jene süße Plörre steht, mit der ich mich Abend für Abend abzudichten pflege, seitdem ich dort, unweit von Vallendar, gewesen bin. Die Lieblichkeit aber, die Koblenz den Menschen meint andienen zu müssen, ist Klebrigkeit. Klebrigkeit, die dick macht. Die Klebrigkeit der bei Hitze aufs Pflaster plumpsenden Eiskugeln, die Schweißnässe, die einen bedrängt, wenn man locker die vielgepriesene sonnenbefleckte Rheinpromenade abschreiten will, die Zähflüssigkeit der Mosel-Rhein-Loreley-Laune, die sich durch Innenstadt, Weinberge und Wanderwege wälzt, die Zuckrigkeit der Häuseranstriche, dienlich allein dem Zweck, die Buden mögen auf Prospekten eindrücklicher prangen.

Und die bied're Selbstgefälligkeit, die Du Selbstzufriedenheit nennst, die Selbstgenügsamkeit des durchschnittlichen Koblenzer Aff' – merkst Du nicht, daß sie nur zu dem Behufe in der Welt ist, Dich wieder einzufangen und zurückzuzerren dorthin, wo Du schon mal warst, Dich zum Teil einer schäbig-pittoresken Lokalkulisse zu modeln, einer bärtigen Schmierenkomödie, Dich eingemeinden zu wollen wie all die Vororte, die vor Jahren schon in den Koblenzer Sog geraten sind?!!

Ich weiß, was Du erleidest. Die Zeit, die man in dieser Stadt verbracht hat, war in allen Maßen derart verstörend, daß man außer sich geriet. Doch ist nichts gutzumachen, gerät man dieser Art auf den Ast der Innerlichkeit. Die Koblenzer Zeit ist verdorben. Deshalb rufe ich Dir zu: ENTSORGE DEINE KOBLENZVERGANGENHEIT! ENTSORGE KOBLENZ!

Ro.

PS: Sollten wir nicht lieber gemeinsam einen heben gehen – wo auch immer?

Institut für mentale Infrastruktur
[...]
59609 Wuppertal
18. 10. 1997

Herrn
Harald Schamkowski
[...]
50969 Köln

Betr.: Honorierung von Seminarleistungen

Sehr geehrter Herr Schamkowski,
für das Seminar »Woher komme ich, wohin gehe ich – Wege aus der Krise« inkl. Unterkunft, Vollpension und Kursunterlagen vom 15. 09. bis 20. 09. erlauben wir uns, Ihnen den Betrag von DM 6499,– in Rechnung zu stellen.

Wir bitten darum, für einen baldigen Ausgleich zu sorgen, und hoffen, Ihnen durch unser Bildungsangebot eine kleine Hilfestellung bei der Bewältigung Ihrer Alltagsprobleme gegeben zu haben.

Mit den besten Wünschen verbleiben wir,
[Unterschrift]

Köln, 19. Oktober 1997

Lieber Rolandt,
unlängst ist mir etwas passiert, das mich zu dem Schluß kommen ließ: Dieser gesamte Selbstfindungskram lohnt sich nicht. Was das kostet – an Kraft. Ich will mir das sparen, und das neue Fundament, auf dem ich mein Leben aufbauen will, soll eher ein finanzielles sein. Darauf kommt es doch schließlich an, und überhaupt: Ich bin doch immer gut gefahren mit meinem Koblenz-Bild. Warum sollte ich es also ändern? Es hat sich schließlich bewährt. Der Großteil der Bevölkerung teilt Deine und meine Einschätzung von Koblenz. Und so viele Menschen können nicht irren. Warum verspürt man bloß immer diesen ruinösen Zwang, alles an-

ders machen zu wollen? Ich möchte da lieber beim Bewährten bleiben, und in bezug auf Koblenz heißt das: Koblenz ist scheiße, war schon immer scheiße und wird nie was anderes sein als Scheiße.

Laß uns nicht nach Koblenz fahren. Laß uns zu Hause bleiben.

Harald

Gütersloh, am Büdchen, 14 Uhr 30

Ach!
Jetzt bin ich dem Herrn wohl zu nahe getreten. Na, scheißrein. Ich hab' eh geladen. Echten Moselwein. Paar Pils. Und Sekt: auf Deinen großartigen Entschluß. Wenn's mal einer war. Ich versteh' den Herrn nicht. Neuerdings ist Koblenz also einfach wieder »scheiße«. Erst reißt Du meine alten Wunden wieder auf, versuchst mir den Pflock des Spießertums in den Leib zu treiben und zwingst mich, die Ära meiner größten Trinkerniederlagen vor meinen brechenden äh Augen passieren zu lassen, umgarnst mich mit Koblenzprosa und setzt unsere Freundschaft für ein dreckiges Pißloch aufs Spiel – und dann? War es dem Herrn zuviel der Mühe. Mitläufer! Kleinaktionär! Spaziergänger! Du glaubst wohl, die Angelegenheit ist erledigt, wenn Du Koblenz liegenläßt, wo es immer lag, und Deiner Wege gehst. Du meinst wohl, Koblenz ist Koblenz – und Schluß. Die Hunderte, ja Milliarden von unschuldigen Menschen, die in dieser stadtgewordenen Jugendherberge auf den falschen Weg gebracht, malträtiert und gedemütigt, ja komplett versaubeutelt wurden, sind Dir egal! Egal die Niederlagen und katastrophalen Demütigungen, die von diesem Moloch ausgegangen sind und IMMER WEITER AUSGEHEN!! Egal die GANZE WELT, sobald die Dividende stimmt!!! Ich sach Dir was: Ich mach' da nicht mit. Koblenz ist nicht Koblenz, Koblenz ist nicht scheiße, Koblenzum est delendum – und nichts anderes, mein Lieber. Jawoll.

R.

Statt-Reisen e.V.
Auf der Würth 3
56099 Koblenz
18. 10. 97

Herrn
Rolandt Saß
[...]
Gütersloh (postlagernd)

Sehr geehrter Herr Saß,
hiermit bestätigen wir Ihre Anmeldung für unser Erlebniswochenende »Koblenz zum Kennenlernen – Unbekannte Seiten einer nicht so unbekannten Stadt« (25.–27. 10. 97). Wir freuen uns über Ihr Interesse an unserem Programm und hoffen, der Wettergott wird es gut mit uns meinen. Letztes Jahr hatten wir doch noch einige regenfreie Tage.

Mit sonnigen Grüßen,
[Unterschrift]

Identität gedeiht hier schwach.
Martin Walser

Neunzehn Variationen

Von Björn Schroth

1.
Ich bin in dieser Stadt nicht geboren. Aufwachsen durfte ich zum Glück auch woanders. Als ich nach Konstanz zog, hatte ich jene Lebensphasen, in denen man ausschließlich von seiner Umgebung geformt wird, längst hinter mir.

Klug war ich trotzdem nicht, denn sonst wäre ich kaum freiwillig, ohne jeden Zwang nach Konstanz gezogen.

2.
Noch heute schaffe ich es nicht zu erklären, weshalb eigentlich Konstanz.

Mich bewegte ein Sentiment. Ein unbestimmtes Bedürfnis nach Naturverbundenheit und Weltabgeschiedenheit. Kräutertee und Stricksocken. Der Bodensee sollte mein *Walden pond* sein. Und ich wollte wissen, mit wie wenig zum Leben ich auskomme.

3.
Ich war beeinflußt von Hermann Hesses Seebeschreibungen und dachte, ich könnte dort etwas tun, was »zu sich selbst finden« heißt. Den Irrungen einer langwierigen und schwerblütigen Pubertät entwachsen, besinge ich heute die tollen Sportmöglichkeiten, Ski fahren in den nahen Alpen und Segeln und Wandern.

Aber ich kann weder Ski fahren noch segeln.

4.
Einmal war ich segeln, und ich langweilte mich dabei. Zu Fuß wär's schöner gewesen, und man hätte auch nicht so brüllen müssen, um den infernalischen Krach zu übertönen.

Wandern ist in dieser Region der schweißtreibende Versuch, vor Einbruch der Dunkelheit das Etappenziel des Bodensee-Rundwanderweges abzuhaken. Man verschlingt im Gehen Energieriegel und bekommt sichelförmige Salzkrusten am Hosenboden.

Aber so muß das wohl sein, in einer Stadt, der zum Flanieren die Boulevards fehlen.

5.

Für einen Menschen, der von sich behauptet, rational zu handeln, sind das dürftige Begründungen, um zwei Jahre zu bleiben. Es gab Sachzwänge: Kurz vor dem Examen wollte ich nicht noch mal umziehen.

Aber der Zuzug? Irgend jemand sagte mir, die Uni sei schön, modern und lichtdurchflutet: ein Profanbau klösterlicher Gelehrsamkeit auf dem Berg vor der Stadt. Doch das Allerbeste: Jede Fakultät sei in einer anderen Sektion des Gebäudes untergebracht, die alle gleich aussähen. Damit man wisse, wo man sich befinde, seien die Türgriffe und Geländer von verschiedener Farbe: Aha, lila Türgriffe, hier bin ich also bei den Psychologen.

Die Realität war natürlich ganz anders.

Im Frühjahr, Zeit der Schneeschmelze, mußte man durch die Gänge Slalom gehen, um nicht über Eimer zu stolpern, mit denen versucht wurde, das Tropfwasser aufzufangen. Und im Winter war die Bibliothek so kalt, daß man der Hämorrhoidenbildung nur entging, indem man sich voll auf die Heizung setzte. Und das Allerschlimmste: Die farbliche Kennzeichnung der Fakultäten war nicht in Konstanz, sondern in Regensburg. Das hatte ich verwechselt.

6.

»Zwischen den Vorlesungen kannst du ganz einfach im Bodensee schwimmen gehen!« Das machte ich nur einmal. Meistens hatte ich keine Badehose dabei, und ich bildete mir ein, zum Nacktschwimmen sei mein Gemächt zu wuchtig.

7.
Jenes eine Mal, das ich zwischen den Vorlesungen schwamm, hatte ich am Vortag geplant. Eingeladen war der russische Gaststudent, der ein Semester bei uns wohnte und Schlappen trug, mit denen ich nicht mal zum Briefkasten gegangen wäre. Morgens aß er kalte weiße Bohnen, die er aus der Konservenbüchse in einen Suppenteller kippte, angereichert durch staubtrockene Weizenbrötchen. Aus Gehässigkeit sagte ihm keiner, daß man sie aufbacken müsse. Dazu trank er Dosencola.

8.
Manchmal besuchte ihn sein Freund. Der brachte dann ein Glas Würstchen mit und rosafarbenen Sprudel in einer großen Plastikflasche.

Ihr Frühstück dauerte nur dreißig Sekunden, und sie mußten Unmengen verschlingen, weil ihnen die Hälfte immer wieder aus dem Mund fiel.

Schwimmen konnte er übrigens auch nicht. Beim Kraulen hielt er den Kopf über Wasser und schmiß ihn von einer Seite zur anderen.

9.
Ein Sommerabend am See – entspannen und die Stille genießen. Ein Traum, dessen Vollkommenheit niemals durch die Realität gestört wurde. Schwadronen von Stechmücken ließen fürchten, der Zorn eines alttestamentarischen Gottes treffe die Stadt. Oder bewiesen sie, daß auch ER Konstanz längst aufgegeben hatte?

Jedenfalls halfen sie, der mentalen Rastlosigkeit eine körperliche Dimension zu verleihen. Ständig rutschte man hin und her, kratzte und schlug sich, am ganzen Körper Schweiß. Entnervt und zerstochen ließ man den Abend ausklingen.

10.
Im Winter waren Teile des Sees zugefroren und fürs Schlittschuhlaufen freigegeben. Man konnte Pirouetten drehen zwischen Glühweinständen und Maronenbuden.

Aber Schlittschuh kann ich auch nicht fahren.

Sicher, man konnte am See spazierengehen.

Zur Linken die Altenheime und zur Rechten die brackige Süßwasserlache, die unendlich mühevoll und kleinwellig gegen die Uferbefestigung schwappte. Auf dem Rückweg waren die Altenheime rechts.

11.

Und was gibt es über die Stadt zu sagen?

Exemplarisch dies:

Konstanz hat eine etwas breitere Straße, die dazu dient, den Autoverkehr um die Innenstadt herumzuführen.

Über eine solche Einrichtung lohnt es sich eigentlich nicht zu reden, schon gar nicht, da sie die Größe einer Fußgängerzone besitzt.

In Konstanz beschwört man jedoch gleich den Infrastrukturinfarkt, die ökologische Großkatastrophe und ruppiges Verkehrsverhalten, das alles versinnbildlicht in einem Brunnen, der etwa so anstrengend provokant und kritisch ist wie das Projektwochenergebnis eines engagierten Oberstudienrates.

12.

Da sitzen aus Stein gehauene nackte Rentner mit Bierbauch und Mercedesstern im Becken und spritzen Wasser auf den Hintern einer ebenfalls nackten und unförmigen Alten. Im Nebenbecken geschieht ähnliches, und über allem schweben häßliche Putten mit Gasmasken und runzligem Arsch; eine Art Arc de Triomphe der unbequemen Zeitkritik.

Die Penetranz der reproduzierten Klischees und die pubertäre Lust am Ordinären sind für sich schon peinlich. Übertroffen werden sie nur noch von der öffentlichen Wirkung, das Ensemble dient nämlich als Fixpunkt der moralischen Standortbestimmung. Hier sieht man gleich zwei Konstanzer Tabus gebrochen: nackte Menschen zeigen und das Auto angreifen.

Und je nach Präferenz ist der Brunnen daher eine pornographische und zukunftsfeindliche Schande oder eine radikale und lustvolle Beanstandung von Mißständen.

Dieses Ding einfach zu ignorieren oder friedlich mit Efeu zuwachsen zu lassen – undenkbar.

13.

Etwas ähnlich Behämmertes steht auf der anderen Stadtseite am Seeufer: die überdimensionale Figur einer Frau mit ausgeprägten sekundären Geschlechtsmerkmalen und einem Kleid, das bis zu den Hüftknochen aufgeschlitzt ist. Auf ihren Handflächen hockt in Schulterhöhe jeweils ein kleiner fetter Mann, König und Kardinal. Die Frau versinnbildlicht die Macht und dreht sich mit dem Wind.

Subtilität, keine Stärke des Konstanzers. Und seine Vorstellung von Keckheit entspricht der eines kleinen Jungen, der auf Frauenphotos Schnurrbärte malt.

14.

Diese, sagen wir, distanzierte Reflexion der Macht soll die Erinnerung wachhalten an das einzige Mal, als Konstanz mit der Macht in Berührung kam: dem Konzil vor deutlich über fünf Jahrhunderten, einer mehrjährigen katholischen Fachtagung, die ihren feierlichen Höhepunkt in der Verbrennung des Tschechen Jan Hus fand.

Das mag jetzt nicht das Stichwort liefern, um die Xenophobie des Provinzlers zu besprechen. Die unterscheidet sich hier nicht von jener in anderen Regionen, in denen »Ausländer« Synonym ist für Asylbetrüger und Krankheitsüberträger. Methusalix fände Zustimmung: »Ich habe nichts gegen Fremde, aber diese Fremden sind nicht von hier.«

15.

Zwischen dem historischen und dem der ökologisch bewältigten Zukunft zugewandten Größenwahn, symbolisiert durch Konstanz' Skulpturblamagen, liegt das, was Karl Baedeker »malerische Altstadt« nennt – und deren Sehenswürdigkeiten ihm einen Stern wert sind.

Eine deutsche Standardstadt, ausgestorben, sobald die Geschäfte schließen. Schatten nur, wenn ihn die Ladenzeilen werfen. Citybegrünung wird durch Betonkübel voller Stiefmütterchen erledigt. An der Ecke eine Indio-Gruppe, die »El Condor pasa« intoniert, kleinen Mädchen Bänder ins Haar flicht und hier noch verlorener als anderswo wirkt.

16.

Was in Konstanz aus dem Rahmen fällt, versprüht den spröden Charme der frühen Adenauer-Ära. So das Schaufenster eines Kugellagerladens: drei Kugellager auf roter Karodecke.

Wer's gesehen hat, weiß, wieso der Name dieser Stadt zum Synonym für Unveränderlichkeit werden konnte.

17.

Museen gibt es drei. Und wer frühmorgens anfängt und ganz sorgfältig ist, wird mit ihnen erst zum Mittagessen fertig. Besondere Erwähnung verdient die Ausstellung »Die Schraube im Wandel der Jahrhunderte«. Vornehmlich fickrige englische Gaststudenten besuchten sie, die lernten, daß »screw« auf deutsch keine zweite Bedeutung hat.

18.

Man beginnt hier leicht, sich über Kleinscheiß aufzuregen und ihn schließlich hinzunehmen. Und bevor man sich versieht, nimmt man den Gestank nicht mehr wahr, sondern nur noch die Wärme und findet es gemütlich. Außerdem ist die Stadt so trist, daß es kaum Spaß bereitet, einen Witz über sie zu machen.

Mein Wegzug wurde nötig, als ich merkte, mit so wenig zum Leben nicht auszukommen.

19.

Ich glaube, wenn die Stadt Konstanz ein Mensch wäre, würde sie zu jenen gehören, die man als Kind auf dem Pausenhof immer verprügelt hat.

Saufen, morden, huren

Von Klaus Bittermann

Wer das Pech hatte, in Kulmbach aufzuwachsen, dem fiel in der Fremde manches sehr schwer, denn selbst nach dem Besuch des Markgraf-Georg-Friedrich-Gymnasiums machte er sich woanders immer wieder lächerlich, und das lag nicht allein am unverständlichen Dialekt. Gelang es, die Verständnisbarriere zur zivilisierten Welt abzubauen, mußte man verwundert feststellen, daß beispielsweise Kulmbachs Geschichte, vor Ort nur unter dem Titel »Heimatkunde« bekannt, nicht erst 1035 mit der ersten urkundlichen Nennung (»Kulma«) beginnt und genausowenig zum Ausklang des letzten Jahrhunderts endet. In Kulmbach sind die dreißiger und vierziger Jahre ein schwarzes Loch und demzufolge kein Gegenstand des Unterrichts.

Statt dessen erfuhr man viel über niederes, noch die Neuzeit prägendes Raubritterwesen. Weil sich in die unwirtliche Gegend aber selbst risikofreudige Kaufleute, die man berauben und anschließend öffentlich pfählen konnte, nur selten wagten, plünderten die Markgrafen die spärlichen Erträge der Bauern und fielen regelmäßig übereinander her – beliebte Sportveranstaltungen, zu denen in der ersten Hälfte des 17. Jahrhunderts sogar mal Schweden anreisten, anläßlich eines Wettbewerbs nämlich in Brandschatzen, Saufen und Huren, der später als Dreißigjähriger Krieg berühmt wurde. Selbstredend war es unter diesen Verhältnissen mit der Hygiene nicht weit her, weshalb sich nach einer Pest das Problem Kulmbach fast von selbst erledigt hätte. Dummerweise blieben vierzig »wehrfähige Bürger« übrig, wie man noch heute die grausam metzelnde Soldateska nennt, die bis in die Gegenwart den in Kulmbach als ehrbar geltenden Beruf des Wegelagerers ausübten.

Ganz in dieser Tradition wurden viele Kulmbacher begeisterte Parteigänger Hitlers, der Beute, Mord und Totschlag ohne Ende versprach. Sie fanden die Idee große Klasse, aber aus der großen Zustimmung zu diesem Projekt ergab sich das Problem, wem man gleich und auf der Stelle eins über die Birne ziehen könnte, waren doch weder eine Opposition noch betuchte Opfer zugegen. Bezeichnenderweise gab es in Kulmbach (und übrigens in ganz Franken, wie der Amerikaner Robert Gellately nachwies) die höchste Rate an gegenseitiger Denunziation, um in den Besitz der Nachbarsgüter zu gelangen. Für viele Kulmbacher fiel die sog. Reichskristallnacht quasi ins Wasser, denn es gab keine Synagoge, und bei den wenigen ansässigen Juden war kaum etwas zu holen. Jetzt rächte sich, daß die stark ausgeprägte völkische und antisemitische Gesinnung der Bevölkerung es den Juden schon lange vorher verunmöglicht hatte, in Kulmbach zu siedeln. Sogar die NSDAP wurde aus völkischer Perspektive zunächst mißtrauisch beäugt, ganz zu schweigen von der KPD, die selbstverständlich nie eine Rolle spielte. Als die etwas begriffsstutzigen Kulmbacher schließlich kapierten, daß sich der Nationalsozialismus mit dem Völkischen bestens unter einen Hut bringen ließ, waren sie sehr froh. Die Nazis haben aber auch Gutes getan und nicht nur Autobahnen gebaut, sie ließen z. B. den Luitpoldbrunnen auf dem Marktplatz entfernen, weil er bei Aufmärschen störte.

Kein englisches oder amerikanisches Bombengeschwader verirrte sich nach Kulmbach, und auch nach dem Krieg blieb das Städtchen ein blinder Fleck auf der Landkarte der Alliierten, so daß Kulmbach zu einem idealen Zufluchtsort für Nazis wurde, die in der Nachkriegszeit unter falschem, meist jedoch unter richtigem Namen nahtlos an ihre Karriere anzuknüpfen vermochten.

Die Erziehung der Jugend überließ man Leuten, die anderswo auf ihre Zurechnungsfähigkeit überprüft worden wären. Einer von ihnen verwandelte das Klassenzimmer in einen Exerzierplatz und brachte den Opfern Strammstehen bei. Das Fehlen der Türschwelle, die er für ein deutsches Kulturgut hielt, markierte seiner Meinung nach den Übergang zur Barbarei. Solche Leute Streicherschen Zuschnitts mußten in Kulmbach nichts befürchten. Noch jahrzehntelang hätte man Nürnberg Angeklagte zuführen können. Selbstverständlich galten nicht besagter Mann und Konsorten als Skandal, sondern ihre gepeinigten Schüler.

Gerne blies Kulmbach bei jeder eher zaghaften oppositionellen Regung zur Hatz. Hervor tat sich vor allem das Mitteilungsblatt *Bayerische Rundschau* (vor 1945 *Kulmbacher Rundschau*, die *Amtliche Tageszeitung des Gaues Bayreuth der NSDAP*), die einzige Tageszeitung, die in der Region zu haben ist und die zu abonnieren jeder Kulmbacher zwangsverpflichtet wird. Gewöhnlich ein Heimatblättchen, das vornehmlich über silberne, goldene, eiserne und steinerne Hochzeiten, Kommunionen und Geburtstage berichtet und über das große Weltgeschehen Stillschweigen bewahrt, um die Leser nicht unnötig zu verwirren, verwandelte sich die *Rundschau* selbst angesichts harmloser Streiche und jeder Unbotmäßigkeit, hinter der man sogleich Systemzersetzendes witterte, in ein Kampfblatt, das dem Verdächtigen nur eine Chance einräumte, dem sturmlaufenden Volkszorn zu entkommen, nämlich auszuwandern. Insofern hat diese einzigartige Zeitung auch ihre Verdienste. Sie eröffnete den Ausgestoßenen die Möglichkeit, sich zu emanzipieren und die Welt mit anderen Augen bzw. überhaupt zu sehen.

Nicht immer machten die Inkriminierten Gebrauch davon, und obwohl sie Länder und Leute kennenlernten, überwanden sie niemals die Kulmbach immanente, in der Regel inzuchtbedingte geistige Rückständigkeit, eine Zurückgebliebenheit, die bisweilen Voraussetzung für politische Karrieren ist. Ein Mann, der eine dieser Karrieren einschlug – auf den dies jedoch keineswegs zutrifft –, heißt Bernd Protzner. Ihn für das Inbild besagter Spezies zu halten, für einen feisten Widerling, der sich allzeit und überall rücksichtslos durchzubeißen weiß, stimmte nicht. Gleichwohl behaupten böse Zungen, daß ihm eine Rolle als Mafioso in Hollywood sicher wäre, würde er sie nicht schon bei der CSU bekleiden.

Die größte Berühmtheit jedoch, die Kulmbach hervorgebracht hat, ist einer, der für Gummibärchen Werbung macht.

Weil man von seiner künftigen Laufbahn überzeugt war, als Thomas Gottschalk noch im zarten Jugendalter den Ministrantendienst versah, aber gleichzeitig von der unsinnigen Annahme ausging, für TV-Auftritte sei das Abitur erforderlich, schummelte das Lehrerkollegium nach Kräften und schleuste den einer einflußreichen Familie entstammenden Haribostar mit Minipli und Bratenrock durch die Jahrgänge.

Zwei Industriezweige nennt Kulmbach sein eigen, die einigermaßen bedeutend waren und in engem Zusammenhang stehen mit dem traditionellen Banden- und Schlägerwesen Oberfrankens. Obwohl Kulmbach nur zirka 30000 Einwohner zählt, benötigte man vier große Brauereien, um den ungeheuren Durst zu löschen und die dadurch entstehende Rauflust anzustacheln. Und weil durch die ständigen Keilereien naturgemäß ein hoher Kleiderverschleiß zu verzeichnen war, schmückte das Zentrum lange Zeit eine Spinnerei, die, was wohl heute gerne bestritten wird, derart billige und häßliche Teile herstellte, daß sogar die Ossis, die nach 1989 einfielen, die Nase rümpften. Mittlerweile ist der Laden pleite, und die vier Brauhäuser haben sich im Zuge allgemeiner Konzentration zusammengeschlossen, die landesübliche Produktion geschmacklich verfehlten Bieres weiter zu mehren. Keine Ausnahme macht die ortsübliche »Brodwoschd«, deren Genuß mehreren arglosen Touristen, die nicht über die Belastungsfähigkeit eines fränkischen Magens verfügten, zum Verhängnis wurde, weshalb sich die Regierung gezwungen sah, die Bundesanstalt für Fleischforschung nach Kulmbach zu verlegen, um direkt vor Ort Kontrolle über diverse dunkle Praktiken der Fleischbeschaumafia ausüben zu können.

Zu Kulmbachs Attraktionen zählt die Plassenburg. Sie steht an einem strategisch wichtigen Ort und bietet nach fast allen Seiten freie Sicht und die Möglichkeit, arglose Reisende zu belästigen. Dafür, daß die Plassenburg als uneinnehmbar galt, wurde sie ziemlich häufig erobert, einmal zerstört, und auch Napoleon bereitete es keine Mühe, sie teilweise zu schleifen. Schließlich taugte sie nur noch als Gefangenenlager, Zwangsarbeits- und Zuchthaus und als Ausbildungsstätte für NS-Führungskader, bevor sie die größte Zinnfigurensammlung der Welt zu beherbergen begann (jedenfalls wird das behauptet). Unter Androhung körperlicher Züchtigung befiehlt man jedem Schüler zwei- oder dreimal pro Jahr, auf Besichtigungstour zu gehen, eine extrem langweilige Angelegenheit – die endlos vielen Schaukästen enthalten endlos viele Nachbildungen endlos unbedeutender Schlachten aus der Raubritterära.

Weil der Kulmbacher aber nichts anderes besitzt als jene paar mickrigen Sehenswürdigkeiten, ist sein naiver Lokalstolz ein bißchen verständlich. Selbst an Sagen und Mythen mangelt es ja. Man kennt die »Weiße Frau«, berühmt geworden durch den merkwürdigen Umstand, daß sie ihre beiden Kinder umbrachte. Diese leicht verschrobene und blutrünstige Seite des Kulmbachers hat sich im Laufe der Zeiten nur unmerklich gewandelt, und jedes Jahr trägt er seiner Mentalität durch ein stammesähnliches Ritual Rechnung: Auf dem Zentralparkplatz baut er ein großes Zelt auf, darin er so lange Bier ausschenkt und trinkt, bis er voll ist. Anschließend zerdeppert er zu Marschmusik und anderen Volksweisen Maßkrüge auf dem Kopf seines Gegenübers.

So hofft man, das Aggressionspotential des Kulmbachers zu kanalisieren. Aber da er sich hernach sowieso an nichts mehr erinnert, ist der Erfolg der Therapie sehr in Zweifel zu ziehen. Ansonsten soll der Kulmbacher auch durchaus liebenswürdige Seiten haben, aber bislang konnte niemand herausfinden, worin diese bestehen.

Keine Chance im Duftwasserbereich

Von Christoph Winnat

Der Arsch der Welt hat viele Gesichter. Landsberg ist eines. Landsberg, das Lechkaff: »In reizvoller Lage an der romantischen Straße.« Das entschuldigt gar nichts. Idylle ist kein Argument gegen Tristesse. – »Bei Föhn kann man die Alpen sehn.« Na und? Da wird der Landsberger gesprächig. Auf seinen Föhn bildet er sich was ein. Sonst neigt er eher dazu, aufs Maul gefallen zu sein. Tatsächlich sind die Alpen von Landsberg aus nur bei Föhn zu sehen. Anlaß zur Hoffnung, eine Geröllawine könnte der Stadt – und zwar möglichst bald – das wohlverdiente Ende bereiten, besteht nicht.

Handkefaktor 100: der Bahnhof, das Rathaus, die Kirche, der Marktplatz. Heinzelmännische Kleinwelt. An den Gleisen blühen im Sommer Lupinen, Schwäne gleiten über den Lech, nachts zirpen die Grillen. – Diesige Herbste mit rauchenden Schornsteinen wie auf Kinderbildern. Drei Baumärkte. Land des weißen Riesen, wo das Leben hinter der Gardine steht. Schwäbische Totalität. Jeder kennt jeden, und im Hausflur ist Rauchen verboten.

Keine Chance im Duftwasserbereich: »München, Paris, New York«. Warum nicht Detmold, Zwickau, Egelsbach? Und warum nicht Margarine und Packwurst, sondern vor allem und immer Parfüm? Es gibt Ecken in Warschau oder Madrid, an denen man auch nur in Stuttgart ist. – »Auf Größe allein kommt es nicht an.« Worauf denn? Vieles muß unbeantwortet bleiben. Es gibt sogar Leute, die vor dem Schaufenster einer Apotheke stehenbleiben. Baden-Baden kann überwiegend sturzöde sein. Und in Ascot boxt auch nicht jeden Tag der Papst. Aber wo Pferde um die Wette laufen, Bronzetafeln von prominenter Übernachtung künden und die Spielbank schöne Seele in gediegener Garderobe evoziert, ist man quasi am Flughafen, dem großen Bahnhof der Wichtigkeit, einfach nur da, identisch in der Suggestion globalen Gefragtseins. – Daß man in Landsberg nicht dazugehört, ist nicht das Schlechteste, was sich über die Stadt sagen läßt.

Bei Einbruch der Dunkelheit werden die Stadttore geschlossen und Fußangeln in den Gassen aufgestellt. Die Straßenbeleuchtung wird ausgeschaltet.

Hitlerstadt Landsberg: Hier konnte *Mein Kampf* entstehen. Das ist aber auch alles. – Die Landsberger haben lediglich keinen Plan, wie sich aus sechs Monaten Festungshaft dem Berchtesgadener Berghoftourismus gewinnbringend das Wasser abgraben ließe. (Nebenbei: Mein Landsberger Vermieter, ein für hiesige Verhältnisse und erst recht im Hausbesitzervergleich ungewöhnlich freundlicher und vornehmer Mensch, bemerkte einmal: »Die Landsberger haben den Hitler zu früh rausgelassen. Da sehen Sie, der liberale Strafvollzug hat auch Nachteile.«)

Unter Vollnarkose läßt es sich hier aushalten.

Wer sich selbst ein Bild machen möchte, aber, von Norden kommend, den weiten Weg scheut, kann auch in Offenbach haltmachen. Offenbach steht zu Landsberg wie Jackenheim zu Hosenheim. Die verständige Betrachtung gelangt daher leicht zu der Einsicht, daß es sich beidemal um Vororte von Mainz handeln muß. Woraus wiederum folgt: Wer das Unglück hat, in der Pfalz ansässig zu sein, wird wenigstens dadurch entschädigt, nicht nach Offenbach zu müssen, um sich Landsberg zu ersparen.

Brücke, Kirche, Kannibalen

Von Michael Sailer

Daß es Landshut wirklich gibt, wird manchen überraschen. Zu sprichwörtlich sind Redewendungen wie »Du kannst mir mal in Landshut begegnen!« oder (für verschollene, mutmaßlich zur Bürgerlichkeit übergetretene Ex-Peer-Group-Angehörige) »Der ist bestimmt in Landshut.«.

Aber so ist das in Niederbayern: Man durchquert, etwa mit dem Fahrrad, ein Städtchen und merkt hinterher nur an leichten Schwindelgefühlen, ausgelöst von drei bis fünf Bieren, und der nebelhaften Erinnerung an Brücke und Kirche, daß da ein Städtchen gewesen sein muß. Und Landshut ist immerhin das Hauptstädtchen des Regierungsbezirks Niederbayern! Hat um die 56 000 Einwohner, die, zu 83 Prozent katholisch, ebenso brav CSU wählen (obwohl ihr Bürgermeister Josef Deimer vor gelegentlichen Stoiber-Lästerungen nicht zurückschreckt, wenn es ums Geld geht) und ihren jeweiligen Wirtschaften nachgehen – und ist, laut *Fischer-Lexikon*, »kreisfrei«.

Was nicht ganz stimmt: Bibelkreise gibt es mehrere und sogar einen Anstoßkreis auf der grünen Wiese, wo die SpVgg zu Hause ist. Die wurde einstmals bayernweit bekannt durch ihren Trainer Karsten Wettberg, der wie ein verdauungsgestörter Brummkreisel herumzuhopsen pflegte und es schon gleich gar nicht verwand, daß ihm die Vereinsführung trotz erstem Platz in der Bayernliga untersagte, an der Aufstiegsrunde zur Zweiten Liga teilzunehmen, um die Existenz der Stadt nicht allzu laut ins Gedächtnis der Republik zu rufen. Teilnehmen durfte dann der zweitplazierte Großverein TSV 1860 München, und aus Rache wechselte Wettberg schleunigst dorthin, hüpfte mit den Löwen in die Zweite Liga und wieder zurück und verschwand anschließend, i. e.: »Der ist bestimmt in Landshut.«

In München wird über Landshut nicht nur deshalb wenig geredet; vielleicht hat man auch noch immer nicht verwunden, daß Bildung und Wissenschaft in Gestalt der ehrwürdig verlotterten Ludwig-Maximilians-Universität 1800 ff. für ganze sechsundzwanzig Jahre in Landshut residierten. Heute steht da lediglich die gerade rechtzeitig spätgotisch gewordene St.-Martins-Kirche, die man erhielt, um die örtliche Postkartenindustrie nicht vollends zu ruinieren. Zwar weigerte sich München erfolgreich, seinem S-Bahn-Netz neben Freising, Geltendorf und anderen Metropolen auch Landshut einzuverleiben; aber inzwischen existiert ja zum Glück die Eisenbahn, sonst müßte Landshut schwarzsehen, was den Tourismus, besonders in seiner »Auf-gut-Glück«-Variante, anbelangt.

Ernüchternde Kunde nämlich erreichte die Welt schon im Jahre 1842 aus dem fernen Helsinki. Der ebenda ansässige Philosophiedozent Johan Vilhelm Smellman hatte zwei Jahre lang südliche, d. h.: deutsche Gefilde erkundet und stellte in seinem Reisebericht mitleidlos fest: »Die Landschaft um München ist auch gegen Norden zu von derselben einsamen und beängstigenden Art wie zwischen München und Augsburg. Erst in der Gegend von Landshut, einer hübschen und gutgelegenen Stadt an der Isar mit einem 456 Fuß hohen Kirchturm, bekommt das Land ein fruchtbareres und angenehmeres Aussehen.« Das ist schön und gut, allein gar nichts helfen will es dem Wanderer, der sich bis dorthin ganz bestimmt nicht vorkämpft oder, wenn doch, sein Ankommen so spät registriert, daß er schon wieder hindurch und möglicherweise gar in Regensburg angelangt ist, das man, so Smellman, »am besten mit geschlossenen Augen besucht, denn sein Äußeres ist abstoßend, häßlich und düster«. Landshut, werden uns die desperaten Ansichtskarten aus dem düsteren, von der tüchtigen Schwefeldioxidindustrie inzwischen weitgehend entbaumten Bayerischen Wald endlich mitteilen, gebe es gar nicht.

Das stimmt aber nachweislich nicht, und sogar richtig groß ist Landshut im Eishockey, seit fünfzig Jahren schon. Etwa in die Hälfte dieses Demi-siècle fallen die über die

Grenzen des Verwaltungsbezirks hinaus bekanntgewordenen Namen Kühnhackl und Schloder; 1994 nannte sich der Eislaufverein Landshut aus unerfindlichen Gründen plötzlich »Cannibals« – möglicherweise ein dezenter Hinweis auf den Grad der menschheitsgeschichtlichen und zivilisatorischen Entwicklung, den man immerhin erreicht hat – und brachte es laut einer Fan-Homepage 1997 fertig, »die favorisierten Kölner Haie in vier Spielen klar mit 1 : 3« zu besiegen. Hm.

Was den einen die Spiel-, ist den anderen die große Kultur, und auch hier ist Landshut in einem Umkreis von mindestens zehn Tagwerk konkurrenzlos führend. Radio Trausnitz führt Oldies und Schlager. Bei einem CSU-Gewinnspiel erhält ein weißblaues Trikot, wer weiß, wie oft ein sog. »Deutscher Bundestag« gewählt wird, ortsansässige Rapper träumen vor dem Schaufenster von *Waffen-Wieser* vom anderen L. A., und die kurzzeitig prominente »DJane« Marusha soll schon mal ihren Plattenspieler aufgestellt haben, zwecks Beschallung eines Tanzkellers. Und nicht zuletzt der Verein »Frischluft Landshut e.V.«, so erfahren wir, »hat sich die Aufgabe gestellt, Kinder, Jugendliche, Familien und junggebliebene Erwachsene zur Selbstverwirklichung und aktiven Mitarbeit im demokratischen Staat anzuregen«, und auch von geruchsfreiem Rechengut ist da und dort die Rede.

Das alles riecht schwer nach einem Versuchsbiotop für konfliktfreies Dahindösen. Oder, andererseits: nach Mittelalter. Und wie aus Trotz verwandelt sich das ganze Städtchen alle vier Jahre in ein echtes Stück Mittelalter, um des letzten Landshuter Ereignisses von überregionaler Bedeutung zu gedenken: der daselbst zelebrierten Hochzeit des bayerischen Herzogs. Im Jahre 1475 übrigens. Seit bald hundert Jahren wird das nun wiederholt und wiederholt, und so möchte man eigentlich die ganze Trostlosigkeit mit den treffenden Worten einer ratlos befragten Freundin beenden, die auf das Stichwort »Landshut« nur zu sagen wußte: »Ich glaube gar nicht, daß ich da je in meinem Leben war, und wenn, dann hab ich's vergessen.«

Doch, einmal, ein einziges Mal spielte Landshut auch in

diesem Jahrhundert richtig mit auf der Bühne der großen Weltgeschichte. 1977 war's, als die Terrorhorden des deutschen Nordens ihre Gesinnungsgenossen aus den Verliesen der Bonner Zentralregierung freizupressen suchten, sich zu diesem Behufe mit muselmanischen Mordbuben verbündeten und ein ganzes Flugzeug voller braver Staatsbürger entführten, um postwendend deren und dessen Sprengung anzudrohen. Tagelang blickte die deutsche Nation bangen Auges nach – nein, nicht nach Landshut, sondern sie schweifte ins ferne somalische Mogadischu. Dort war der Flieger gelandet, denn Landshut hat gar keinen Flughafen, der für eine Entführung und Erpressung von solcher Tragweite in Frage käme.

Aber, immerhin: Am Rumpf der zweckentfremdeten Maschine stand klar und groß und deutlich ihr Name, sichtbar und einprägsam für Milliarden mitfiebernder Fernsehzuschauer des weiten Erdenrunds. Getauft war das Flugzeug auf den Namen »Landshut«. Kein Wunder, daß die ganze Sache fehlschlug, werden Besserwisser einwenden, aber, wiederum immerhin: Welchem Geschichtslehrer wünscht man schon, er müsse künftigen Schülergenerationen nahebringen, wie dereinst die unerschrockene GSG 9 die Bundesrepublik Deutschland vor dem Verderben rettete, indem sie ein Flugzeug stürmte, das, sagen wir mal, »Visselhövede« oder »Hinterfliegenschiß« geheißen habe?

Na eben.

Potenzprobleme

Von Rainer Moritz

Am schwersten haben es Städte mittlerer Größe. Sich über Klein- und Kleinststädte wie Brunsbüttel, Schwandorf oder Rottenburg herzumachen, dazu bedarf es keiner großen Kunstfertigkeit. Ihr Naturell ist mit flinker Feder abschließend zu denunzieren; ihre Kritiker dürfen des geballten Zorns der Stadtväter sicher sein, denn der in Brunsbüttel, Schwandorf oder Rottenburg Lebende weiß natürlich im Innersten seiner Seele, daß er nicht das große Los gezogen hat, und reagiert deshalb auf Anfeindungen besonders allergisch.

Anders steht es um Millionenstädte, die es mühelos verkraften, von randständigen Schreiberlingen mit Schmutz beworfen zu werden. Wo viele Hunderttausend Menschen leben und die geographische Ausdehnung zwangsläufig stattliche Dimensionen erreicht, echauffiert sich so schnell niemand. Natürlich sind auch Hamburg oder München (und Berlin sowieso) Teil der erdballumspannenden Ödnis, doch gut beraten, nehmen sie das nicht allzu schwer.

Was aber ist mit Gemeinwesen, die zahlenmäßig als richtige Großstadt gelten und die gleichzeitig von wahrer Größe weit entfernt sind? Wie also steht es beispielsweise um Hannover, Stuttgart oder Leipzig? Oder noch konkreter: Läßt sich mit Leipzig etwas anfangen?

Nein, lautet die lapidare Antwort. Denn alles, was die Stadt in den letzten Jahren an Anstrengungen unternahm, das Bild eines aufsteigenden Marktfleckens zu präsentieren, verströmte den Geruch lächerlich anmutender Großspurigkeit. Leipzig will und muß nach vorne, um sich als Wirtschafts- und, so Gott will, Kulturzentrum des Ostens zu etablieren, und von Anfang an tat man dies mit einer Inbrunst, wie sie nur schlechte Imagepromoter an den Tag legen. Beginnen wir beim Schlimmsten: »Leipzig kommt«, so schallt es bis heute von den Plakatwänden – eine Aufforderung zum kollektiven Höhepunkt, die der mit Verstand Gesegnete nur als Drohung aufzufassen vermag. Ein »Kommen«, das derart lautstarker Ankündigung bedarf, kaschiert, sexualtherapeutisch gesehen, natürlich vehemente Potenzprobleme und ist Ausdruck höchst problematischer Verdrängungen. Kein Wunder, daß sich »Meinungsträger« wie das Stadtmagazin *Kreuzer* dazu aufschwingen, Leipzig mit kalifornischer Geste als »L. E.« zu apostrophieren. Das schmerzt, vor allem, wenn jenes Stadtmagazin selbst in den Augen Böswilliger kaum mehr denn eine zur Selbstbeweihräucherung neigende Querbeetpostille darstellt.

Genau da liegt das Dilemma der Stadt: Geht sie daran, Neues zu installieren, gefällt sie sich darin, offenkundig durch das Renommee längst vergangener Tage bestärkt, dieses Neue pompös zu verkaufen. Immer und immer wieder tut die »Heldenstadt« des Guten zuviel – sei es, wenn man ein Messegelände vor die Stadt verlegt, das mit der Welt konkurrieren will und nicht weiß, wie; sei es, wenn man den ehrwürdigen Hauptbahnhof zur Erlebnispassage umformt, in der – kaum ist der erste Lack ab – wurstreiche Imbißbuden, ungezählte Backfilialen und Durchschnittsboutiquen den Ton angeben; sei es, wenn man verzweifelt bemüht ist, seinen Ruf als »Buchstadt« zu retten, und deshalb ein mit niederschmetternder Innenarchitektur geschlagenes *Haus des Buches* baut, dessen Atmosphäre den »Tod der Literatur« als alleinig rechtfertigende Maßnahme erscheinen läßt; sei es, wenn die *Leipziger Volkszeitung* eingedenk ihrer Monopolstellung schamlos jede typographische Sorgfaltspflicht außer acht läßt und sich gleichzeitig als Blatt von Format aufspielt.

Das alles ist entsetzlich und rührt, wie gesagt, allein daher, daß man auf Teufel komm raus der von der Natur zugewiesenen Mittelmaßebene entkommen möchte. Leipzig weist, bei Lichte besehen, vermutlich eine normal hohe Zahl von Scheußlichkeiten auf. Nennen wir einige Phänomene beim Namen: Das von Einkaufszentren der perfidesten Art eingekesselte Umland ist frei von Naturschönheiten. Das konsequenterweise von Neonationalisten als Versammlungsort wiederentdeckte Völkerschlachtdenkmal verdient es, endlich durch die Sprengmeistergilde als Versuchsobjekt genutzt zu werden. Die im Stadtteil Gohlis feilgebotene »Gose« ist ein Bier, das auf Grund seiner spritzig-ekligen Säure nicht zu den ernst zu nehmenden Getränken zählt. Der im »Herzen« der »City« liegende Sachsenplatz hat alle Chancen, als Deutschlands häßlichste Leere ausgezeichnet zu werden. Die samstägliche Häufung bunter Jogging- und Hausanzüge in der demütigend verbauten Hainstraße übersteigt alle ostübliche Kunststoffrecycelästhetik, und ein Badevergnügen in der Plörre des Kulkwitzer Sees möchte kein mit Hautproblemen behafteter Zeitgenosse mehr als einmal genießen.

Das alles ist Leipzig, und das wäre schon schlimm genug. Das Maß des üblichen Weltekels freilich übersteigt die freche Lobhudelei, mit der sich Zugereiste oder windschnittig verwestlichte Einheimische einreden, man habe es hier mit etwas ganz Famosem zu tun. Daß Leipzig viele baufällige Häuser aufweist, diese nach und nach in lange leerstehende renovierte Edelensembles umgewandelt werden und somit an zahllosen Ecken und Enden alte und neue Häuser nebeneinanderstehen, ist ein recht normaler Zustand – in den Augen seiner Bewunderer jedoch Sinnbild des kulturellen Fortschritts. Leipzig, das ist dann die »offene« Stadt, die sich »nicht festlegen« läßt, in der »alles möglich« sei, was der »verkrustete«, dekadent-spätkapitalistische Westen nicht mehr auf die Beine bringe. Leipzig, das ist dann die Stadt des »Nebeneinander«, auf die alle nie erwachsen Gewordenen ihr psychisches Hin und Her projizieren dürfen: Hier verändert sich alles von einem Tag auf den anderen, und so haben wir uns doch unser Leben immer vorgestellt – »heute so, morgen so« (Roberto Blanco).

Nicht zuletzt gibt Leipzig Altvorderen die Hoffnung, die Ideale einer Zeit, als mit Adorno und Uschi Obermaier gut diskutieren war über die Revolution, ließen sich in Leipzig reanimieren. Helmut Böttiger z. B., der sehr berühmte Günter-Netzer- und Paul-Celan-Exeget, beschrieb 1994 in seiner Schrift *Rausch im Niemandsland* unter der Überschrift

»Leipzig kommt schnell und gewaltig – Einblicke in die Stadt der Zukunft« all das, was jeder zugereiste Cabriofahrer und Immobilienverhökerer gerne hört: In Leipzig walte, heißt es da, eine »Dynamik«, eine »Beschleunigung der Alltagsgefühle«, eine »Entfesselung der Gefühle«, und »selbst das Bier«, so Reiseführer Böttiger, werde in Leipzig »mittlerweile bewußter getrunken«. Bei soviel Reflektiertheit nimmt es nicht wunder, daß in der ganzen Stadt zuletzt ein »einziges Pochen, ein Heben und Senken« wahrgenommen wird und auch dem klassisch schönen sächsischen Dialekt plötzlich »Wärme« und »Heimeligkeit« beiwohnen.

Da liegt der Hund begraben: Leipzig will toll und tough sein, will sich nicht mit der Rolle einer unauffälligen Großstadt begnügen. Muß das sein? Kann Leipzig nicht einfach Ruhe geben – wie, sagen wir, Duis- oder Augsburg? Warum immer dieses abgedroschene Sichwichtigtun mit der versunkenen Vergangenheit, die mal *Auerbachs Keller*, mal Kurt Masur, mal »Pleißathen« und mal Täve Schur heißt? Warum immer in lichte Höhen streben, wo der ortsansässige Fußball in die Regionalliga abstürzte und die Oberbürgermeister der Stadt so symbolträchtig bodenständige Namen wie Lehmann-Grube oder Tiefensee tragen?

Es tut Menschen und Städten nicht gut, die eigenen Grenzen zu ignorieren. Leipzig kommt nicht – heute nicht und morgen nicht. Es hat den ehrwürdigen Reclam Verlag in seinen Mauern, das muß genügen.

Leverkusen hat ein Duisberg-Zimmer in Bonn

Von Thomas Roth

1.
Wovon man nichts weiß, darüber soll man nicht schreiben. Diese die Geschichte des Abendlandes begleitende Weisheit berührt normalerweise auch mich. Ich schreibe wenig. Neulich aber erhielt ich in meiner Bonner Sommerresidenz einen Anruf vom Herausgeber des hervorragenden Buches *Öde Orte*, einem gleichermaßen in Stuttgart, Frankfurt, München und Texas beheimateten Schriftsteller, der mir antrug, ich solle doch einmal ein hübsches Städteporträt über Leverkusen verfassen: »Is' ja bei dir in der Nähe, 'ne Stunde hin, 'n bißken da rumlaufen, 'ne Stunde zurück, dabei 'n paar Notizen machen und zu Hause den Schmus in sechzig Minuten zusammenschreiben, bei den Honoraren, die der Verlag zahlt, ist das 'n fetter Stundenlohn, und du kannstes ja brauchen.« Wachsam, wie ich bin, fragte ich den Herrn Herausgeber, ob das denn wirklich lauter wäre, über eine Stadt zu schreiben, über die man rein gar nichts wisse, und ob ich denn nicht lieber einen weiteren Artikel über jenen Ort verfassen dürfe, über den ich genau Bescheid wüßte: Bonn also – da brach es aus ihm heraus: Das sei ja gerade der Schwachsinn, das, was ihn aufreibe. Stets versuche er, nur Schreiber, ja, ich möge verzeihen: nur Schreiber zu buchen, die Ahnung hätten vom Thema und akkurat in *der* Stadt wohnten, über die zu befinden sei, er wisse doch, wie empfindlich die jeweiligen Stadtväter gegenüber unqualifizierten Angriffen von außen sich verhielten, und bemühe sich weißgott um Fairneß. Doch in Leverkusen, in diesem verdammten Leverkusen sei kein einziger Mensch aufzutreiben, der so was zu Papier bringen könne, nein: ihm scheine es vielmehr so, als gäbe es nicht mal *einen*, der *überhaupt* schreiben könne in Leverkusen, das sei ja das Vermaledeite an Städten wie Le-

verkusen, daß, wer dort wohne, so borniert und völlig neben der Kappe sein müsse, daß ... ach, er könne mir sagen, er sei es leid, Leverkusen, das kotze ihn derm... – nun, ich erspare den Lesern weitere Ausführungen, da jetzt bekannt sein dürfte, daß nicht ich derjenige bin, den Leverkusens Stadtväter wegen ungerechtfertigter Verbalinjurien haftbar machen müssen, sondern jener Mensch, dem ich sämtliche anonymen Drohbriefe aushändigen werde, die zu erhalten ich erwarte, nur weil mein Name über diesem Beitrag steht.

2.

Ich habe nichts gegen Leverkusen. Leider habe ich aber auch nichts *für* Leverkusen in petto – außer einem profunden Desinteresse. Da es indes, ein hübsches Städteporträt über die Runden zu kriegen, mehr bedarf als informations- und meinungsmäßiger Defizite, frug ich herum in der schönen Stadt, die ich bewohne, was den Menschen auf der Straße denn zu Leverkusen einfiele. Und notierte: Über Leverkusen wisse man nichts, das interessiere einen nicht, richtig bekannt seien von Leverkusen lediglich – harhar – Aspirin und Ulf »UUUUUUUUhhhhhlf« (Fankurve) Kirsten, aber dies bedeute an Werbung ja eher zuwenig für eine Stadt, von der jeder in einem Ton spreche, als gehe es um Osnabrück oder Paderborn. Auch ein Assoziationsspielchen zum Begriff »Leverkusen«, das ich in meinem Bekanntenkreis initiierte, erbrachte lediglich die Ausbeute Bayer, Dormagen, Uerdingen, Aspirin C, Aspirin direkt und Ulf Merbold. Selbst die Forschungseinrichtungen der berühmten Universitätsstadt B. hatten weitaus mehr Wissenswertes über Erlangen (M. Goldt) zu berichten als über jene Stadt, deren Ursprünge auf die Siedlungsbemühungen des stark mißachteten Industriellen Karl L. zurückgehen. Ungleich bekannter war da dessen Vornamensvetter Duisberg, nach dem – als Pionier der deutschen Studienförderung – sogar ein Versammlungszimmer in der hiesigen Mensa benannt ist. Dort treffen sich Studenten, um über einen gewissen Carl D. zu debattieren, der nicht nur langjähriger Bayer-Chef in Leverkusen war, sondern obendrein Initiator und erster Aufsichtsratsvorsitzender des IG-Farben-Konzerns und somit indirekt mitverantwortlich für ... Faschismusförderung ... Zwangsarbeit ... IG Monowitz ... – aber nein, lassen wir das, würden wir die rheinische Stadt doch als städtebaulichen Satelliten eines kapitalistischen Konzerns charakterisieren, der auch im Faschismus seinen Schnitt gemacht hat. Und das wiederum stellte Leverkusen auf unsportliche Weise in eine Reihe mit attraktionslosen Ansammlungen wie Wolfsburg oder Sindelfingen. Oder gar Ludwigshafen??

An diesem Punkt, an dem das Problem Leverkusen langsam unkomfortabel zu werden drohte, war es abermals o. g. Publizist, der mir die Richtung wies. Ich, wurde mir telephonisch nahegelegt, solle mich doch *wenigstens* zwei, drei Stunden vor Ort umtun, andernfalls würden ihm aufgebrachte Stadtbosse wieder die Hölle heiß machen wegen der schlecht recherchierten und sich in billiger Polemik ergehenden Abhandlungen usf., und wenn ich mich nicht zu den vielen verachtenswerten Zeitgenossen zählen wolle, denen politische Erbsenkritik wichtiger sei als ein, ja sein Herausgeberschicksal, dann ...

3.

So verließ ich also jene Stadt, über die zu schreiben mir stillschweigend untersagt wurde. In zwanzig Minuten erreichte ich deren Hauptbahnhof, rumpelte eine halbe Stunde gen Köln, machte mich dort auf die Suche nach dem Fahrplanstichwort Leverkusen und entdeckte es in der Wortfolge »Köln (Hbf.) – K.-Deutz – K.-Mülheim – Leverkusen – Ddorf-Derendorf« usf. Anschließend durfte ich einige weitere Zeit verstreichen lassen, bis der Zug abfuhr. Ich gab dieser Dauer die Bezeichnung »1 Leverkusen«. Ein solches später betrat ich den Stadt-Expreß nach eben dorthin und ließ mich nieder. Ich schaute, wie Kölns Vororte vorbeizogen, sah das Land flacher, die mit Busineßkoffern versehene Düsseldorfer Angestelltengesellschaft schläfriger werden, sah Gebäude sich lustlos in die Landschaft verstreuen, die Wolken wanken und die Wälder sich entlauben – und nickte bald ein.

Als ich an der Endhaltestelle erwachte, vernahm ich ein Schild mit der Aufschrift »Bielefeld«. Gelähmt blieb ich sitzen. 4 Leverkusen vergingen, bis der Zug erneut losruckelte und ich den Schaffner fragen konnte, wohin die Reise denn nun, ob es vielleicht »heim!???« ginge. Doch tranige Blicke schickten mich zurück in die Sitzschalen. Teilnahmslos sah ich Bielefelds Vorstädte vorbeitölpeln, Kühe von den Weiden und Fliegen von den Fenstern verschwinden, und abermals und nochmalig ergriff mich eine satte Mattigkeit, von welcher ich mich erst erholte, als ich den Ortsausgang Köln-Mannheim, falsch: -Mülheim schaute. Die inzwischen wieder anwesenden Düsseldorfer Kofferträger nickten mir verständnisvoll zu.

Zwei Tage später unternahm ich den nächsten Anlauf auf einer anderen Bahnroute, und siehe da: Diesmal gelang es. Mitten auf der Strecke Richtung Wuppertal, umgeben von Gebüsch, Gebäum und Gerümpel, zog jemand die Notbremse, rief »Schlebusch, hier Schlebusch«, und als ich ausstieg, um mich zu orientieren, eröffnete mir das Bahnsteigschild, daß die vom Bahnhofslautsprecher gegebene Ortsangabe keine völlig exakte war. Das war also Leverkusen.

4.

Schön ruhig war es. Auf dem Bahnhof wuchs Gras, vor dem Haus gegenüber wuchs Gras, neben der Straße vor dem Haus wuchs Gras. In der Ferne glänzte etwas Industrie, daneben lag Brache, wieder daneben etwas Industriebrache, über die Gras wuchs. Die Straße führte zu einer größeren Straße, die ich Ausfallstraße nannte und der ich folgte, weil sie nach Leverkusen-Manfort zu führen versprach. Da wollte ich hin. So lief ich ein wenig, erreichte einige Häuser, erblickte ein Schild, das mich nach Leverkusen-Küppersteg wies, fand dort hinzugehen auch angemessen und beschritt die nächste Ausfallstraße. Am Zielort angekommen, war eine Ausfallstraße das erste, was mir auffiel, nicht zuletzt, weil kaum unweit der Trasse ein Schild stak, das mir mitteilte, daß, wenn ich nach Leverkusen-Wiesdorf wolle, ich nur diese Straße hier hinunter ... – Wenn es mich auch vorher nicht interessiert hatte, so erfuhr ich nun, worauf sich die 160 000 Einwohner Leverkusens verteilen. Auf siebzehn Dörfer nämlich, in denen die Leute während der Zeit zwischen den Schützenfesten darüber nachdenken, warum sie nachdenken sollten, sowie etliche Wohnbauprojekte, die der Formel gemäß errichtet wurden: Plattenbau minus 15 Stockwerke plus Grünflächen, mit *Edeka* und Sonnenstudio, aber ohne Ostpocken. Der verständnisvolle Siedlungsgeograph begreift das Ganze als »vom Konzept der Großraumsiedlung bestimmtes Peripheriewachstum mit Defiziten bei der Citybildung«. Ich aber fand's scheiße, weil ich meine Defizite bei der Bildung von zur Begehung ausgedehnter Ausfallstraßen nötiger Hornhaut registrierte. Apropos Ausfallstraßen: Eine führte mich in die City Leverkusens, in der man versucht, dem unförmigen Siedlungskörper wenigstens ein »großstädtisches Gesicht« zu verleihen. Leider gibt es darin mehrere Nasen in Form von Hochhauskloben aus den sechziger Jahren, die unsereins in Ungewißheit darüber lassen, ob sie grauer sind als breit oder breiter als grau. Der Rest des Zentrums wurde jedoch vorbildlich nach den Stadtverschönerungsrichtlinien der Leverkusener Partnerstadt Sankt Augustin bei Bonn gestaltet. So hat man das Gäßchen zwischen *Woolworth* und *Kaufhalle* kurzerhand überdacht und die darob regengeschützten Kubikmeter Luft zur Einkaufspassage erklärt. Das Rathaus macht den Eindruck einer Mischung aus sozialdemokratischer Stadtbücherei und Dresdner Bank. Und davor lagern 1 Leverkusen tiefe Planschbecken mit Metallbrüstung und Springbrunnenaufsatz zwecks Erzeugung malerisch-mediterraner Stimmung. Die für eine gelungene Piazza unabdingbaren Taubenschwärme vermißte ich jedoch. Wo sollen sie sich auch niederlassen? Schließlich befestigte die Stadtverwaltung auf sämtlichen öffentlichen Querpfeilern und Sitzstangen fingerlange Eisennadeln, um der Einkotung Leverkusens zu wehren. Will man in Leverkusen bequem herumlümmeln, ohne sofort des Kotens verdächtigt zu werden, begebe man sich mithin zum nahe der Einkaufszone gelegenen »Forum«. Als »Kultur- und Kongreßzentrum mit Niveau« bietet es neben Sitzgelegenheiten experimentelle Tanztheaterevents aus Connecticut, die aber unbesucht bleiben, weil Dancefans durch zahlreiche die Innenstadt umgürtelnde Verbindungsstraßen am Erreichen des Geländes gehindert werden. Immerhin sind an den Brücken balkonartige Vorsprünge angebracht, auf denen keine Nadeln prangen. Dort lassen sich bevorzugt einheimische Jugendliche nieder, um beim abendlichen Bier das Rollen der Reifen auf der Stadtautobahn zu erforschen. Ein ebenda regelmäßig ansässiger Baseballkappenträger teilte mir mit, die hiesige Jugend sei früher mangels Freizeitangebot des Abends nach Köln gereist, in den besagten Tanztempeln aber nicht recht »angekommen«, da der letzte Zug retour schon zwölf Minuten »vor Clubhour« fuhr. Auf diesen mißlichen Umstand verweisen auch heute noch Graffiti an den Wänden des Leverkusener Bahnhofs: »Köln hat schlechte S-Bahn-Anschlüsse«, »Hier ist es genauso wie in Bonn« oder »Es ist 23 Uhr 12, und ich muß schon ins Bett, DJ Jackie«. Nun, heute haben die Leverkusener Minderjährigen ihre Ausfallstraßen, und am Bahnhof erblickt man ausschließlich Reisende, die ratlos in den neben den Gleisen liegenden Garten der Waczeks gucken, während sie auf den Zug nach Bielefeld warten.

Waczeks arbeiten übrigens bei Bayer, und dieses Hinweises harren unsere Leserinnen und Leser gewiß schon länger. Bayer, dürften sie sagen, ist doch Motor, ist doch Mutter, ist doch Mutter aller Mütter dieser Stadt. Bayer, ja – ist es nicht Leverkusen, und Leverkusen – ist es nicht, mal abgesehen von den Ausfallstraßen, Bayer? Nun, so toll ist es nicht. Ich fand, die Stadt hinkt dem Gedanken hinterher. Wer hier einen Weltkonzern »in progress« oder gar die entmenschte Visage des Kapitalismus glaubt in Augenschein nehmen zu können, kommt nicht auf seine Kosten. Das Bayer-Werk liegt hinter der Mercedes-Smart-Zentralvertretung West-Leverkusen, und das auf Photographien der Tourismuszentrale Schlebusch machtvoll über der Stadt thronende Bayer-Kreuz verbirgt sich hinter den Bäumen in Waczeks Garten. Statt pittoresker Verelendungsszenarien nur die Muffigkeit des alten Industriellenpaternalismus. Wenigstens muß man sich nicht allzuviel merken. Es gibt eine nach dem großen Vorsitzenden benannte Carl-Duisberg-Straße, einen Carl-Duisberg-Park, das berühmte »An meine Haut laß ich nur Wasser und«-CD-Bad sowie ein Carl-Duisberg-Gymnasium, das in einem faschistoiden Schutz- und Trutzbau untergebracht ist. Daneben sind zu haben: eine Bayer-Gärtnerei, Bayer-Sportanlagen, ein Erholungshaus namens Bayer, Kulturwochen, die ein bekannter Chemieriese sponsort, Bayer Leverkusen und ein Bayer-Kaufhaus, in dem sich jenes Aspirin-Grün erstehen läßt, mit dem man hier seine Häuser zu streichen pflegt. Am Bahnhof »Bayerwerk« stehen Bayer-Fahrräder, die, stets unabgeschlossen, der freien Fortbewegung der Mitarbeiter dienen. Ein Bayer-Arbeiter kommt also aus der Fabrik, sieht dort ein Rad verstauben, nimmt es mit und fährt seines Weges, lehnt es an eine Hauswand, und wenn er aus der Kneipe stolpert, ist es weg und der Prolet ein Gegner frei flottierenden Besitzes. Ähnlich raffinierte Ausgeburten Bayerscher Domestizierung des Arbeiterbewußtseins sind die allerorten verteilten Werkssiedlungen, in denen die von Mutter Bayer gewünschte familiäre Atmosphäre herrscht. Hier rollen noch die Kinder Leverkusens mit Fahrrädern über den Asphalt, hier ist der Lärm der Ausfallstraßen nicht zu hören, hier wachsen noch unbehelligt Blumen in den Gärten und Haare auf den Zehen. Die Häuser sind klein, fein und mein, und wenn sich ein Fenster öffnet, steht darin ein altgewordener Mann, der zärtlich den Staub von seinem in den Farben der Blätter des Buchenbaums gestrichenen Fensterbrett wischt. Doch noch während der Bonner Besucher anheben will, die wohlgeratene Simulation von Ruhrpottatmosphäre recht stark zu loben, wird er gestört. So »doll« sei das nun auch nicht, meint der Alte. Vierzig Jahre habe er sich für »die Firma« krummgelegt und alles gegeben, und dennoch habe man ihn »jetzt rausgeschafft«. Die »Drecksäcke« hätten ihm außerdem eine dermaßen »mickrige« Rente verpaßt, daß er, um diese »lausig lackierte Bude« hier »überhaupt halten« zu können, gezwungen sei, für eine Prämie des Fremdenverkehrsamtes malerisch im Küchenfenster »rumzugammeln«. »Überhaupt« sei alles fader und widerwärtiger geworden, nichts mehr »wie früher«, von den letzten Kollegen würde man nicht mal mehr »mit dem Arsch« angeguckt, der Frau sei die Bayer-Bastelgruppe »zugemacht« worden, nebenan wohnten »Düsseldorfer«, und tagein, tagaus müßte er sich »den Mund fusselig« reden vor Irgendwelchendahergelaufenentouris, die ihn bloß übers »Fensterbrettchen streichen« sehen wollten und Leverkusen eigentlich nichts anderes entgegenbringen »würden« als was?: als profundes Desinteresse.

5.

Das also war Leverkusen wirklich. Anonymität, Entlassungen, schlechte Stimmung und miserable Behandlung zahlungskräftiger Gäste. Mein Desinteresse war Entsetzen und Sorge gewichen. Denn niemand weiß so gut wie wir Bürger der Stadt Bonn, daß solche Entwicklungen dem Ruf einer Metropole schaden und ihr zuletzt den Garaus machen können. Doch während ich in meinem langsam sich verdüsternden Zimmer hockte und diesen deprimierenden Zement hier binnen einer Stunde zusammenschrieb, hatte ich eine Erleuchtung. Möge der Bayer-Konzern Creative-Writing-Kurse für entlassene Konzernkinder einrichten! Ihre Absolventen könnten dann lobende Artikel über Leverkusen schreiben und der Stadt neue Bewunderer und Förderer zutragen. Über die Ausfallstraßen würden sie in ferne Städte vordringen, dort auf Vortragsabenden bekannt und beliebt und jenes verzerrte Leverkusen-Bild korrigieren, das allein durch die Schmierereien desinteressierter Ortsfremder entstanden ist. Kämen einige von ihnen nach Bonn, würde ich eine Lesung im Carl-Duisberg-Zimmer organisieren. Ich hielte den Leverkusen-Kennern sogar die Tür auf, und wenn sie alle eingetreten wären, würde ich der Veranstaltung einen Riegel vorschieben. Denn wovon man nichts mehr wissen will, darüber soll man nichts mehr hören.

Zukunft im Außenseiterchancenbereich

Von Holm Friebe

Ein von der Stadt in Auftrag gegebenes Werbevideo über Lüdenscheid aus dem Jahr 1992 beginnt mit dem Dialog zweier Nachbarn – eines Smarten und eines Auf-den-Kopf-Gefallenen –, die sich am Gartenzaun begegnen.

»Hallo, Herr Nachbar, wie sieht's denn aus?« – »Aus?« – »Na, wie geht's denn so?« – »Ach so, ja ... hm ... ja ... och jo.«

Heftiges Schulterzucken des Angesprochenen. Nun lenkt der erste das Gespräch auf ein vermeintlich unverfänglicheres Thema.

»Ich bin vor kurzem in Lüdenscheid gewesen. Ich muß sagen, die Stadt hat sich richtig gut gemacht.« – »Lüdenscheid? Müller-Lüdenscheid! Kenn' ich: ›Sofort die Ente zu Wasser lassen!‹«

Leicht gequält wiederum der erste: »So, das kennen Sie also auch ... aber dieses neue Lüdenscheid, das müssen Sie sich echt mal ansehen, das ist 'ne richtig starke Stadt geworden. Da ist Schwung im Laden.«

Es setzt wüste Synthesizermusik ein, und die Bilder gehen über in Aufnahmen von einer florierenden sauerländischen Mittelstadt mit brummender Ökonomie und reichlich Natur drum herum.

Die Szene artikuliert en miniature das Dilemma Lüdenscheids: eine Stadt, die irgendwann beschloß, nicht mehr Provinz sein zu wollen. Seither, seit jeher eigentlich, führt Lüdenscheid einen tapferen Feldzug gegen sein Image, der jedoch immer wieder von heftigen Rückschlägen durchkreuzt wird. Ein großformatiger Bildband aus dem Jahr 1984, in dem zwölf Photographen städtische Impressionen einfangen, trägt den Titel *Was heißt da schon Provinz?*. Ursprünglich sollte das sicher wie eine kühne Kampfansage klingen. Die Kneipen-, Konditorei- und Schützenfestaufnahmen ließen sich allerdings ohne weiteres zu einer präzisen Definition des Wortes »Provinz« heranziehen. So ist das immer: Je konsequenter Lüdenscheid sein Prestige abzustreifen versucht, desto mehr verstrickt es sich darin – doppelt ungerecht deshalb, weil der Gemeinde bei genauem Hinsehen eine Tendenz, um nicht zu sagen: eine Destination zu Höherem tatsächlich gar nicht abzusprechen ist. Nur geht sie bedauerlicherweise regelmäßig an irgendwelchen Verhältnissen zuschanden.

Die erste große Mobilmachung gegen den Provinzialismus ereignete sich Anfang der siebziger Jahre und lohnt auf Grund ihrer tragischen Symptomatik der Nacherzählung. »Die Zukunft beginnt in Lüdenscheid«, lautete der Slogan, mit dem 1971 bundesweit für die erste »Internationale Kunststoffhausausstellung« geworben wurde. Auf mehreren Hektar gerodetem Wald war die »Zukunft des Wohnens« zu besichtigen wie sonst nur in Woody Allens einschlägigem Sciencefiction *Der Schläfer*: ellipsoide Plastikbungalows auf Stelzen und Pylonen, futuristische Wohn-UFOs namens Rondo oder Orion, über einen künstlichen See schippernde Styroporiglus – der unverbrüchliche Fortschrittsglaube der Siebziger, gepaart mit den mächtigen Ambitionen einer kleinen Stadt, komprimiert in einer Nußschale aus industriell gefertigten Kohlenwasserstoffverbindungen.

Und zunächst ließ sich alles noch ganz vielversprechend an. Bundeskanzler Willy Brandt wurde zur Eröffnung per Helikopter eingeflogen; die britische *Sun* berichtete auf einer ganzen Seite; Besucher kamen aus allen Landesteilen, wenn auch nicht so viele wie erwartet. Trotzdem, an irgendwas mußte es naturgemäß wieder hapern. In diesem Fall war es nicht erst die Ölkrise, die die Nußschale zum Kentern brachte und das Projekt den Bach runtergehen ließ – das besorgte allein die Lüdenscheider Witterung, das zweitschlechteste Wetter der Republik. Wenn es nicht gerade regnet, kann man davon ausgehen, daß es schneit. Das »Probewohnen« während der Wintermonate gestaltete sich für die mutigen Freiwilligen dementsprechend verdrießlich. Die Häuser schlugen Leck und verrotteten zusehends. »Hier fangen (stilgerecht) Plastikwannen das Wasser auf, das in Bächen von den Decken rinnt, dort hängt die textile Dachinnenverkleidung in Fetzen herunter. Und außerhalb der Kunststoffwände hat man den Eindruck, als wüchse langsam Gras über die einst so werbeträchtige IKHA«, urteilen 1973 die *Lüdenscheider Nachrichten* über das bereits sieche Renommierprojekt. Besucher von außerhalb kommen da schon längst nicht mehr. Gegen Ende 1973 bricht eine der Traglufthallen zusammen und begräbt zehn Rennwagen unter sich, die man inzwischen herbeigekarrt hatte, ausbleibende Publikumsströme anzulocken. 1974 müssen die Häuser zu Spottpreisen an Selbstabholer zwangsversteigert werden; die Betreibergesellschaft meldet beim Lüdenscheider Amtsgericht Konkurs an. Geschäftsführer und CDU-Funktionär Werner Schmöle, der laut Selbstauskunft eigentlich vorhatte, »1984« »Bundeskanzler« zu werden, räumt generös ein: »Mit der IKHA sind wir ganz schön auf die Schnauze gefallen.«

Statt dessen hatte es Manfred Kanther, der in Lüdenscheid seine Karriere als Rechtsanwalt begann, bis zum Innenminister gebracht – ein Achtungserfolg für die Stadt, aber nichts, womit man sich einfach zufriedengeben konnte. Objektiv muß Lüdenscheid derzeit ein kleines Formtief attestiert werden. Der vorerst letzte echte Vorstoß zwecks Attraktivitätssteigerung – ein Entwurf des Stararchitekten Norman Foster, der vorsah, das Zentrum angesichts der ortstypischen Witterung flächendeckend mit metallenen Regenschirmen zu bestücken – erstickte in einer Flut aus Leserbriefen.

Seit Anfang der neunziger Jahre die einzige Disko, die bezeichnenderweise *Image* hieß, dichtmachen mußte – was damals die erste und letzte spontane Massendemonstration der Lokalgeschichte nach sich zog –, verlassen zahllose Jugendliche spätestens mit dem Abitur fluchtartig die Stadt. Der Kandidatur Lüdenscheids für die Expo 2052, die eine Neuauflage der »IKHA« unter positiveren Vorzeichen bedeuten könnte, räumt man gemeinhin wenig Chancen ein. Und gerade eben erst, kurz vor Drucklegung dieses Buches, ist ein verzweifeltes Manöver fehlgeschlagen, der Region auf freiwilliger Basis und ohne Androhung von Gewalt doch noch so etwas wie Glamour beizubiegen: Ein zweitägiges Open-air-Festival mit bekannten Bands hätte es werden sollen; statt der angepeilten zigtausend kamen 300 Besucher, in der Mehrzahl Kinder, die es auf die angekündigten Boy-Groups abgesehen hatten. Die Bands marschierten unverrichteter Dinge und ohne Gage wieder heim. »Gezeigt hat sich [...], daß ein Festival dieser Art in Lüdenscheid und Umgebung nicht zu realisieren ist«, bekannte ein deprimierter Veranstalter gegenüber den deprimierten *Lüdenscheider Nachrichten*.

Das alles darf jedoch nicht darüber hinwegtäuschen, daß Lüdenscheid demnächst ganz groß rauskommt, auch wenn momentan noch nicht genau feststeht, womit. »Der Schwung einer starken Stadt«, so der Titel des eingangs erwähnten Videos, sollte nicht unterschätzt werden. Dito die Frage, wo denn nun exakt die Zukunft beginnt, ist keineswegs vom Tisch. Zumindest Außenseiterchancen müssen wir Lüdenscheid fairerweise konzedieren.

Offener Brief an Herrn Bundeskanzler a. D. Dr. H. Kohl

Von Oliver Maria Schmitt

Sehr geehrter Herr Dr. H. Kohl,
um mich kurz vorzustellen: Ich bin seit kurzem ADAC-Mitglied und bitte Sie, mir in den nächsten Tagen den Betrag von DM 11 086,45 auf mein Konto Nr. 239 637 bei der Kreissparkasse Heilbronn zu überweisen.

Begründung:

Nicht alle waren glücklich und feierten am 3. Oktober den Tag der Deutschen Einheit. Ich machte mir Sorgen. Sorgen um Deutschland. Und ich war nicht allein. Auch der Frankfurter Privatier und Kunstraucher Bernd E. machte sich Sorgen. Sorgen um Deutschland. Um Ihr Land, Herr Kohl, dessen Geschicke Sie nun leider nicht mehr lenken können.

Genau das bekümmerte uns, und dieser Sorge wollten wir im Rahmen einer politischen Aufklärungsveranstaltung glaubhaft Ausdruck verleihen. Mit einem Lichtbildervortrag über die Geschichte der Deutschen Wiedervereinigung, die Sie, Herr Kohl, damals so überaus elegant im Handstreich erledigt haben. Und wo wäre eine solche Kohlwürdigungsveranstaltung besser aufgehoben als in Ihrer Heimatstadt Ludwigshafen? Doch nirgends! Wir also nix wie hin nach Ludwigshafen am Rhein.

Ja, Ludwigshafen, Herr Kohl. Die Stadt, die außer Ihnen und ausgerechnet Ihrem Erzfeind und ehemaligem Schulkameraden K. Biedenkopf nichts, buchstäblich gar nichts hervorgebracht hat. Allenfalls noch den Querdenker Ernst Bloch, der, kaum hatte er dieses Geschwür am Rhein verlassen, auch schon notgedrungen den Vor-Schein erfand, denn der bloße An-Schein Ludwigshafens schien ihm schon gar zu unerträglich.

Und genau dort hatte auch schon der geheimnisvolle Pfälzer Kulturaktivist Dieter Steinmann einen passenden Veranstaltungsort für uns aufgetrieben, nämlich das erst kürzlich zum Kulturpalast umfunktionierte ehemalige Straßenbahndepot der Stadt. Dort sollte die Sie so ehrende Matinee um 11 Uhr stattfinden.

Am Sonntagmorgen, die offiziellen Feierlichkeiten am vorangegangenen Einheits-Day waren mählich verebbt, verließen wir das *Steigenberger Hotel* zu Mannheim, in dem wir standesgemäß logiert hatten, und stürzten uns frohgemut in den sonnigen Tag. Mit einem neuartigen Infrarotschlüssel funkten wir gegen 10 Uhr unser Auto auf, dann schwebten wir geräuschlos in unserer zwanzig Meter langen Daimler-Benz-Kombilimousine ins benachbarte Industriegebiet Ludwigshafen.

Natürlich war uns nicht im Traum eingefallen, dort drüben, jenseits des Rheins, in der Nähe der Badischen Anilin- und Soda-Fabrik zu nächtigen; denn daß Ludwigshafen nüchtern und ohne Schutzbrille keine fünf Minuten zu ertragen ist, das wußte der an Bord befindliche Ludwigshafenkenner Bernd E. aus eigener schlechter Erfahrung. So überquerten wir den Rhein und suchten das Gefängnis, in dessen Nähe, so war uns mitgeteilt worden, sich das Kulturdepot befinden sollte.

Unglaublich, wie häßlich hier alles war!

Einen umherstreunenden Ludwigshafener, der vor lauter Ödnis nicht mehr schlafen konnte, fragten wir nach dem Gefängnis. Statt Auskunft zu geben, stellte er sich tot. Offensichtlich war er gerade ausgebrochen und hielt uns für Polizisten, die ihn wieder zurück in seine Zelle chauffieren wollten.

Wir schwebten weiter und überquerten aus Versehen noch mehrere Male den Rhein, bis uns eine freundliche Pensionistin darauf aufmerksam machte, daß wir mitnichten in Ludwigshafen, sondern im Mannheimer Stadtteil Neckarstadt seien und der Fluß, der uns schon die ganze Zeit zu schaffen gemacht hatte, folglich nicht der Schicksalsfluß Rhein, sondern der Schwabenstrom Neckar sei.

Schöne Scheiße! Noch zwanzig Minuten bis zur Matinee!

Mit zugeschalteter Turboeinspritzung kachelten wir zurück nach Mannheim, bis wir aus Versehen einen anderen Fluß entdeckten, der nach unseren Berechnungen der Rhein sein mußte. Niwwa iwwa die Brick und Atemanhalten waren eins: Unglaublich, hier war ja alles noch häßlicher!

Kein Zweifel – das war nun wirklich Ihre Geburtsstadt Ludwigshafen, Herr Kohl!

Amtliche Wegweiser führten uns über Betonwucherungen durch Baustellen und Fußgängerzonen, bis wir schließlich den Knast und den riesigen Komplex des Straßenbahnkulturdepots erreichten. Hier pflegte man vor allem eine Kultur der Geschlossenheit, denn ausnahmslos alle Türen waren verrammelt und dicht. Wir mußten wohl oder übel andere Gebäudeteile anfahren, aber das war kein Problem, denn wir hatten ja noch vier Minuten bis elf.

Bra-batsch! Mit Gefühl und sauber dosiertem Bleifuß setzte ich zurück und die Limousine krachend gegen einen riesigen gußeisernen Laternenpfeiler. Im Gegensatz zum Auto blieb der Pfeiler von der Karambolage völlig unbeeindruckt.

Nicht so mein Beifahrer. Fix sprang er aus dem Karren, taxierte begeistert den Heckschaden und schrie: »Das wird teuer! Rücklicht gesplittert, Kotflügel über die Länge des Radkastens eingedrückt und gerissen, Heckschürze gesplittert und aufgerissen, das wird teuer, Sie Rindviech!« Ich blieb völlig cool und entgegnete, daß mich das nicht die Bohne interessiere, das sei schließlich nicht mein Wagen.

»Wie – der ist gestohlen? Sind Sie verrückt? Da drüben ist das Gefängnis!« Seine Hysterie sei lächerlich, beschied ich E., und dieser Riesenbock da natürlich ein Leihwagen und als solcher bestens versichert. Und an dem Laternenpfosten sei schließlich keinerlei Schaden entstanden.

Zufrieden setzten wir unsere Reise fort. Im Eingang eines mehrere Kilometer entfernten Gebäudetraktes empfing uns ein aufgeregt rauchender Herr. Er zeigte sich sehr interessiert an unserer Lesung, denn er hatte die Aufgabe, diese in technischer Hinsicht vorzubereiten.

»Ich hab' keine Ahnung, was ihr hier wollt oder vorhabt«,

sagte der Herr, saugte an seiner HB und führte uns nach innen. Dort präsentierte er uns mit stolzer Gebärde einen völlig kahlen Raum ohne Stühle, ohne Tische, ohne Licht und ohne Luft.

Nur drei weitere Herren standen darin und rauchten um die Wette. Einer begnügte sich mit dem Hinweis, daß »hier eben Ludwigshafen« sei, der Veranstaltungsort ferner neu und noch nicht eingeführt und zudem Sonntagvormittag. Ob uns das keiner gesagt hätte. Ein anderer betonte, daß es in Ludwigshafen eh kein Vortragspublikum gebe, sondern nur »Schaffer bei der BASF« und daneben eine verschwindend kleine Ausbeuterelite, die jedoch ihre Villen nie verlasse. Wenn wir doch wenigstens, so meinte der Dritte, einen Namen hätten. Wenn wir z. B. Henscheid hießen oder Goldt oder Droste, »dann wären hier bestimmt fünfzig Leut' hergeströmt ... oder sagemermal dreißig ... oder fünfundzwanzig«, korrigierte er seine Hochrechnung nach unten. Aber so, lediglich als Herr E. und Herr S., das sei natürlich schwierig.

Kein Grund jedoch zur Verzweiflung. Er schaute aus dem Fenster hinunter auf die Straße und rief: »Na, wer sagt's denn – da strömen ja schon drei!«

Es war gar nicht so einfach, das Publikum von der geplanten Annullierung der Lesung zu überzeugen. Zwei ältere Damen drehten zwar willenlos bei, eine energischere aber ließ sich nur schwer abwimmeln. »O nein«, heulte sie, »ich bin extra gekommen, weil ich mir das Gebäude anschauen wollte!« Wir ließen sie schauen und verstauten unseren Diaprojektor im kaputten Fahrzeug, um diesen Ort der Schaffer und Paffer so schnell wie möglich zu verlassen.

Der Vorteil einer Zentralverriegelung ist ja, daß sich alle Verriegelungsknöpfe im Auto gleichzeitig automatisch senken. Gebannt folgten Herr E. und ich diesem Schauspiel. Von außen natürlich. Dann wollten wir einsteigen und stellten fest, daß alle Türen verriegelt waren. Von innen natürlich. Von dort, wo auch mein Jackett mit dem Infrarotschlüssel lag. Ich hatte es zuvor in den Wagen gefeuert und die Heckklappe zugeknallt. Nun kamen wir nicht mal mehr in unser Wrack.

Auf den ADAC-Pannendienst mußten wir eine Stunde warten, weil er sich gegenüber im Gefängnishof verfahren hatte. Der Fahrer jedoch war sehr freundlich, ja geradezu sympathisch. Er lachte, als er unser verriegeltes Autowrack sah. »Hahaha«, meinte er, »das sind die neuen mit Infrarotschloß, die krieg' ich nicht auf.« Dann wurde telephoniert. Die Leihwagenfirma bot an, einen Ersatzschlüssel zu schicken, der wäre dann in zwei Tagen da. Das hätte allerdings einen gewaltigen Nachteil: Man müßte zwei volle Tage in Ludwigshafen bleiben. Kam überhaupt nicht in Frage.

Da war der Notrufdienst der Daimler-Benz AG schon kooperativer. Kein Problem, meinten die, einfach die Scheibe einschlagen, dann könne man ja die Jacke rausholen. Nur ginge dann natürlich meine Jacke kaputt und die Alarmanlage an. Und die Aussicht, zu zweit nach einer abgeblasenen Lesung am Sonntagmittag mit zerfetzter Kleidung und einem verbeulten und scheibenlosen Mercedes-Benz rhythmisch hupend durch Ludwigshafen zu eiern, das schien weder Herrn E. noch mir sonderlich verlockend.

Also feuerten wir den Pannenmann an, das Äußerste zu geben. Nach längerer Suche entdeckte er eine nicht ganz ins Schloß gefallene Türe, die er sodann mit einem aufpumpbaren Preßkissen quietschend und krachend aus dem Türrahmen pumpte; so lange, bis ein Spalt frei war, durch den er mit einer drei Meter langen Stahlstange mit Angelhaken im Wageninneren nach meiner Jacke fischen konnte.

Kurz und gut, Herr Kohl: Um den Pannenmann und seinen Arbeitgeber menschlich nicht zu enttäuschen, wurde ich ADAC-Mitläufer und bin jetzt eins von elf Millionen Parteimitgliedern. Anschließend hatten wir noch einen schönen Tag in Speyer, wo Heiner Geißler gerade zusammen mit dem Bischof eine Ausstellung scheußlichster Kirchenkalender eröffnete.

Am nächsten Morgen, Herr E. hatte sich längst wieder in seinem Humidor verkrochen, knatterte ich mit der Daimler-Benz-Ruine zur Annahmestelle der Leihwagenfirma und gab den Wagen zurück. »Das wird teuer!« schrie der Leihwagenentgegennehmer und fuchtelte mit den Papieren. Ich blieb völlig cool und entgegnete, daß mich das nicht die Bohne interessiere, das sei ja ein Leihwagen, und der sei schließlich vollkaskoversichert.

»Aber nur, wenn man auch eine Vollkaskoversicherung abgeschlossen hat, und Sie haben das nicht!« kreischte er und deutete auf ein von mir völlig unbeachtet gebliebenes Ankreuzkästchen auf den Papieren. »Das wird teuer!« brüllte er abermals und fing an zu rechnen: »Rücklicht gesplittert 900, Kotflügel über die Länge des Radkastens eingedrückt und gerissen 3500, Heckschürze gesplittert und aufgerissen 1665,90, Arbeitszeit 4020,55 und noch mal 1000 Idiotenzuschlag, Sie Rindviech!«

Das mit dem Idiotenzuschlag sehe ich ja noch ein, auch das mit dem Rindviech, denn das sagen ja alle, aber mit den restlichen 10 086,45 und vor allem mit der ADAC-Mitgliedschaft, Herr Dr. H. Kohl, bin ich nicht einverstanden. Das war nur wegen Ihnen, und das haben auch Sie, so finde ich, in Ordnung zu bringen.

Ich bin der tiefsten Grundüberzeugung, daß sich in den letzten sechzehn Amtsjahren so einiges an Knete bei Ihnen angesammelt hat, und gerade im Namen Ludwigshafens haben Sie einiges wiedergutzumachen.

Vor allem an mir!

Mit den besten Grüßen, auch von Herrn E.,

Ihr S.

Die Entdeckung des Vakuums

Von Annett Gröschner

1656, fünfundzwanzig Jahre, nachdem Tilly Magdeburg in Schutt und Asche gelegt hatte, unternahm der Bürgermeister und Naturforscher Otto von Guericke einen folgenschweren Versuch. Er pumpte aus zwei miteinander verbundenen Halbkugeln sämtliche Luft ab und ließ rechts und links mehrere Pferde anspannen, die die Halbkugeln trennen sollten. Vergeblich. Das Vakuum war entdeckt. Irgendwas mußte Guericke falsch gemacht haben, denn nachfolgenden Generationen von Intellektuellen fiel es schwer, in der Stadt genügend Luft zu bekommen.

Der als einer der größten Söhne Magdeburgs verehrte Carl Leberecht von Immermann (Immermannstraße, Immermanngesellschaft) schrieb bereits 1826 an Varnhagen: »Wenn man die Dichtung glücklich ausrotten wollte, so müßte man die Dichter nach Magdeburg senden; wir haben hier nur Kanonen, Beamte und Krämer, und die Phantasie fehlt in der Seelenliste gänzlich.« Er reiste prompt nach Düsseldorf, und kein anderer bedeutender Kopf (Georg Kaiser, Erich Weinert, Mechthild von Magdeburg) ist in Magdeburg begraben.

Leider hat sich auch im 20. Jahrhundert daran nicht viel geändert. Mit siebzehn wurde ich zum Psychiater geschickt, weil ich melancholische Gedichte schrieb. Man glaubte, ich sei selbstmordgefährdet. Ich zog es dann vor, mit Beginn der Volljährigkeit das Weite zu suchen. Allein nach der »Wende« folgten mir 40 000.

1924 jagten die Magdeburger den Stadtbaurat Bruno Taut davon, da er ein paar Häuser bunt anmalen und die Festung schleifen ließ. Seine Odyssee endete in Istanbul. Ernst Reuter wurde Ende der zwanziger Jahre zur Bewährung Oberbürgermeister, nachdem er dem Kommunismus abgeschworen, seinen Decknamen Friesland abgelegt hatte und fortan einen guten Sozialdemokraten zu geben gedachte. Die Nachwendeabschwörer benannten unter Jubel die Wilhelm-Pieck-Allee in Ernst-Reuter-Allee um, schließlich war Pieck nur Parteikassierer, Reuter aber sein Vorsitzender.

Wollte man ein Synonym für Magdeburg finden, wäre es Stahl. Hermann Gruson erfand das Hartgußeisen, aus dem seiner Festigkeit wegen gern Panzergeschosse gefertigt wurden. Deshalb ist es nicht falsch zu behaupten, vorzugsweise Magdeburgs Männer seien traditionshalber härter als Kruppstahl; die meisten erlernten vom ersten Unterrichtstag in der Produktion an die Bearbeitung gußeiserner Werkstücke.

Magdeburg bringt Andersaussehenden seit jeher viel Aufmerksamkeit entgegen. Ganz abgesehen davon, daß es nicht von Vorteil ist, eine schwarze Hautfarbe zu haben – selbst das Tragen eines Hutes reicht aus, um den Satz zu provozieren: »So was wie dich hätte Adolf vergast!« Ich bin mal sonntags wiederholt von Polizeistreifen angehalten worden, die mir weismachen wollten, es sei verboten, sich auf offener Straße die Haare zu kämmen.

Nach 1990 erfuhr die neue Landeshauptstadt mit dem Niedergang des Schwermaschinenbaus die größte Sinnkrise seit ihrer Gründung vor mehr als tausend Jahren. Das zweite, worauf die Magdeburger genauso stolz sein durften, der 1. FC Magdeburg, einziger ostdeutscher Gewinner eines Europapokals, krepelt in der 3. Liga herum. Ein Teil der Sinnsuche besteht darin, die Fäuste für etwas anderes einzusetzen als zur Metallbearbeitung.

Magdeburg hat in den Medien einen Ruf, der spielend mit Solingen, Mölln, Rostock-Lichtenhagen und Hoyerswerda konkurrieren kann. Weise, wie die Stadtväter nun einmal sind, machten sie den blutigsten Ort dem Erdboden gleich. Die

Elbterrassen, auf denen Anfang der neunziger Jahre ein Punk von Skinheads erschlagen wurde, zuvor ein beschauliches Biergärtchen, weist kein Stadtplan mehr aus. Statt dessen stehen an der Stelle schicke Eigentumswohnungen mit Blick über die Alte Elbe auf den Stadtpark. Leider läßt sich solches mit dem Neubaugebiet Olvenstedt weniger leicht machen.

Leute, die dort, bevor sie niedergeknüppelt werden, nicht laut, deutlich und akzentfrei erklären: »Ichjehördochzuoisch«, haben geringe Chancen, mit einem blauen Auge davonzukommen. In der Öffentlichkeit, vorzugsweise in Talk-Shows, ist man allerdings sehr bemüht, die Stadt durch ordentliches Hannoveranisch aufzuwerten. Selbst Menschen, die Krippe, Kindergarten und polytechnische Oberschule an jenem Ort absolvierten, sagen heute, halten sie sich für weltgewandt, »Maaagdeburg« statt »Machteburch«, denn hier kennt man ein »g« nur auf dem Papier (vgl. das schöne Wort »Voreljesank«). Im nachhinein bin ich meiner Mutter dankbar, daß sie immer wieder dieselbe Platte spielte: »Das heißt ›Kierche‹, nicht ›Körsche‹!«

Das Schöne an Magdeburg: Das Wort Heimat will einem nicht über die Lippen kommen. Die Verlogenheit all der lieblichen Städte mit Fachwerkhäuschen, ewig roten Geranien und Volksmusikanten ist Magdeburgs Sache nicht. Man weiß immer, woran man ist. Rückblickend bin ich ganz froh, auf einer asozialen Elbinsel groß geworden zu sein statt in einer Reihenhaussiedlung am Rand von Karlsruhe. Ich bin mit allen Elbwassern gewaschen, selbst mit denen aus der dreckigsten Zeit des Flusses.

Will man Fremden Magdeburgs Schönheiten nahebringen, schickt man sie gewöhnlich zum Dom, zum Kloster und zur Elbuferpromenade, da sollen sie mal bleiben und sich keinen Schritt weiterbewegen. Die Tourismusinformation hat aber jetzt riesige Werbeplakate mit einem Photo aus Venedig geklebt, Bildunterschrift: »Auch Magdeburg hat schöne Ecken, wir sagen Ihnen, wo.«

Sollte solch diskrete Ironie Schule machen, ich müßte alles zurücknehmen, was ich jemals Schlechtes über Magdeburg verbreitet habe.

In Mainz gewesen, / War nix gewesen.
Volksmund

Was sagt die Behörde?

Von Jan Orthwien

Gaststätte *Oberbayern*, 21. November. Zur Toilette dreizehn Schritte. Hellbraune hölzerne Kragengirlanden. Zwei Meter messende Zitronenscheibenmodelle. Evita. Einenmeterfünfzigstrohhalme an der Tafeldecke. Gülden Lametta überm Eingang. Remy Martin nicht zu finden. Er weiß was Besseres. Wandgemälde: Der Burschi stemmt das Bierfaß. »Badel Prima Brandy, achtmarkfuffzich.«

Zwecks Sinnerzwingung taugt die Anreise nicht. Auch wenn bereits in MZ-Bischofsheim die Glocken klingen und der Zug stoppt, andächtig ruht und das junge Liebespaar die Minute lang gerührt zu lauschen scheint. Und, mal zwischengefragt: Warum altert die linke Hand unbeobachtet synchron zur rechten?

Der Pizzeriaboß – »Mein lieber Mann!« – leert die Slot machine. Ist aber ein Wechselautomat. Grüner Fußabtreter. »4:2 immer noch für die Pfalz.«
17.52 Uhr, Gleis 5 a, Darmstadt.

Kann man das absetzen? Mainz, meine ich?

Wo sind die Hengste?

Von Georg Berg

Drei Orte muß das schwäbische Brautpaar der Sage nach besucht haben, damit das Familienglück gesichert ist: den Hohenneuffen, die Weibertreu und Schillers Geburtshaus in Marbach. Was das letzte angeht, so kommen allerdings bisweilen Verwechslungen vor. Schlecht orientierte Doppel, denen die Geographie des »Ländle« nicht geläufig, verirren sich mitunter zur Hengstparade des Marbacher Landesgestüts nach Marbach bei Münsingen. Selbstredend: Das echte, allein seligmachende Marbach liegt dagegen am schwäbischen Hausfluß, dem Neckar.

Als Königin Elisabeth II. und Prinz Philipp 1965 auf ihrer Deutschlandtournee den Wunsch äußerten, unbedingt auch »Marbach« zu sehen, fuhr man sie schnurstracks ins Schillergeburtsdorf. Wohin denn sonst? Die Marbacher frohlockten. Endlich die ersehnte internationale Beachtung! Das 1903 eröffnete und im Volksmund »Schloß« genannte Schillermuseum wurde neu geweißelt, der vergilbte Nachkriegsrasen mit Grasofix eingefärbt, und die Flaggen wurden ordentlich gebügelt.

Der Konvoi bestand aus fünfzehn Motorrädern und fünfzig Mercedes-Limousinen. Fröstelnd betraten Königin und Gemahl den grabeskühlen Schillerpalast. Betulich führte man die Gäste herum, konnte sich deren finstere Mienen aber nicht erklären. Beim Anblick der Erstausgabe von Schillers *Maria Stuart* und einem Stich, der Marias Hinrichtung durch Elisabeth I. darstellte, passierte es. Pikiert fragte die Königin ihren Gatten: »Darling, where are the horses?« Sie hatte Araberhengste sehen wollen und nicht den anämischen Musensohn und sein museales Gelichter. Im halbamtlichen Presseprotokoll wurde vermerkt: »Die königlichen Gäste respektierten das Mißverständnis.« Und auswärtige

Zeitungen wußten die enttäuschten Marbacher zu beruhigen: »Die Queen aß extragute Spätzle!« (*Neue Rheinische Zeitung*, 25. Mai 1965) An denen herrscht in Marbach kein Mangel.

So nebensächlich die königliche Episode uns heute auch erscheinen mag, so bezeichnend ist sie doch. Marbachs Bürger bilden sich wunder was ein auf ihre Lokalität, auf ihren großen Sohn und auf ihr großes altes Museumshaus. Alles soll sich um sie drehen, um ihr Schmuckstüble von Ort. Sie putzen und wienern ihr Nest, was das Zeug hält, egal, ob Unrat herumliegt oder nicht. In Marbach ist Kehrwoche das ganze Jahr. Gerne trennen sich die Einwohner von überzähligen Wohlstandszeugnissen. Selbst als der Bundespräsident 1973 durch die Straßen fuhr, hätten um ein Haar ausrangierte Investitionsgüter vor den Bungalows gestanden. Nur durch beherztes Zugreifen konnte in den betroffenen Abschnitten noch rechtzeitig das Schändlichste verhindert werden. Die Befolgung des Müllkalenders ist heilige Pflicht. Sperrmüllabfuhr gilt als Gottesdienst, und genüßlich begeht man selbigen – durch Kehren, Räumen, Beobachten und wieder Kehren, sobald das Ludwigsburger Fremdarbeiterteam die Straßenaltäre abgeräumt hat.

Wie unzivilisiert fing dagegen alles an. Glaubt man Gustav Schwab, hat »vor vielen Jahren dumpf und dicht / Ein Tannenwald gegrauet«, dort, wo jetzt, nicht weniger dumpf und dicht, Marbach auf dem Hügel kauert. Ein Riese, so Schwab, hatte hier »ein finstres Haus« gebaut, »dem ganzen Gau zum Leide«. Die Steine zu diesem Bau habe er locker aufeinandergeworfen, »bis fertig stand das Grauen«. Schwab wußte nicht, was ihm in seiner poetischen Vision mit dem Titel »Marbach« erschienen war. Heute wissen wir, daß es zwei Dinge waren: das auf die »Schiller-Höhe« hingeklotzte *Schiller-National-Museum* und das auf den »Schiller-Acker« hingegossene *Deutsche Literaturarchiv*. Das Archiv stahl hernach Marbach, dem »Schreckensort«, seinen Namen, weshalb es heute leichtfällt, einfach »Marbach zu sagen, wenn man das Schatzhaus der Literatur meint« (Günther Rühle: *Die Büchermacher*, Frankfurt/Main 1985).

Schon bei seiner Eröffnung 1973 malträtierte es die Marbacher. Ein generelles Park- und Fahrverbot wurde verhängt. Später zeigte sich peu à peu das ganze Ausmaß der Katastrophe. Das gewachsene Interesse gegenüber Marbach als geistigem Hort lockte neben germanistischen Irrgästen auch zahlreiche Dauerbrüter an. Zwecks Einrichtung von Nistgelegenheiten entstand in der Manier der siebziger Jahre das gänzlich unansehnliche Viertel Erdmannhäuser Weg, und aus dem rapide steigenden philologischen Strombedarf erwuchs das Kraftwerk Marbach III, »zum Schrecken aller Frommen« (Schwab). Ein Verantwortlicher textete entschuldigend: »Das Bild der Landschaft erhielt durch den 160 Meter hohen Schlot der neuen Anlage einen bestimmenden Akzent.« (Bernhard Zeller: *Schillerstadt Marbach*, Weißenborn 1982) Sagen wir es nur deutlicher: einen völlig abscheulichen!

Auch nach der erfolgreichen Annexion Marbachs durch das Stuttgarter S-Bahn-Netz blieb die Straßenverkehrssituation beklemmend. Man erreicht die Lokalität schneller mit dem Neckardampfschiff als auf Autorädern oder Schienen. Doch selbst, um die altertümliche Schiffahrt zu fördern, wurden freilich unsägliche Opfer gebracht. Nicht länger durften sich die Marbacher der Seerosen auf ihrem sanft gleitenden Fluß erfreuen oder im reichlich sprießenden Ufergebüsch herumspazieren: *Neckar fluvius* wurde begradigt, das Ufer entkrautet, und die Seerosen ersoffen bei erhöhter Fließgeschwindigkeit.

Entsinnen wir uns des ureigentlichen Grundes, Marbach zu besuchen. Es ist die Stätte der Schillerschen Geburt. Als ich zum ersten Mal nach Marbach kam (vom Hohenneuffen auf dem Weg zur Weibertreu, wenngleich ohne Braut), lief ich treudoof durch die Straßen, für gewiß nehmend, die geweihte Stätte würde mir schon irgendwie ins Auge springen. Geröteten Angesichts und flankiert von Geweihen saß ich schließlich an einem Wirtshaustisch, unfähig, die Suche alleine wiederaufzunehmen. Eine Gruppe weinbeseelt-tatendurstiger Japaner indes führte mich zum Ziel, einem unscheinbaren Steinbau mit Fachwerkimitat. Ich besah mir die ganze zweifelhafte Pracht und wußte plötzlich, warum schwäbische Bräute hierhergezerrt werden. Zu sehen waren: der Handspiegel, das Ohrgehänge, der Kamm, die Küche, das Porzellan, das Besteck, der Springerlesmodel (Holzgebäckform), der Herd. Das ganze sog. Museum diente der wortlosen Einschwörung auf den Erfahrungshorizont schwäbischer Hausfrauen. Der Bräutigam durfte sich natürlich doppelt freuen, denn für ihn hielt man auch etwas bereit: die reinlich gefegte Wohnstube mit überdimensionalem Ofen und Hausherrenohrensessel.

Entsinnen wir uns aber nun des zweitureigentlichen Grundes, Marbach anzusteuern. Es ist die Stätte der Schillerschen Verklärung (des *Schiller-National-Museums*) und gesamtliteraturgeschichtlichen Aufbewahrung (des *Deutschen Literaturarchivs*). Die Stätte der Verklärung besuche man, damit man es hinter sich hat. Die Stätte der Aufbewahrung hingegen meide man, wenn man irgend kann. Leider ist es unumgänglich, ein paar Worte über sie zu verlieren; ohne sie wäre Marbach kaum der kümmerlichsten Rede wert.

Das *Deutsche Literaturarchiv* besitzt für Literaten heute eine deutlich größere Anziehungskraft als für Literaturwissenschaftler. Immer mehr junge Autoren drängen sich in die Aufnahmekartei, wollen durch freiwillige Nachlaßspenden schon zu Lebzeiten ihr ewigkeitsforderndes Scherflein beigetragen haben. Mehr als ein Unterstellen wird es dann freilich in der Regel nicht.

Man muß das ganze Prunksilo ein florierendes Bestattungsunternehmen für VIPs mit angegliedertem Souvenirladen nennen. Und man hüte sich vor der Versuchung, alles kaufen zu wollen, was das Archiv offeriert. Der Bettelstab könnte sogleich in Aktion treten. Doch auch die Besichtigung der literarischen Leichen und ihres häuslichen Mülls zeitigt pekuniäre Folgen. So mancher frischgebackene Doktor, der auf dem Schilleracker ein paar stockfleckige Fetzen betrachtet hatte, fiel aus allen Wolken, als man ihm die Abschlußrechnung präsentierte. Wer die Zahlung verschleppt, löst eklatanten Telephonterror aus. Der Marbacher Archivarsverkäuferdreistigkeit sind die wenigsten gewachsen. So löhnt man denn in Gottes Namen die Unsummen für seine Hesse-, Klages-, für seine Mörike-Mitbenutzung.

Eine kleine Geschichte illustriert die Gepflogenheiten: Einmal ließ ich zu Marbach 150 Seiten einer unbedeutenden Handschrift von 1939 photokopieren. Gegen 10 Uhr vormittags ging mein Kopierantrag samt Kopiergut in die Kopierstelle des Archivs ab. Ich geduldete mich einen Moment. Ich war, unmittelbar vor Weihnachten, der einzige kopienheischende Benutzer. Ich geduldete mich zwei Momente. Ich stöberte nach Unsinnigstem. Vor der Mittagspause wurde es nichts mehr. Die Mittagspause dauerte nicht gerade kurz. Ich unternahm einen Spaziergang durch das gefrorene Marbach, besuchte einen kleinen wohlsortierten Lebensmittelladen, bestaunte den enormen Verkehr, brach den zaghaften Versuch, einen Kinofilm zu sehen, wegen des Fehlens einer stationären Lichtspielanstalt ab (alle paar Wochen kommt aus Ludwigsburg der Kinowagen), und dann ging ich zurück zum Archiv. Inzwischen war es 16.30 Uhr, und die Kopien ließen auf sich warten. Ich deutete an, daß ich 150 Seiten A 4 locker in 15 Minuten schaffen würde. Die Bibliothekarin entgegnete, jede Seite müsse zusätzlich abgestempelt werden. Auch dieses, erklärte ich, sei wohl in einer Viertelstunde bequem zu bewältigen. Sogar paginieren sei kein Problem. 15 Minuten + 15 Minuten = 30 Minuten. Geben wir dem Archivboten 10 Minuten Zeit, um den Auftrag drei Treppen nach unten zu bringen, und kalkulieren die doppelte Zeit für seinen Rückweg ein (da er die schweren Kopien zu tragen hätte), so ergeben sich als nötige Gesamtzeit 30 Minuten + 10 Minuten + 20 Minuten = 60 Minuten.

Nun schlug es aber nicht 11 Uhr, sondern nach meinen Rechen- und Vortragsoperationen bereits dunkle 17.00 Uhr. Abzüglich 2 Stunden Mittagspause blieben also 5 Stunden Unerklärlichkeit. Es kam eine weitere hinzu, bis die Kopien in meinen Händen lagen. 6 Stunden für 150 Kopien – und das war noch nicht der Schlußpunkt. Jede Kopie nämlich sollte 80 Pfennig kosten! Ich drehte eine Seite um: nicht abgestempelt … Behutsam legte ich die kostbaren Stücke auf die polierte Lesesaaltheke und verschwand unter dem Vorwand, das große Geld im kleinen Auto liegen zu haben. Glücklicherweise reiste ich inkognito. 150 mal 80 … – nein, das möchte ich gar nicht ausrechnen. Woraus erhellt: Auch die Archivarbeiter in Marbach erwarten widerspruchslose Anbetung der lokalen Aura, ganz gleich, wie unerträglich im einzelnen herumgeschlampt wird.

Einbildung gepaart mit Überheblichkeit, gekreuzt mit Arroganz ergibt Marbach am Neckar. Mag ja sein, daß ihm bloß die Gnade der Schillerschen Geburt zu Kopf gestiegen ist. Warum also macht es sich und uns das Leben so schwer? Wie leicht wären Ackerbau und Viehzucht zu bewerkstelligen. Wie einfach ginge Hengstzucht – was wirklich Kerniges, sollten jemals wieder die Queen und ich hereinschneien.

Magnesium oder: Mein ist das MG

Von Björn Blaschke

Als Ina Deter Ende der achtziger Jahre durch Deutschland tortourte, um das Publikum mit ihrer Forderung, neue Männer brauche das Land, zu traktieren, kam sie auch einmal an den Niederrhein. Mitten im Städtedreieck Köln/Aachen/Düsseldorf bot man ihr – unverständlicherweise – eine Bühne, von der herab die singende Nymphomanin bekannte: »Ich hab' immer gedacht, diese Stadt liege in Holland.« Ob Ina Deter wirklich in der Lage war, das Verb *liegen* in den Konjunktiv zu setzen, könnte wohl nur ihr Deutschlehrer beschwören. Ihr Geographielehrer jedoch sollte zu dreiunddreißig Tagen Deter-Dauer-Dudelei verurteilt werden, denn »diese Stadt« in Holland zu verorten heißt, unser niedliches niederländisches Nachbarvölkchen aufs tiefste zu beleidigen; »diese Stadt« ist nämlich keine andere Stadt als Mönchengladbach.

An dieser Stelle will ich nicht verheimlichen, daß ich nicht in Nordrhein-Westfalen, sondern in Bremerhaven das grelle Licht des Kreißsaals erblickte. Erst deutlich später, Pickel sprossen, Wichspuckel wuchsen, siedelten mich meine Erzeuger nach Mönchengladbach um, und ich konnte es erst wieder verlassen, als ich das Stadtwahlrechtalter erreichte. Damals indes schwor ich mir, Mönchengladbach nie wieder zu besuchen. Ist es also ein Wunder, daß ich, ein heimatloser Billiglohnschreiber, den Auftrag für diesen Beitrag zwar gerne annahm, dafür allerdings nicht noch einmal zurückkehren mochte? Allein die Vorstellung, wortbrüchig zu werden, ließ meine Hände feucht werden – und mich nach dem schreien, was sich hinter dem Autokennzeichen von Mönchengladbach verbirgt: MG, das chemische Zeichen für Magnesium: zu trocknen meine schweißnassen Hände, damit sie das MG halten können, niederzumähen die Verursacher meiner postpubertären Alpträume.

In der Hoffnung, aktuelle Informationen über Mönchengladbach und den Mönchengladbacher einzuholen, surfte ich durchs Internet. Und tatsächlich: Unter *staedte.seiten.de* ist auch *moenchengladbach* zu finden, mit Links: »Allgemeine Informationen«, »Aktuelles«, »Bühnen«, »Ausgehen« oder »Anreise«. Aber: Jeder Mausklick hatte nur eines zum Ergebnis: »File not found!« Selbst Statistisches wie »Einwohner«, »Bevölkerungsdichte« oder »Wohnungen« fehlte komplett. Fragen stellten sich: Sollte die Stadt inzwischen, Kathargo gleich, untergegangen sein? Völlig unbemerkt von der Weltöffentlichkeit? Weil Mönchengladbach niemals so interessant war wie Kathargo? Die Antwort lautete: Es wäre schön, ist jedoch unwahrscheinlich! Es half also nichts. Ich mußte trotz aller inneren Widerstände, darum flehend, tatsächlich nichts als Trümmer vorzufinden, noch einmal gen Mönchengladbach ziehen.

Bei meiner Ankunft am Bahnhof, einem der wenigen älteren Gebäude der Stadt, die nicht durch die vier schweren Bombardements während des Zweiten Weltkriegs zerstört wurden, steht mein Plan fest: Ich gehe getreu der Drei-lassen-Regel des Fallschirmjournalisten vor: abwerfen lassen, Bericht ablassen und das Krisengebiet schnell wieder verlassen. Also besteige ich rasch ein Taxi, um in die Innenstadt zu gelangen. Zwar ist die gar nicht so weit entfernt, lediglich fünfzig Meter, doch es gilt, das unwirtliche, feindliche Terrain möglichst abrupt zu sondieren. Und die besten News, das weiß jeder Kriegsberichterstatter – die besten News »aus gut informierten Kreisen« und »die Stimmung in der Bevölkerung« erfährt man vom Taxifahrer.

Der Mann braust eine breite Ausfallstraße entlang. Es geht vorbei an einem Einkaufszentrum namens *Vitus-Center* sowie an einigen genauso gläsern-stählernen Banken. Irgendwo in der Ferne sehe ich die Kaiser-Friedrich-Halle, in der bereits Ina Deter heulte; und nebenbei entpuppt sich der Pilot als Topinformant. Er fragt, ob auch ich gerade mit einem der verspäteten Züge aus dem Süden angekommen sei, was ich bejahe. Da habe, erklärt er, so 'n Typ versucht, das »Unternehmen Zukunft, hehehe« auszubremsen, und sich vor den Zug geworfen. So würde er – persönlich – sich nicht entleiben. Lieber klassisch römisch in der Badewanne die Pulsadern öffnen und sanft wegdämmern. Oder »the way of Kurt Cobain, Wumme an Omme un' Hirn 'erus«. Aufhängen sei auch gut. Man bekomme kurz vor Exitus einen Ständer und könne noch mal richtig abgehen. Mein Gott, denke ich, warum hat man dich nicht auf eine heiße Herdplatte gewichst, dann hättest du nur einmal gestunken. Kurzum, der Taxifahrer erfüllt meine Erwartungen voll und ganz, da er genau die Haltung repräsentiert, die ich dem Mönchengladbacher schon lange unterstelle: immer nahe am Selbstmord und doch nicht mutig genug, den Rest der Menschheit zu erlösen.

Ich bitte den Mann, mich zu einem zentral gelegenen Café zu bringen, was er auch macht. Er hält vor einem zentral gelegenen Café, das *Das Café* heißt. Recht gemütlich liegt es an einer breiten Kreuzung. Eine Straße führt in Richtung Alter Markt, eine zurück zum Bahnhof und eine nach Viersen, einem Ort so fies, wie es sein Name verspricht. Dennoch benannten Mönchengladbachs Stadtplaner die Straße nach ihm. Warum? Aus purem Spott? Wollten sie ihre Nachbarn hänseln? Nein! Sie wollten ihren eigenen Bürgern den Weg weisen – nach Viersen / Süchteln, zur regionalen Klapsmühle.

Schräg gegenüber war einmal der Klinkerbau der Marienschule zu sehen, ein vom Bistum Aachen kommandiertes Mädchengymnasium, das Ende der achtziger Jahre geschlossen wurde, nicht etwa, weil die Mönchengladbacher dem Bistum keine kleinen Mädchen mehr zuführen wollten. Sie wiesen ihm für seine Zöglinginnen das Gebäude einer kurzerhand aufgelösten anderen Lehranstalt zu und machten aus dem schönen Gebäude ein Ärzte-Apotheke-und-sonst-was-Haus. Das allerdings verschwindet hinter einem auf dem alten Schulhof hochgezogenen gläsernen Einkaufsparadies mit u. a. Borussia-Fan-Boutique. Da ich weiß-grüne Unterwäsche hasse, stöhne ich kurz »J'accuse« und trolle mich. Mein Ziel: der Alte Markt.

Der Alte Markt ist das, was der Mönchengladbacher das

Herz seiner Stadt nennt. Hier findet er alle möglichen Arten und Abarten von Kneipen: das *Canapé*, besser bekannt als die fickende Hölle auf Erden, oder das *Pam Pam*, eine Disko, deren Besucher, um es gelassen auszudrücken, plemplem plus sind. Mit Vorliebe bestellt der Eingeborene in jedem dieser Läden Altbier, zu Karneval, wenn der lustige Kamelleumzug den Alten Markt erreicht und die Jecken »Hal' Pol« (zu deutsch etwa: »Bleib' bei Stange«) lallen, literweise. Dabei erstaunt der Zeitpunkt des Getöses. Während normale Rheinländer am Rosenmontag durch ihre Städte gondeln, wählt der Mönchengladbacher den Veilchendienstag. Zu spät, wie immer.

Wohl für Touristen hält manch Gastwirt auch andere Getränke als Altbier parat. Während meines Rundganges entdecke ich jedenfalls auf einer Werbetafel einen interessanten Spruch: »Bist du durstig und geschafft, trink dir einen Apfelsaft.« Nicht nur, daß der Mönchengladbacher beschissen reimt, nein, obendrein trinkt er *sich* ein Getränk und raucht *sich* eine Zigarette. Er *setzt* sich seine Brille auch nicht auf; er *zieht* sie auf die Nase! Generell pflegt er eine bizarre Form der Artikulation. Als ich noch hier wohnte, mußte ich, ob ich wollte oder nicht, manchmal in Kontakt mit meiner Außenwelt treten. Wenn ich dann meinen Schulfreund Hartmut E. anrief und seine Mutter erwischte, schrie die schrill: »Harrrrrrrrrchchtmut der Björrrrrrren is am Telllllllllefon.« Hätte das Bundessozialministerium Erbarmen, stellte es die Stadt unter Sprachquarantäne und zwänge jeden Logopäden zu einem praktischen Jahr in Mönchengladbach.

Derlei Dinge im rasenden Kopf, drehe ich eine Runde über den Alten Markt. Den Schildern »Museum«, »Münster« und »Rathaus« folge ich nicht. Das Museum mußte ich in meiner Schulzeit oft genug besuchen, und schon damals dachte ich, daß man die mit Fett beschmierten Rodelschlitten eines Joseph Beuys lieber in Köln einlagern sollte. Düsseldorf geht nicht, da die Putzfrauen, die in der Landeshauptstadt arbeiten, allesamt aus Mönchengladbach stammen. Das Münster ist ohnehin meist verschlossen, und im Rathaus interessierte allenfalls das Goldene Buch mit den Einträgen der »großen Söhne« Mönchengladbachs. Doch die Stadt hat keine »großen Söhne«, sieht man von Hans Jonas, Berti Vogts und Joseph Goebbels ab. Ersterer mußte vor den Nazis fliehen. Und Vogts und Goebbels wurden genaugenommen nicht in Mönchengladbach zusammengekleistert. Berti erlangte zwar mit der Borussia Berühmtheit, weshalb man ihn und zwei andere prominente »Fohlen« in einer Bronzeplastik verewigte, aber er ist gebürtig in einem der Grenznester. Und Goebbels hat der liebe Gott in Rheydt ausgeworfen, das jedoch erst 1975 zu Mönchengladbach stieß.

Mission erfüllt. Ich kann den Rückweg antreten, über die Hindenburgstraße, die so breit ist, daß man annehmen könnte, sie sei als Landebahn für die Fliegerstaffeln der NATO-Verbände konzipiert worden. Gleichzeitig strahlt sie allerdings den Charme der alten Berliner Stalinallee aus. Wie es zu diesem gegensätzlichen Ambiente kommen kann? Einerseits wohl, weil so gut wie sämtliche florierenden Geschäfte *City-Apotheke*, *City-Floristik*, *City-Bäcker*, *City-Toilette* oder *McDonald's* heißen. Anderseits hängen, ganz DDR, in den Läden, die sich nicht *City-Blabla* nennen, Plakate mit der Aufschrift »Nicht mehr im Angebot«, »Wir schließen« oder »Räumungsverkauf«. Das städtische Theater vervollkommnet die vollkommene Sputnikatmosphäre. Genosse Ulbricht hat es persönlich entworfen, vermutlich. Vor dem Bahnhof endet die Hindenburgstraße. Zum Glück.

Bevor ich jedoch nach einem Aufenthalt von exakt drei Stunden, vierundzwanzig Minuten und achtundfünfzig Sekunden wieder den Zug gen Süden besteige, statte ich noch der Buchhandlung *Prolibri* einen Besuch ab. Sie war schon zu meiner Jugendzeit eine Oase inmitten der Wüste Mönchengladbach. Auf meine Frage, ob es ein Buch zur Stadt gebe, werde ich erneut nicht überrascht: »Ja, das hier. Dreißig Seiten in drei Sprachen. Und ganz viele Bilder.« Warum ich denn nicht einfach angerufen hätte? Man hätte mir auch am Telephon Bescheid geben können, daß sich die Stadt seit meinem Auszug nicht verändert habe.

»Und überhaupt: Reichte denn nicht ein Blick ins Internet?«

Ich ging, sah nicht mehr über meine Schulter und erbrach mich, im Rücken die Ruinen von Absurdistan.

Atlantis

Von Ulrich Land

Eigenartig magnetisiert nahm ich die Einladung der Studentin an, die auf mein Suchinserat, Altertümer betreffend, geantwortet hatte. Hoch droben in der Eifel, nahe der belgischen Grenze, da gebe es eine ganz exquisite Antiquität, die sie mir anbieten könne. Meine wiederholte Frage, welcher Art das angepriesene Stück denn sei, quittierte sie mit hartnäckiger Ablehnung: Davor müsse jeder Beschreibungsversuch kapitulieren. Die müsse ich mir schon höchstpersönlich selbst ansehn. Alles Bitten und Betteln nützte nichts. Was, selbstverständlich, für mich den Wert der in Aussicht gestellten Herrlichkeit ins Unermeßliche schraubte.

Ob ich aber letztlich einschlug und meinen guten alten Käfer durch die unwirtlichste Gegend scheuchte, weil die Aussicht auf eine interessante Antiquität mich verlockte oder die Aussicht auf eine interessante ... Jedenfalls, ich fuhr. Und fuhr. Und stand. Stand kopfschüttelnd vor einer Schranke.

Ich wendete meinen Käfer und wollte soeben den Heimweg antreten, als eine grelle Stimme durch das milde abendlichtgoldene Zephirlüftchen schnitt: »Darf ich?« Und ehe ich antworten konnte, hatte sie auf meinem Beifahrersitz Platz genommen, und mein Gefährt knötterte irgendeinen Berg hinan. »Sie sind dem ›intelligenten Parksystem‹ an die Angel gegangen. Aber machen Sie sich nichts draus. Erstens sind Sie in bester Gesellschaft mit Tausenden anderer Touris, und zweitens haben Sie auf diese Weise sofort Bekanntschaft gemacht mit einer der wenigen amtlichen Maßnahmen, die Monschau in den letzten Jahren wahrhaftig Vorteile gebracht hat. An Tagen touristischer Springfluten wird hier dichtgemacht, und das Verkehrsdrama muß draußen bleiben.«

In diesem Moment hieß sie mich anhalten. Eine Aussichtsplattform auf schwindelerregendem Felssporn. Zu meinen Füßen, eingezwängt zwischen den grünen Wellenbergen des hohen Eifelnordens, ein schläfriges Städtchen, in dem alles seinen geregelten Gang zu gehn schien. Ein Altstadtidyll mit zahllosen über- und untereinandergestapelten Dächern, mit Burg- und Kirchtürmen, Patriziervillen und Fachwerkhäusern, mit Mann und Maus abgetaucht in ein enges Tal. Beschaulich und traulich.

»Na, hab' ich Ihnen zuviel versprochen?! – Wenn das kein altes Schätzchen ist! Läßt sich vom Terrorregime der Elemente auf den Höhen seines Umlandes ebensowenig beeindrucken wie – ganz nach Art der Kleinode – vom Getöse der Zeitläufte. Möchte man jedenfalls meinen!«

»Mal langsam«, ging ich dazwischen, und mit der Miene des gequältesten aller Ciceroni, dem es der Job gebietet, zum tausendsten Mal bei Adam und Eva anzufangen, fing die Studentin bei Adam und Eva an und betete die Stationen herunter, die Monschau vom so namhaften wie umkämpften hochmittelalterlichen Burgstandort über die güldenen Jahrzehnte einer steinreichen Tucherstadt im 18. Jahrhundert – gülden zumindest für eine Handvoll Steinreicher – bis zur Gegenwart eines Kulissenkaffs hinter Friteuse passiert hatte. Wovon mich zu überzeugen ich sogleich Gelegenheit haben sollte. Die Studentin drückte mir einen Bierdeckel in die Hand, ich würde schon zurechtkommen. Und sollte ich an dem Deal noch interessiert sein, morgen High-noon, Friedhof. Dann verschwand sie, als löse sie sich wahrhaftig in Luft auf.

Die Rückseite des Bierdeckels aber zierte der Stadtplan Monschaus. Eine Stadt, die ohne großes kartographisches Geschick auf einen Bierdeckel paßt! Was ja an sich noch keine Schande ist, aber doch die Dimensionen deutlich macht.

Von der Wirtin der in meiner Not auserkorenen Pension wurde ich gewahr, daß ich mich zu der äußerst raren Spezies derer zählen durfte, die nächtigenshalber in Monschau verweilen. Gut zwei Drittel der Besucher Monschaus halten es nicht länger als eine Stunde in der Stadt aus. »Was, versteht sich, auch unsere Stadtoberen mit schreckgeweiteten Augen zu beobachten belieben«, meine Wirtin legte ihr Strickzeug zur Seite, »gieren nach Übernachtungstouristen und tun alles, was in ihrer Macht steht, um die Herrschaften von einer längeren Verweildauer abzuhalten. Siedeln eine ›Römische Glashütte‹ an. Was heißt hier ›römisch‹! In Monschau war nie irgendwas römisch! Und hier existierte nie auch nur eine Spur von Glashandwerk. Statt dessen hat die alte Tucherstadt Monschau nicht ein einziges Tuchmachermuseum oder dergleichen im Angebot. Und am andern Ortseingang packen sie hinter eine wunderbare alte Fassade ein 200-Betten-Kongreßhotel, Schönheitsfarm inklusive. Und und und. Die größte Sünde aber können Sie morgen früh am Parkplatz Burgau bewundern.«

Und da stand sie, die so-called Stadtbahn, eine dieselstinkende, knatternde, schrill lackierte Häßlichkeit, eine verkrüppelte Eisenbahnattrappe, die für ein sagenhaftes Fahrgeld von DM 8 durch die Gassen der Stadt holpert und die Augenhöhe der fußfaulen Sightseeing-Kunden auf Bauchnabelniveau senkt und ihre eingeklappten Knie zum Kinn zwängt.

»Diese ganze läppische Verrenkung von einer Stadtbahn«, meine Antiquitätenstudentin war wieder zur Stelle, »ist das einzig Wirklichkeitsnahe in der Stadt. Sie zeigt ohne auch nur die leiseste Bemühung einer höflichen Umschreibung, welchen Aufstieg unser nun wahrlich phantastisches Stadtbild genommen hat, um in den luftigen Höhen eines Altertümchen-Disneylands anzukommen.«

Es blieb mir nichts übrig, als ihr beizupflichten. Überhaupt, wagte ich anzumerken, ohne zu ahnen, daß ich ihr damit das Stichwort für eine weitere Schmähtirade liefern würde, überhaupt wirke die Stadt bei aller touristischen Geschäftigkeit auf eine merkwürdige Art leblos. »Tot«, legte sie los, »mausetot! Mehr Schein als Sein, das niedliche Städtchen, und sein Sein lebt vom Schein. Vom Anschein. Alles ein drömeliger Budenzauber, Fassade, museale Antiquiertheit. Die Stadt aber, das, was man städtisches Leben heißt, ist darüber längst gestorben. Hat sich selbst ein Bein gestellt beim Versuch, in seinem Tal, geschützt vor der Brandung der ausufernden Freizeitindustrie, dem Schicksal des Untergangs zu entgehen. Da begab es sich vor knapp zehn Jahren, daß die Ratsherren ein Wort entdeckten: ›Revitalisierung‹! Um die Flügel dieses Worts herum entwarfen sie Visionen, Ideen, Konzeptionen. Heiße Luft, wenn Sie mich fragen. Nach wie vor hält der Auszug der eigentlichen Stadt-Monschauer an, der Exodus zum Exitus. Die Bürger gehn, die Stadt krepiert, was bleibt, ist Fassade.

Der einzig interessante Versuch, der Stadt wieder 'n bißchen Atem einzuhauchen, bezeichnenderweise Anfang der Siebziger bereits, wurde belächelt, verhöhnt, finanziell geschnitten, und schließlich schlummerte er sang- und klanglos ein: der Versuch, moderne Kunst in die alte Stadt zu tragen. Sechsunddreißig wilde Künstler übersäten die Stadt mit eigenwilligen Objekten, und 1971 verpackte Christo ehrwürdige Monschauer Sehenswürdigkeiten. Heutigentags schreibt das Sommerprogramm wieder ›Einführung in die Aquarelltechnik‹ aus, eine Ausstellung des Eupener Heimatmalers Holler, die ›Erste Golden Oldie Night im Festzelt‹. So weit haben wir es gebracht.«

Sie griff gedankenverloren in meine Pommes-Tüte und versuchte den faden Beigeschmack mit einem satten Klatsch Ketchup zu übertünchen. »Derzeit«, mampfte sie, »widmet sich Monschau wieder ausschließlich seinem Charme als Andenkenbude, als allseits reduzierte Persönlichkeit, als Zwitterwesen aus Kegelvereinsausflugslokal und Gesamtstadtmuseum, aus zweidimensionaler Kulisse ohne Tiefenschärfe und Schnörkelidyll, wo man über den Tellerrand der Currywurstschale Geschichte in Tüten bewundern kann. Sommersonntags überschwemmt von Scharen majobekleckerter Dickbauchbelgier, eisschlabbernder Kaasköppe, sahnekucheneinfahrender Nachgermanen. Der Rest des Jahres: lauter Museumsmontage. Tot, wie eine tote Hose nur tot sein kann. Und das, Herr Land«, wir hatten inzwischen das enge Treppchen zum leicht erhöht gelegenen Friedhof absolviert, »genau das ist das, was ich Ihnen verscherbeln wollte: dies ganze wunderhübsche hoffnungslose Atlantis!«

»Dachte ich mir«, zu meiner eigenen Überraschung schoß ich aus der Hüfte, »aber interessante Verkaufsstrategie, muß man neidlos anerkennen. Ex negativo sozusagen, erst gründlich madig machen, jeden Holzwurm rauspicken und dann – aber Sie überschätzen um ein geringes meine finanziellen Möglichkeiten.«

»Och, das muß nicht teuer sein, hier sind alle froh, wenn sie diesen – wie heißt es doch gleich – ›zauberhaften Eifelschatz‹ vom Hals haben.«

»Und zweitens: Monschau den Monschauern! Und drittens: Wenn ich mir erlauben darf, den Strich unter Ihre Rechnung zu ziehen, dann handelt es sich hier um ein unverkäufliches Muster. Eines der gelungensten Zeugnisse brillanter Vergangenheit und gegenwärtiger Gepflogenheiten beim Konsumieren ebendieser Zeugnisse. Geschichte als Fast Food zur Brust genommen.«

Gerade aber, als ich mir im stillen schwor, meinen Käfer, immerhin Jahrgang ’68, endgültig wahlweise dem TÜV-Schafott oder dem Schrotthändler zu überantworten und meine Antiquitätenobsession an den nächstbesten Nagel zu hängen, gerade als mir letztgültig klar wurde, welches meiner beiden Motive für die weite Reise das ausschlaggebende gewesen war, und ich diese kühl geheimnisvoll grinsende Mona Lisa aus Monschau auf einen heißen Kaffee einladen wollte, tauchte sie nach Undinenmanier wiederum urplötzlich ab und unter in den Tiefen und Untiefen ihres Atlantis.

So kommt es, daß Monschau wie eh und je steht, obwohl es längst gestorben ist.

Sympathisch suizidal

Von Thomas Ernst

Geographisch betrachtet liegt Mülheim an der Ruhr zwar im Ruhrgebiet; eigentlich aber ist Mülheim ein Niemandstal der Ahnungslosen. Die Autobahnen machen weite Bögen um die Stadt, und alle wichtigen Züge sparen sich den Halt.

Durchreisende vermögen das Bahnhofsschild nur als undeutlichen Fetzen hinter der Fensterscheibe zu erkennen, weshalb sich wohl nie etwas daran ändern wird, daß nahezu jeder Ortsunkundige nach dem »ü« die überflüssige Dehnungshilfe »h« einschiebt. Die offizielle und orthographisch unzweideutige Ergänzung »an der Ruhr« indes signalisiert angesichts des Versuchs, der korrekten Schreibweise des Städtenamens Vorschub zu leisten, nicht weniger als die kauzige Hilflosigkeit der einheimischen Bevölkerung.

Mülheim hat mit dem restlichen Ruhrgebiet nichts zu tun. Beamte man's von jetzt auf gleich in die mecklenburgische Tiefebene, bis zum nächsten Heimspiel des FC Schalke 04 würde vermutlich niemand was merken. Man bleibt unter sich und hat, um seinen Willen zur Autonomie zu bekräftigen, direkt hinterm Hauptbahnhof vier Hochhäuser errichtet, die in ihrer durchdringenden Schäbigkeit jeden Fremdling ein für allemal abschrecken. Als zweiter Puffer dient die Innenstadt, deren Atmosphäre sorgsam entleerte Hinterhof-Mülltonnen dominieren.

Vorsichtshalber entledigten sich die Mülheimer zudem ihrer drei Sehenswürdigkeiten. Der schiefe Turm der Petrikirche wurde durch einen wohlgeratenen geraden ersetzt. Und sollte tatsächlich irgend jemand via Innenstadt bis zum Ruhrtal gelangen, dem ehedem einzig nennenswerten erquicklichen und beschaulichen Flecken des Stadtgebietes, so leisteten die Verantwortlichen auch hier ganze Arbeit: Seit 1972 zerschneidet die idyllische Senke im Süden eine wuchtige Autobahnbrücke, vom Kleinbürger dazumal als Wunderwerk der Technik bestaunt und gepriesen. Heute können Spaziergänger den einen oder anderen Selbstmörder in der Flugphase betrachten. Oder gegebenenfalls von ihm erschlagen werden, je nach Position und Windrichtung.

Drittens beseitigte man vor etlichen Dekaden die Ruhr-Kettenbrücke und ersetzte sie durch eine fade, aber halt tragfähigere Variante. Die neue Überführung wurde schließlich im Zweiten Weltkrieg zerstört, und die Mülheimer haderten sehr. Allerdings waren sie nicht gerade unbeteiligt gewesen. Die Großindustriellen Emil Kirdorf, Fritz Thyssen und Hugo Stinnes jun. protegierten recht erfolgreich einen wirren schnurrbärtigen Österreicher. Als ihm tatsächlich die Macht in die Hände fiel, trug bald eine Hauptstraße den Namen A. Hitlers. Jener nahm ein Zimmer in Mülheim, weil er oft hierher kam, um sich für die großzügige Unterstützung seiner willigen Helfer zu bedanken. Das Fußvolk wußte, was es den fürsorglichen Führern schuldig war: 1933 erzielte die NSDAP bei der Reichstags- und der Kommunalwahl die besten Ergebnisse aller Ruhrgebietsstädte.

1953 stellte Stinnes Dr. Werner Best, u. a. stellvertretender Gestapoleiter in Berlin, dem eine über tausend Seiten starke Anklageschrift insgesamt 8700 Morde vorwarf, als Justitiar ein, ohne daß sich jemand daran gestört hätte. Da 1982 der Prozeß gegen ihn eröffnet wurde, war er halt krank – nach dem langen Aufenthalt in dieser Stadt kein Wunder. Gegenwärtig hat man hier mit der weitaus geringsten Arbeitslosenquote des Ruhrgebiets zu schmusen, vor allem dank Thyssen und Stinnes. Und der Platz, an dem vom 9. auf den 10. November 1938 die hiesige Synagoge so gründlich wie vorbildlich beseitigt wurde, stand bis vor kurzem noch im Zeichen der Siegesgöttin Viktoria. Heute prunkt ebenda die

Stadtsparkasse, und jährlich demonstrieren die Abiturienten am letzten Schultag die Resultate Mülheimer Geschichtsunterweisung: Mit der Leerung und Zerstörung ihrer Bier- und Weinflaschen gedenken sie der »Kristallnacht«.

Ansonsten verbrachten die Mülheimer die Nachkriegsjahre damit, ein paar Schreibmaschinen in den Rathausturm zu stellen und sich anschließend des einzigen Büromuseums der Welt zu rühmen. Daneben renoviert die SPD alle fünf Jahre die Einkaufsmeile Schloßstraße, um den ortsansässigen Bauindustriellen Einkommen und Mitgliedschaft im Golfclub Selbeck zu sichern. Der Golfplatz sieht ganz passabel aus.

Ein aufwendiges Hobby des Mülheimers ist, sich trotz aller konsequenten Mauscheleien von der SPD regieren zu lassen. Erst vor wenigen Jahren wurde es ihm geringfügig zuviel. Die langjährige Oberbürgermeisterin Güllenstern hatte so offensichtlich günstige Privatverträge mit der Ortssparkasse, deren Aufsichtsrat sie selbstredend angehörte, ausgehandelt, daß man einen schwarz-grünen Stadtrat installierte. Die Schloßstraße ist gerade eine Baustelle.

Mülheims Bemühungen, Anfang der siebziger Jahre einer Gesamthochschule habhaft zu werden, blieben konsequent erfolglos. Keine Perlen vor die Säue. Zu bedauern sind nur die Insassen jener zwei Studentenwohnheime der Duisburger Gesamthochschule, die sich auf Mülheimer Gebiet verirrt haben, mitten ins Vergnügungsviertel Monning, wo der originäre Mülheimer *Bei Uschi* etliche Biere und am Straßenrand eine Frau erwirbt. Das war's dann.

Um 1800 war Mülheim die zweitgrößte Stadt des Ruhrgebiets, knapp hinter Duisburg, noch vor Essen und weit vor Dortmund. Heute ist selbst Oberhausen, damals inexistent, größer als die selbsternannte »sympathische Stadt an der Ruhr«. Ein Verschwinden Mülheims bahnt sich an – was zuletzt angesichts solcher Kulturträger wie Christoph Schlingensief entschieden begrüßenswert dünkt. »Mülheim«, sagt der, »hat einfach eine Mordsvergangenheit. [...] Die Mülheimer haben da eine Art entwickelt mit der Selbstmörderbrücke im Hintergrund, die ich sehr mag.«

Sie sei ihm gegönnt.

Fuchtel, Raub, Rückgauer

Von Rudi Deuble

Ein sonniger, früher Frühsommertag vor fast vierzig Jahren, im Mai, im Juni '59, wir waren gerade eingeschult seit Ostern, konnten Hans und Liese schreiben und kümmerten uns um alle wichtigen Dinge der Welt. Die Schiefertafel im Ranzen, trödelten wir nach Hause, erfanden Umwege und achteten umständlich darauf, die Erwachsenen als erste zu grüßen. Mein Freund Dieter und ich. Dieter kannte sich aus in der Welt, sein Vater war bei der *Volksbank*, und so mußte ich ihm wohl oder übel auch glauben, daß Nagold in der Welt nahezu unbekannt, höchstens bis Calw, ausgerechnet Calw, eine Stadt, die wir nur als »Kalb« kannten und die ganz und gar zu Unrecht Kreisstadt und damit auf jeder Autonummer als CW herumfuhr. Nagold aber so gut wie gar nicht vorhanden, und, Gipfel der Bedeutungslosigkeit, wir hatten ja nicht mal eine Ampel in der Stadt. Wie, fragten wir uns, während wir von der Waldachbrücke beim *Autohaus Benz* »Steiner« (die Mehrzahl von Stein hatten wir erst in der zweiten Klasse) in den Bach schmissen, können wir Nagold aus diesem unerträglichen Zustand heraushelfen? Die Bundeswehr, so mein Freund Dieter, vielleicht sagte er aber auch nur: die Soldaten, die Soldaten, die doch jetzt irgendwann auf den Eisberg kommen, die würden das sicher ändern. Wenn erst die Kasernen gebaut wären, die Soldaten eingezogen, schlußfolgerten wir, wird das sowieso anders, die Soldaten kommen nämlich von überallher, aus Norddeutschland und sogar aus dem Rheinland, und dann kennt man uns auch dort. Wie recht wir hatten. Kaum paar Jahre später kannte man Nagold in der ganzen Welt. Jedesmal in den Nachrichten im Radio bin ich zusammengezuckt vor Stolz, wenn der Sprecher wieder »Nagold« sagte. Der *Spiegel* eine Titelgeschichte, selbstverständlich in der *Quick*, im *stern*, in der *Revue*, in *Kristall*, der *Neuen Münchner Illustrierten*, der *Bunten Illustrierten*, unmöglich konnte man alles lesen, wenn man beim Friseur die Mappen des Lesezirkels in die Finger bekam. Überall »DER SCHLEIFER VON NAGOLD«, immer in dieser großartig filmreifen Formulierung, angeblich sogar in der *New York Times*, einem Blatt, das, wußte man beim Friseur, auf jeden Fall auch Präsident Kennedy las.

(Bei Erwähnung von Kennedy immer noch schnell den Witz erzählt:

»Adenauer: ›Gestatten, Adenauer.‹

Kennedy: ›Angenehm, Kenn I di?‹«)

Also auch er kannte jetzt Nagold. Chruschtschow sowieso. In Nagold selbst die Erwachsenen verdruckst unglücklich damit, regelrecht empört sogar. Als die *Bild*-Zeitung in Riesenschlagzeilen »SAUSTALL NAGOLD« titelte, beriefen sie, nachdem *Bild* bereits frühmorgens in der ganzen Stadt vergriffen war, eine Bürgerversammlung in die Stadthalle ein und barmten über den schlechten Ruf der Stadt. Da konnte man sehen, daß sie rein gar nichts vom Leben verstanden. Übelnehmerisch, wie sie waren, kritisierten sie später unverhohlen selbst den Bundespräsidenten Heinrich Lübke, der seine Neujahrsansprache natürlich nicht vortrug, ohne Nagold zu erwähnen. Und das alles wegen eines Gefreiten (vielleicht deshalb lieber nie nix davon gehört) namens Raub, auch diese Figur wie aus dem Vorspann eines reißerischen Films. Gleich stellst du ihn dir vor, kommt aus Köln-Ehrenfeld oder Wanne-Eickel, im Krieg mit ein bißchen Glück noch Flakhelfer oder Kindersoldat, der Vater ein Säufer, erst spät – von Bundeskanzler Dr. Adenauer! – aus russischer Gefangenschaft befreit. Eine frühreife Schwester – ideal: Karin Baal –; und die Mutter mehrere Onkelehen. Immer Landserheftchen gelesen und unterm Bett in Schuhkartons gesammelt. Dann endlich wieder neue Wehrmacht – und schon Ausbilder in Nagold geworden. Auf dem Eisberg, fängst du gleich zu frieren an. Rekruten muß man schleifen, weiß doch jeder, müssen für den Ernstfall, Bürger in Uniform hin oder her. Für Raub eindeutig Pech, daß gleich einer beim Hitzemarsch an Hitzschlag gestorben, und schon die ganze Presse auf dem Hals. Auch das Ausland so empfindlich, wegen früher. Bei der Bundeswehr war man dann gleich darauf aus, den Rufschaden auszubügeln, so durfte ich mit der Jungschar einen Tag auf den Eisberg, richtig mit Diavortrag, Essenfassen, Stuben angucken und Kleinkaliberschießen, leider nur zwei Schuß jeder. In der Schule eher Zurückhaltung, weder Erlebnisaufsatz noch Thema in Heimatkunde. Wohl um uns abzulenken, mußten wir uns jetzt mit Eifer schon einem anderen Nagolder Großereignis zuwenden: der Hirschkatastrophe von 1906. Bis dahin den *Hirschen* nur als Hirschstraße gekannt, da kamen wir auf dem Schulweg immer dran vorbei. Bis zum 5. April 1906 dort ein Gasthaus, erfuhren wir jetzt von den Alten, die wir hausaufgabenmäßig befragen mußten. Oral history natürlich als Begriff noch nicht gekannt, oral nicht mal als Schweinerei, höchstens vom Arzneizettel gewußt, daß es das Gegenteil von Zäpfchen bedeutet. Ein Gasthaus gleich gegenüber vom Rathaus, so was läuft immer, bevor man aufs Rathaus geht, muß man sich erst Mut ansaufen, hinterher natürlich die Erleichterung. Oma Gutekunst wußte über den *Hirschen* sehr genau Bescheid, ihr Vater war dort umgekommen. Das Gasthaus also längst zu klein, der Wirt so ein moderner Unternehmer, aufgeschlossen allem Neuen, wollte schon längst umbauen, aber so, daß er nicht lange auf Umsatz verzichten mußte. Da kam ihm der Stuttgarter Architekt Rückgauer gerade recht. Der hatte nämlich in Altensteig schon vorgemacht, daß man mit Winden, Flaschenzügen und Stützen ein Gebäude anheben und ein neues Geschoß schnell daruntermauern konnte. So wollte es der Hirschwirt auch, aber als Clou ließ er die ganze Veranstaltung bei laufendem Betrieb durchführen. Während drinnen bei Metzelsupp und Viertele die Stimmung stieg, ließ man sich mitsamt der angeblich bis zum letzten Platz gefüllten Gaststube ruckelnd von den Flaschenzügen nach oben heben. Gegen Mittag stürzte der *Hirsch* dann einfach unter Getöse in sich zusammen. Dreiundfünfzig Tote zog man aus dem Trümmerhaufen. Für mich aus heutiger Sicht eindeutig

der verunglückte Beginn der Erlebnisgastronomie. Ich weiß, warum ich schon immer dagegen war.

Und heute? Wo früher der *Hirsch*, steht jetzt ein Drogeriemarkt, ein *Schlecker*, ein *idea-Markt*, ein *kd-markt*, ein *Müllers*-Drogeriemarkt, jedesmal, wenn du in die Stadt kommst, heißt er anders. Die Eisberg-Kasernen geschlossen, die Soldaten weg, der Standort aufgegeben. Ein Kamelzüchter mit den besten Verbindungen in den Orient und der selbstlosen Unterstützung des Bundestagsabgeordneten Fuchtel will dort eine Kamelfarm, einen Kamel-Erlebnispark mit Kamelponyreiten und Kamelstutenmilch-Schönheitsfarm einrichten, heißt es. Ich müßte Dieter mal fragen, ob wir das so gewollt haben.

In des schönen Frankenlandes
Mitte liegt ein schöner Grund.
Friedrich Rückert

Eine Frage

Von Jürgen Roth

Neuendettelsau, sechs- oder siebentausend Einwohner zählendes »Unterzentrum« (Bayerische Landesplanung), einst in Ober- und Unterdorf keilend gespalten und zerrüttet und auf einer 438 Meter hochgewuchteten Keuperplatte zwischen Froschweihern und Kiefernsteckerlaswäldern zart sich Platz schaffend, in einem »Landstrich von südlicher Lebensart« lagernd, wo »nichts schroff oder unwirtlich ist« (Werner Dettelbacher: *Franken*, Köln 1993) und das Erdreich seit 3000 oder 5000 Jahren unter den Pflug gerät, war und ist mir ein vertrauter, ja zuweilen lieber Ort. Er besaß seit mindestens 1970, urkundlich versichert sogar seit 1929, ein Waldschwimmbad, dessen gekacheltes 50-Meter-Becken einen altmodisch wirbelnden und zugleich vorsichtige Schritte im Nichtschwimmerbereich duldenden Sandboden vorzuweisen hatte. Dieser Sandboden, eine schon dazumal fast verschlafen und bedrümelnd wirkende antitechnische Installation, war etwas mir tatsächlich ans Herz gewachsenes Ideelles. Daß nämlich man auf einem so unbeständigen Material gewisse Vorstellungen und Phantasien gründen könne, während man schwamm.

Gut – und weniger gut –: Wir wollen nicht reden von nicht erst heute gar unsinnig wirkenden Trainingseinheiten, gestreckt und gepowert auf bald die unsägliche 1500-Meter-crawldistanz und begleitet vom um die sportliche Vorankommnis besorgten Familienanführerhaupt: – aber: Daß man da, in diesem Waldschwimmbad, das zu erreichen war via Rottlergäßchen und Wiesen und radstrampelmäßig über einen garstig abfallenden und gefährliche Schürfwunden quasi sehr stringent herausfordenden Weg, erstmals der schier – schier – unfaßlichen Sensation des Weiblichen gewahr zu werden vermochte, abseits und abgeschottet von jeder Kontrollinstanz (schwarzer Badeanzug, ockerfarben sacht gebräunte Schenkel): Das ist Neuendettelsau nicht hoch genug anzurechnen.

Während heute die Tollköpfe der Kommunalverwaltungspolitik stolz sich einen heben auf ihre äußerst törichte Beschlußfindung betr. Abschaffung des Waldschwimmbades zugunsten eines chlorvernebelten und unbepaddelbaren und erotosensationell voll unbefriedigenden Erlebnisbadehallenraumes namens *nova mare*.

Dafür gehören sie eigentlich geschlagen.

Alsdann noch zu klären wäre, heute, 1998, da die 700-Jahre-Feuerwerksgeburtstagsfeierlichkeiten nicht recht funktionieren wollen (Sterntaler vereinzelt, Goldwuscheln verzagt), ob der Leberkäse vom *Neukam*, vom *Henninger* (Löhegäßchen) oder doch von der Anstaltsmetzgerei oder doch umgekehrt bei der *Lina* oder im tosenden Krachkirchweihzelt den aktuellen Standard der Genuß- und Freßdebattenkultur erreicht. Oder doch der mittelfränkisch geruhsam vorgesehene Hackbraten.

Oder ob doch der speziell versonnene Ort sich vielleicht demnächst bequemen wollte, nicht nur seine seit 1545 währende, mit Wilhelm Löhes Einmarsch 1837 und dessen »packenden Predigten« eisern durchgestartete Missions- und protestantische Ausbildungshistorie bis hin zur Augustana-Hochschule (Pastoralkolleg 1945 ff.), sondern womöglich seine Geschichte der Nazibarbarei, der wie geschmiert funktionierenden Munitionsanstalt im Baronswald, der Deportation geistig und körperlich Behinderter aus der Diakonie unter Augenschein von Pfarrern und ihrer betäubten Gemeinde zur Kenntnis zu nehmen? Zumal da immerhin zwar nicht mehr über die alte Bücherei im alten Schulhaus auf dem Schotterplatz vor der Feuerwehr (heute grünbereichlich zugemörtelt), aber immerhin über eine stockkirchliche Buchhandlung und die Gemeinde zu erhalten sind folgende Publikationen (neben den vom Heimaterkundler Hans Rößler pflichtschuldigst edierten Bänden *Unter Stroh- und Zie-*

geldächern – Aus der Neuendettelsauer Geschichte, Neuendettelsau 1982, und *700 Jahre Neuendettelsau – Festschrift zur 700-Jahr-Feier 1298/1998*, Neuendettelsau 1998):

– Hans Georg Gabel/Hch. Grißhammer: *Dokumentation zu den Krankenverlegungen aus Neuendettelsaus Anstalten 1941, dem Verhalten von Innerer Mission und Kirche 1936–42 und der heutigen Reaktion von Kirche und Diakonie*, Berlin 1977;

– Christine-Ruth Müller/Hans-Ludwig Siemen: *Warum sie sterben mußten – Leidensweg und Vernichtung von Behinderten aus den Neuendettelsauer Pflegeanstalten im »Dritten Reich«*, Neustadt a. d. Aisch 1991.

Oder steht dawider die strahlende Zukunft des Neubaugebietes einschließlich des herrlichen Einkaufsparkes *SB-Center Besenbeck* mit Euro-cash und »Internationalem Geldautomat«? Plus Buslinie? Zzgl. fortgesetztem Nazidevotionalienhandels- und handfestem Gesinnungsgewese?

PS: Seit es den Lebensmittelkrämer *Kanzler* (Bahnhofstraße) genausowenig mehr gibt wie den kleinen, daneben kauernden, holzzauneingefaßten Gemüsegarten meines klammheimlichst biertrinkenden Großvaters; und seit der Baron von Eyb sein um 1200 erbautes und späterhin neobarock rüschiertes Wasserschloß (darin die wahnsinnigsten Zuckerbäckereien des Kontinents um Weihnachten und Silvester herum abzupassen waren) der Familie v. Livonius auszuhändigen und weiterzureichen hatte, hangeln sich N'aus soziale Verhältnisse sehr wohl aufwärts Richtung moderner Rechtsbeschaffenheit. Gegen das Jahr 1994 stand im *Amts- und Mitteilungsblatt der Gemeinde Neuendettelsau*, Rubrik »Kleinanzeigen«: »Die Fr., die zu Fr. Rieger wg. d. Brotes v. Besenb. etw. ges. hat, wird geb., d. Auss. **in. v. 10 T. zurückzun.**, ans. erf. Anz. Roth, Michael. Tel. 10 93.«

Nordenham am Arsch

Von Björn Blaschke

Gegenüber von Bremerhaven, auf der anderen Seite der Weser, liegt eine Kleinstadt, deren Dienstleistungsangebot sich auf zwei Begriffe bringen läßt; denn sämtliche Zigarettenhändler, Schnapsverkäufer und Supermarktkassiererinnen jener Gemeinde verkauften Anfang der achtziger Jahre Aufkleber mit einem knappen, aber präzisen Slogan: »Nordenham – Zukunft am Meer«.

Lange bevor besagte Sticker den Markt eroberten, hatten die Nordenhamer entdeckt, wie man sich eine schöne Zukunft am Meer bastelt. Es war in jenen Jahren, da noch der Glaube herrschte, durch die Ansiedlung möglichst vieler Zweigstellen industrieller Großunternehmen Großes zu erreichen. Während die im Umland gelegenen kleinen Badeorte, langweilig, wie sie waren, auf den Tourismus setzten, erteilten Nordenhams Bürger dem saisonabhängigen Ferienrummel eine klare Absage. Dafür ließen sie sich eine schön-urbane Asbestanlage auf den Marschboden stellen, lockten Preussag-Säcke und Kronos-Titanen an. Liebend gern hätten sie obendrein, und zwar am liebsten mitten in der Stadt, einen Atomreaktor gebaut. Doch den Zuschlag für das Kernkraftwerk Unterweser erhielt leider Esensham, ein Nest einige Kilometer südlich. Und das war tatsächlich schade, denn den Nordenhamern entgingen Kernkraftwerkskühlwasserköstlichkeiten wie Bisamratten, Brassen oder Stichlinge.

Ansonsten hauten die Erfolgspläne jedoch hin. Die Badeorte wurden von Touristen überrannt, und den Schnaps mußten sich die Einheimischen nunmehr mit unangenehmen Fremden teilen, die bevorzugt während der Schulferien städtische Unruhe verbreiteten. Nein, da hatten es die Nordenhamer wirklich besser getroffen. Sie verbauten sich nach und nach ihre Stadt, befolgten streng die eigenen Ordnungsregeln (»Gehs'u bei rot, foahn se dich dot; iss du kein Broat, gehs'u auch dot!«) und entsandten eine SPD-Politikerin namens Margitta Terborg nach Bonn, von wo aus sie Nordenhams legitime Interessen vertrat und verteidigte; nicht nur in Deutschland, sondern bis in die USA hinein – in Las Vegas z. B., das sie zusammen mit drei anderen MdBs auf Kosten einiger Glücksspiellobbyisten heimsuchen durfte. *Bild* protestierte zwar, aber Margitta Terborg war eigentlich nichts anzuhaben, betrieb sie doch zu Las Vegas lediglich Wählerpflege. Die Hälfte des Duos Siegfried & Roy stammt nämlich aus Nordenham, genauer: aus dem eingemeindeten Vorort Blexen.

Das Beste indes war, daß sich bei den Nordenhamern keine Menschenseele länger blicken oder niederließ, weshalb sie weder Strandkörbe aufstellen noch Schnaps teilen mußten.

Nur zweimal, erzählen sie sich an dunklen Winterabenden, wenn sie, von ihren Boseltouren (einer Art Langstrecken-Freiluft-Kegeln) ermüdet, vorm Elektroofen sitzen und gemächlich Grünkohl mit Pinkel, Bier und Korn in sich hineinschlabbern – nur zweimal seien Fremde für längere Zeit dagewesen. Beim ersten Mal waren es angeblich gleich mehrere Frauen und Männer, die – »dasss musss du diar moahl voarstelln« – sich an Schiffe ketteten, um gegen Dünnsäureverklappungen von Kronos Titan zu protestieren. Ratlos reagierte die ganze Stadt: »Dünnsäure, un wenn schon! Dat muckt doch nex, de verdünnt de See doch nuar, wie Bluuht den Schnaps!«

Seemannsgarn, mag sein. Verbrieft ist jedoch, daß auch mal zwei Reporter der Zeitschrift *Geo* aufkreuzten. Nordenhams Bauern verzeichneten gerade überdurchschnittlich viele Trauerfälle unter ihren Kühen; die Viecher waren einfach unangemeldet umgefallen und »doat bleven«. Der Grund: Dem einst fruchtbaren Marschland hatte man das »M« gestrichen und zum Ausgleich das furchtbare Arschland mit Blei versetzt. Die *Geo*-Leute wollten der Sache auf den Grund gehen. Womöglich weil sie hofften, aus Blei Gold machen zu können, besuchten sie genau vis-à-vis vom Bahnhof eine Kneipe namens *Eldorado*. Stammgäste, unter ihnen Hulmann-Erna, die schon morgens in rosafarbenen Bömmel-Pantöffelchen und mit einem Glas voll Korn an der Theke stand, nannten den Schuppen schlicht und zärtlich *Eldo*. Und diese Menschen gaben lange Interviews von Klarheit und Schönheit im Ausdruck. »Blei in di Knochens?« – »Schoin, da brrauchen wir wenigstens beim Tauchen keine Bleigurte nich mih!« Oder: »Angst vor Blei in Bluuht?« – »Nee, woso denn dat? Wi hebt doch Köhm!«

Das Vertrauen in »Köhm« (Schnaps) ist seit jenen Tagen nicht geschwunden. Im Gegenteil: Nordenhams tapfere Bürger setzen heute mehr denn je auf das Getränk ihrer Wahl – um die körpereigenen Asbestrückstände zu würzen oder aus der Weser geborgene Aale, Neunaugen und Schollen mit Himbeergeschwüren und Bleiflecken runterzuspülen.

Seit jenen Tagen, als *Geos* Kundschafter in Nordenham weilten, soll kein Fremder mehr länger als einen Tag lang dagewesen sein. So dürfen wir uns erklären, warum nur selten Neuigkeiten nach draußen dringen. Kurz vor Redaktionsschluß und zum ersten Mal seit vielen, vielen Jahren erreichte uns allerdings der Bericht eines Durchreisenden: wie er nämlich mit seinem Wagen kurz vor Nordenham eine Panne gehabt und deshalb einen zweistündigen Stopp bei einer ortsansässigen Werkstatt habe einlegen müssen. In dieser Zeit sei strenggenommen nichts passiert. Lediglich eine ältere Dame habe die Werkstatt betreten, um zu fragen, wie es um die Reparatur ihres Autos stünde. Als der Chef sie mit dem üblichen »Moin« begrüßte, retournierte sie: »Hoil Hitleer!«

»Nordenham – Zukunft am Meer«. Gerne, ja liebend gerne würden wir mehr von dir hören, und gerne würden wir deiner Zukunft teilhaftig werden. Vorausgesetzt, du wirst niemals das Schicksal Venedigs erleiden und step by step versinken, verschwinden in Schlick und Schlodder. Sonst sähen wir uns gezwungen, dich zu heißen, wie es Spötter schon heute tun: Nordenhamarsch.

Dem Volksmund

Von Georg Berg

Als Eduard Mörike noch seine Lieder sang,
Klang schöner der Name von Ochsenwang.

Kaum hatt' er die Lieder gesungen,
War Ochsenwangs Name zersprungen.

Oed

Von Eckhard Henscheid

Die Ortschaft Oed ist eine Ansiedlung zwischen Amberg und Nürnberg, dort, wo, im Lehenbachtal, die Felsenschlucht für die Eisenbahnstrecke am engsten wird, – und überhaupt nicht öd. Sondern malerisch, fast noch idyllisch, trotz oder gerade wegen des Bahn-Straßen-Wanderweg-Gewirrs, waldig, sonnig, schmuck herausgeputzt; und täglich voll von Hundertschaften vorwiegend Nürnberger Rentner. Zumeist redefauler, aber dafür um so eßfroherer Rentner. Sie sind mit ihren schweren Limousinen aus der nahen Meistersinger- und Reichsparteitagsmetropole nach Oed gekommen, um dort absolut keinen anderen Zweck zu verfolgen, als wegzuputzen, was geboten wird. Das sind, abgesehen von Spezialschlachttagen und ähnlichem, vor allem Forelle, Scholle, Zander, Karpfen, Schweinebraten, Kalbsbraten, Schlachtschüssel, bestehend aus Blut- und Leberwurst, Bratwurst, Kesselfleisch und Kartoffeln mit Kraut (9,50 DM), Schäuferl (11 DM aufwärts, je nach Größe) und Knöcherl (12 DM aufwärts). Und vorher natürlich: Brotsuppe (1,50 DM).

Oed zählt heute 143 Seelen (»oder 134«, da geht die Meinung der zuständigen Zentralgasthofchefin etwas auseinander) und hat außer Legionen zahlungskräftiger Nürnberger Rentner auch einen Sängerbund zu bieten, die Jura-Musikanten, eine Militärkameradschaft sowie mehrere mehr oder weniger gastierende Feuerwehren. Gäste kommen zum kleineren Teil auch aus den nahen Schwenderöd und Ödgötzenricht. Dort ist die Gesinnung ebenso: alt, gut und entschieden heimatfroh, sprich Schlachtplatte mit Käsetorte Forelle blau samt Schrammelmusik Bavaria Boys live vom Nordpol.

Städte wie Würste

Von Jürgen Roth

Ab Hagen wird es besser. Berge steigen an. Altena zeigt stolz seine Burg. Vergessen Bochum. Endlich runkelrübendunkel passé. Mischwald ist was Schönes. Werdohl strahlt im Herbstlicht. Finnentrop ganz herrlich. Der Gipfel an Geruhsamkeit, lässig von lichten Wolken und tellergrünem Tann gerahmt – Altenhundem. (Besuchen Sie den *Fachmarkt für Textiles Wohnen* am Bahnhof! Näheres bitte weiterführend prüfen bei Eckhard Henscheid: *Altenhundem – Ein Vergleich*, in: *Kleine Poesien*, Zürich 1992.) Es folgen behaglich, Siegen beiseit', Dillenburg und, überdacht durch nachregenklare, helle Luft, die Ortschaft Sinn. Hernach beklemmend Wetzlar und Gießen, da ist dann das meiste wieder verloren.

Auf der – Dortmund und Hagen zusammengepackt – grob nordwestlichen Ruhrgebietsrandseite macht sich die Gemeinde Oer-Erkenschwick anheischig, den einerseits dümmsten Städtenamen des ruhmreichen National-Industriestandortes zu annoncieren, andererseits der Geistverlorenheit eine gewissermaßen traut-lauschige Heimstatt zu bieten.

Castrop-Rauxel mag, hier streiten die ansässigen Experten fortgesetzt, evtl. noch blöder klingen, und laut Jörg Schröder ist eh jeder Landstrich zwischen Flensburg und Fürstenfeldbruck mit hirnrissigen Weilern gesegnet: »Jedes dritte Dorf in Deutschland hat einen komischen Namen, du kannst den Böß-Gesäß, Wichsenheim, Ludenhausen, Großkötz, Wüstwillenroth und Fickmühlen einfach nicht entkommen« (*Wie neu*, Augsburg 1998); doch Oer beansprucht für sich, einen SPD-Ortsverein zu unterhalten, der, wenn er denn mal tagt, in die Dortmunder Stadthalle ausweichen muß, weil man nahe der Lippe und an der Grenze zum Münsterland über kein Gebäude verfügt, welches die großen Massen Erkenschwicker Arbeiterbewegter fassen könnte.

Oer-Erkenschwick ist, gewiß, als Name bereits Verbrechen genug. Lederjackenbewehrte Taxifahrerinnen, die ihre Gäste vom Recklinghausener Bahnhof in die 30 000 Einwohner zählende Nachbarstadt kutschieren, lassen es sich dennoch nicht nehmen, auf die ortsüblichen umgangssprachlichen Artikulationsmodalitäten hinzuweisen, wonach Oer wie's Ohr mit halbem »ö« gesprochen gehöre, andernfalls suche man sich demnächst bittschön 'nen anderen Wagen.

Reizvoll vermag Erkenschwick samt Oer nur eingeschränkt genannt zu werden. Es hat Häuser und Straßen in der regiospezifischen Immunität gegenüber jedem Siedlungsgedanken. Weiden und Wälder umschließen das Schulungszentrum der SPD-Kinderchargen Die Falken. Dummes Zeug dürfen sie da Tag und Nacht ungestört und ungehört zusammenschnattern.

Der »schöne Leonardo« (*BamS*, Pfingsten 1998) hingegen wuchtet – wg. *Titanic* – neuerdings das krötenöde Nest auf die vorderen Seiten der Weltpresse. Der »Leo-Wallfahrtsort Oer-Erkenschwick« nämlich beheimatet die Großmutter (83) der Schmiervisage L. DiCaprio – in einem Waschbetonwohnblocksystem aus fünfgeschossigen Bruchbuden. »Das Weiß der Wände in dem schlichten Mehrfamilienhaus in Oer-Erkenschwick ist kaum noch zu erkennen. [...] Jeden Tag reisen Mädchen aus ganz Deutschland an, belagern das Treppenhaus und malen Liebesschwüre an die wenigen Stellen im Flur«, sauen Gemäuer zu und genießen das Flair zugiger, anthrazitsteinverkleideter Hauseingänge: »Ein tolles Gefühl. Hier wohnte Leo. Hier lief er über den Flur. Hier könnte ich Tage sitzen bleiben.« (Janina [18] aus Gladbeck, ja, tatsächlich: aus Gladbeck)

Nun, wir müssen nicht Horst Tomayers Verdikt wider die Schmierengesinnung von »narrenhändischer Notdurft« mit Nachdruck unterstreichen und seiner Wichtigkeit halber hierher auch setzen: »Es kommt der Tag, da steht die vollgeschmierte Stadt auf wie ein Mann und wäscht von euern Sudelein sich frei und rein« (*Tomayers ehrliches Tagebuch 1996–1988*, Hamburg 1996) – nicht müssen wir dies, um die über Oer lagernde Bumsfatalität des Kinofilmverblendungszeitalters unter den besonderen Bedingungen lokaler Versumpfung und Borniertheit zu zertrümmern, denn die Anziehungskraft des Erkenschwickschen Loches ist – wie für die SPD und ihren lärmenden Bierdosennachwuchs – eine zu gewaltige, als daß was ausrichten sich ließe. »Wenn ich in meine Wohnung will, muß ich ständig über Fans klettern«, erzählt freudig erregt Karin A. (38). »Aus ganz Deutschland reisen sie nach Oer-Erkenschwick«, meldet *Brisant* (ARD, 5. September 1998), obschon die Verbindung in besagte und beklagte Topstadt aus dem umliegend tonangebenden Restruhrgebiet dürftig sein dürfte, »nicht durchaus gleichermaßen lukrativ und knotenhaft, als Einfallstor zum Sauerland« (Eckhard Henscheid über Altenhundem) bzw. Münsterland, via Oer ergo; allein, ungehindert und unaufhaltsam rauschen und schweben die jungen Weiber hinein nach Oer-Erkenschwick, wohl auch zu plaudern mit Leos präerotischer Sandkastengespielin Sabrina Garber, die unser Hollywoodwürstchen »regelmäßig« durch »kleine Geschenke« (*Brisant*-Protokolle) verzückt, denn a) war DiC. Teil »einer richtigen Ferienclique, Leonardo zwischendrin«, b) »haben wir Mädchen aus der Clique immer nur den Kumpel in ihm gesehen«, der, schwer vorstellbar, »ständig Witze und Streiche« draufhatte, und c) findet sich unterdessen keine polizeiliche Streitmacht mehr, die Einhalt dem tollen Treiben zu bieten gedächte.

Nicht lediglich Anton Stark, Vorsitzender der SpVgg Erkenschwick, Regionalligist mit dem konsequent niedrigsten Etat und Trainer Niggemeier, welchem »gegen Paderborn wieder zwei Sturmspitzen zur Verfügung« stehen, »sieht schwarz für die Liga« (*kicker*, 15. Oktober 1998), sondern seit der Festnahme mehrerer Oer-Schupos Ende April 1998 auf Veranlassung von Bochums Oberstaatsanwalt Wewers auch Erkenschwick als Ganzes. Der »Schmierwurstskandal in Oer-Erkenschwick« (*ruhr taz*, 8. Oktober 1998) nimmt demzufolge ungebremst monumentale Ausmaße an. Dreizehn Beamte »sollen vom örtlichen Wurstfabrikanten Barfuss geschmiert worden sein«. Die »Extrawurst für Streifenhörnchen« fiel in Gestalt von »Wurstpaketen« aus überladenen Lastern. Barfuss, »einer der großen europäischen Wursthersteller«, konterte daraufhin Wewers Wirken wider Oer: »Er hat Zuständigkeiten von Gerichten nicht beachtet. Er zieht alles nach Bochum, zuständig ist aber Recklinghausen.«

Skandale ohne Sinn und Verstand. »Fahrer von Barfuss sollen ausgesagt haben, Beamte hätten sogar Wurst wegen minderer Qualität abgelehnt, so daß sie die Wache mit hochwertigeren Wurstprodukten hätten beliefern müssen.« Das Ende vom Lied von der Wurst: »Um die erforderliche Stärke von 32 Beamten aufrechtzuerhalten, versehen Kräfte aus Nachbarstädten in Oer-Erkenschwick Dienst.«

Muß man denn, jetzt mal unsere geschliffenen Gedanken leicht zuzuspitzen, über so eine debile Scheißstadt weiters Worte verlieren? Und was regt sich in Recklinghausen? Jener Neben- bzw. Vorhutgemeinde, die an Oer klebt wie Pech und Schwefel, Pest und Pocken, Plockwurst und Pansen zusammen?

Fragen Sie Herrn Köhler. Auch wenn's eh Wurscht ist.

Von Bukarest bis Villa Riba

Von Christoph Winnat

Von Bukarest bis Villa Riba,
Nirgends ist das Leben trüber,
Nirgends haut das Nichts mehr rein
Als in Offenbach am Main.

Marburg, Cölbe, Genua –
Überall ist Humtata,
Nur zu Offenbach am Reim
Fällt dem Dichter nichts mehr ein.

Todöde, trist und – ach – borniert,
Nüchtern ewig angeschmiert,
Woanders weiß man, nichts zu wissen,
Hier weißt du: alles zugeschissen!

Wo so das Wesen zwar erscheint,
Doch mehr zu bieten »wekklisch nett«
Zu müssen meint,
Da geht der Hesse in sich selber,
Denkt: Was für den großen Korsen Elba,
Des is für misch die Lederstadt –
Ganz weit vom Weltgeist weg
– existentiell schachmatt.

Supershopping

Von Bettina Brömme

Ähnliche Begeisterungsstürme wie Sylt, Heidelberg, Rothenburg ob der Tauber oder Neuschwanstein löst bei Touristen auf den ersten Blick der Schwarzwald aus – mit seinen stolzen Tannen und Kiefern, seinen lautstarken Kuckucksuhren, seinen pappsüßen Kirschtorten und blutdrucktreibenden, salzigen Schinken. Schon verrentete, wahrlich nicht verwöhnte DDR-Verwandte jedoch stellten, fuhren sie dazumal über die Schwarzwaldhochstraße, empört fest, daß es im Erzgebirge aber genauso schön sei. Und aufmerksame Bewohner des Landes Baden sollte bereits der Blick durch das sog. Tor zum Schwarzwald vor der wahren Beschaffenheit dieser finsteren, akkuraten Nadelbaumverwahrungsanstalt warnen; und davon abhalten, den Glanz der prächtigen Hügelkette zwischen Pforzheim und Freiburg zu rühmen.

Als Tor zum Schwarzwald gilt das Städtchen Offenburg, in dem es nichts weiter gibt; keine Burg und keine Offenheit gegenüber den Dingen des Lebens. Es gibt ein paar Menschen, so an die 55 000 Stück, und viele Entfernungen (nach Freiburg 65, nach Baden-Baden 45, nach Karlsruhe 78 Kilometer). Die Sonne strahlt unverhältnismäßig oft, die Luft ist feuchtschwül. Die lähmend-dumpfe Glut hat sich scheinbar auf die Offenburger übertragen. Sonst wären sie in der Lage, aus dem einzigen und zufälligen Umstand, der einen Hauch Glamour verleihen könnte, etwas zu machen: Man wohnt immerhin Tür an Tür mit den Burdas, die der übrigen Republik durch ihre publizistischen Offenbarungen Buntes, Glück und Freizeit bringen, Freundinnen der Frauen sind und Damenmoden entwerfen. Was läge da näher, als Burda-Museum, Burda-Kongreßsaal, Burda-Zentrum und einen disneyschen Burda-Park zu installieren?

Den Offenburgern steht danach weniger der Sinn. Ein

nicht näher bezeichnetes Mitglied der Familie, geht die Mär, war besonders stolz auf das zwölfstöckige, wuchtig-graue Star-Architekten-Hochhaus, dessen Dach der Familienname ziert. Der hollywoodeske Schriftzug würde das erste sein, was man von der A 5 lesen könnte, frohlockte er. Doch die Freude währte nicht lange, verpatzten die Offenburger ihrem größten Arbeitgeber doch den Ausblick und errichteten autobahnnäher flugs ein weniger prestigeträchtiges Gebäude. Nunmehr liest der Reisende: *EZO*. Neongelbe Buchstaben, blau umrandet, weisen den Weg zum aufregendsten Ort im Dreieck Kinzig: *Einkaufszentrum Offenburg*.

Hier ist der Himmel – greifbar und nah. Schon der gigantische Parkplatz (und wer kann wirklich ausschließen, daß nicht genau an dieser Stelle, vor Jahrhunderten, die Offenburg stand ...) verspricht das wahre, gefahrlose Abenteuer: Abstellfläche ohne Ende! Kostenlos! Und dann leichtfüßig durch das selbsttätig öffnende Tor, hinein in des Käufers Veste, bewaffnet mit einem drachenrachengroßen Einkaufswagen. Das Erlegen der Beute? Ein Kinderspiel! Plastikvorratsdosen aus der einmaligen Sonderverkaufsleistungsschau schon am Eingang. Weiße Tennissocken im Zehnerpack für DM 3,99, Rasenmäher, Grillanzünder, Eiskratzer, Lyoner im Angebot und siebzehn Brezeln DM 5 gleich dahinter. Und überall aufgeschlossene, mütterlich rundliche Verkäuferinnen und Verkäufer, das Begehr aufs Antlitz gepinselt, dem irrenden und suchenden Kunden seine Wünsche sprichwörtlich von den Augen zu reißen. Zaubersprüche wie »Hämer koine mehr« oder »Näkschte Woch' widda« besänftigen den Frust jener, die auf ihrer Sonnenmilch, ihrem Toilettenpapier, ihrem Pfefferminztee bestehen.

Lange Schlangen an den Kassen, Offenburg dankt. Freizeit sinnvoll verbringen. Man äugt und lugt verächtlich in den Junk-food-gefüllten Einkaufswagen der Hinterfrau, schaut, wie sich Kinder beim Hangeln und Schaukeln an den Absperrungen die Köpfe einhauen.

Und nach zwei Stunden haben wir unser Auto wieder, blicken versonnen zum Burda-Hochhaus hinüber und freuen uns. Wer braucht einen Burda-Park? Offenburg hat das *EZO*.

Der Orient

Von Eugen Egner

Der Orient ist ein öder Ort, öder Ort, öder Ort. Einen ödern find'st du nicht.

Orient – wenn ich das schon höre! Geht mir bloß weg mit dem Orient! Der ist so öde, daß da die Orientalen selber nicht leben wollen. Deshalb kommen sie alle ins Abendland. Das geht natürlich nicht, weil die dann im Handumdrehen einen weiteren Orient daraus machen. Wir wollen hier keinen Orient. Bei uns ist es öde genug, wir werden nämlich schon zwangsamerikanisiert.

Hauptstadtqualitäten

Von Marit Hofmann

Mochte denn im Kampf um die Hauptstadt niemand an Plön denken? Mal abgesehen von den Bewohnern des ostholsteinischen Luftkurorts selbst, die, wären sie gefragt worden, ohne Zweifel ihr historisches Anrecht auf die gesamtdeutsche Hauptstadtnachfolge angemeldet hätten – schließlich schlug hier einst der von Hitler zum Nachfolger ernannte Großadmiral Dönitz kurz vor Kriegsende sein Hauptquartier mit Tarnnamen »Lager Forelle« auf und machte die »Stadt der Seen und Wälder« dergestalt für einige Tage zum Regierungssitz. Und will kein Schwein mehr Plöns vorbildliche Haltung in jenen letzten Gefechtstagen zur Kenntnis nehmen – mal abgesehen von den Plönern selbst, die 1986 mit der Chronik *1000 Jahre Plön* unterstrichen, daß sich »der Umbruch« hier »ohne Auflösungserscheinungen bei der Truppe und ohne die damals weithin übliche Würdelosigkeit vollzog«?

Da offenbar nicht bei allen Entscheidungsträgern die nötige Ortskenntnis vorauszusetzen ist, sollen an dieser Stelle noch einmal Plöns Pluspunkte gegenüber Berlin zusammengetragen werden – mögen sie die politischen Führungskräfte zum Einlenken bewegen, bevor alles zu spät und der Umzug von Bonn nach Berlin endgültig vollzogen ist.

Prädisponiert für eine kapitale Rolle im Land wäre Plön nicht nur wegen des repräsentativen Schlosses (kaiserliche Kadettenanstalt, Nationalpolitische Erziehungsanstalt [NAPOLA], heute staatliches Internat) – keine zweite Stadt versteht es so erfolgreich, ihre Einwohner an sich zu binden. Gebürtigen Plönern, die es zwangsläufig doch einmal hinaus in die Welt zieht, bietet man den Beitritt zum Butenplöner-Verein an. Ganze Abiturjahrgänge machen davon Gebrauch, um auf den Butenplöner-Bällen im Schloß die zehn- bis sechzigjährigen Jubiläen ihres Wiedersehens zu feiern und über die Fortschritte der Karrieren zu palavern. Anders als der ewig motzende Berliner, dessen losem Mundwerk selbst bei Staatsfeierlichkeiten kein Einhalt zu gebieten ist, zeigt sich der Buten-Plöner seiner Stadt in Dankbarkeit verbunden. Auch läßt er im Getöse des alljährlichen Großereignisses jenen Anwurf ungehört verhallen, den Maler Klecksel, ein stadtbekannter Outlaw und der letzte Oppositionelle, nachts beim Dosenbier von der Parkbank über die weite Wasserfläche des Großen Plöner Sees schickt: »Alles Lügerei und Betrügerei!«

Selbst widerspenstigste Heimatverächter können sich nicht lange glücklich schätzen, dem verhaßten Plön den Rücken gekehrt zu haben. Aufgewachsen in dem Kinderglauben, alle Städte der Welt seien von Wasser umgeben, sind sie dazu verdammt, bei sommerlichen Hitzeeinbrüchen immer wieder an Plöns Gewässer zurückzukehren, sich mit Großstädtern übers Wetter zu streiten und darob als Regionalpatrioten belächeln zu lassen. Daß während des Krieges ausgerechnet im saubersten der Weiher einsatzunfähige Zwangsarbeiter reihenweise »beim Baden ertrunken« (Polizeibericht) waren, gehört zu den bestgehütetsten Geheimnissen. Das Geschichtsbewußtsein der Ansässigen richtet sich – statt auf solche Details – um so eifriger auf die Kaiserzeit: Wilhelm II. zog hier seine Söhne auf, Kaiserin Auguste Victoria pflegte, wie jeder Grundschüler zu erzählen weiß, an der Spitze der Prinzeninsel zu lustwandeln. Und während das *Jahrbuch für Heimatkunde* vornehmlich die Zeit der Herzöge, »150 Jahre Milchwirtschaft« oder den Fisch im Stadtwappen »thematisiert«, versäumt es der Plöner nicht, Neubürger pflichtgemäß darauf aufmerksam zu machen, daß die »heutigen guten Verbindungen der Marineunteroffiziersschule zur Stadt Plön [...] ihren Ursprung im Jahr 1938« haben (Faltblatt *Willkommen in Plön*).

Auch sechzig Jahre später könnte die Bundesregierung auf die Loyalität der Einwohner zählen. Unseres Wissens hat kein Ereignis – ausgenommen vielleicht die Installation einer »modernen« Kunstplastik vor dem Schloß – die Gemüter der Bürger so erhitzt wie die Schließung der »Fünf-

Seen-Kaserne«. In Berlin übliche subversive Umtriebe erhalten hier erst gar keine Chance. Jugendliche, die sich von der als »spießig« denunzierten Ortsgemeinschaft abgrenzen wollen und, um ihr langfristig zu entkommen, einen höheren Schulabschluß anstreben, treffen am einzigen Gymnasium auf erfahrene Pädagogen, die wegen ihrer Neigung zu unzeitgemäßen Züchtigungen vom Internatsdienst suspendiert wurden und um so eifriger die eingegrenzte Lehrtätig-

keit ausüben. Eine durch übergeschnappte Halbwüchsige initiierte Antifa-Gruppe unterwanderten schon bald die Jusos – sie unterschied sich nunmehr nicht grundlegend von der Schützengilde oder anderen Ablegern des sprießenden Vereinswesens. Die apathische und nichtsdestotrotz singulär juvenile Kneipe *Café Am Moore* (sprich: Amore) wurde kürzlich umbenannt, damit man nun wenigstens behaupten kann, *Mittendrin* gewesen zu sein.

Die Bemühungen, Plön als Medienstandort zu etablieren, sind indessen so weit fortgeschritten, daß die Bürger, ohnehin einschlägig TV-erfahren (*Kleinstadtbahnhof* mit Heidi Kabel und Gustav Knuth sowie, gerade aktuell, *Schule am See*), sogar ohne Kamera durch filmreife Leistungen bestechen. Man denke nur an den ältlichen Juwelier, der sich nach einem Überfall auf die Motorhaube des Fluchtautos warf, quer durch die City fuhr und als Held der Geschäftsleute monatelang Stadtgespräch war.

In Plön, nebenbei erwähnt, wird nicht viel über die Utopie des »schlanken Staats« geredet, sondern bereits nach ihr gehandelt: Die Konfiserie des ehemaligen NPD-Landesvorsitzenden Schäfer, in der, wie man gerne kalauerte, »nicht nur der Kaffee braun« war, behütete man lange Jahre ohne Polizeischutz und mit vereinten Kräften vor Ausschreitungen randalierender Chaoten.

Angesichts dieser in allen Bereichen des öffentlichen Lebens zu beobachtenden Aufbruchsstimmung mochte die Lokalpresse keinesfalls nachstehen; sie hat sich intensiv auf möglicherweise bevorstehende verantwortungsvollere Aufgaben vorbereitet und beherrscht mittlerweile das Vokabular der Regierungssprecher so perfekt, daß sie es gezielt auch dann zur Anwendung bringt, wenn – wie üblich – rein nichts passiert ist, z. B. am 5. September 1998: »Bei den Volkshochschulen im Kreis Plön herrscht in diesen Tagen Trauer und Wut. Ausgerechnet das erste gemeinsame Programm [...] [ist] nicht überall auftragsgemäß verteilt worden [...]. Über das Ausmaß gebe es allerdings kein klares Bild. Das Subunternehmen habe [...] erklärt, die Verteilung sei ordnungsgemäß verlaufen.«

Nicht auszudenken, vor welchen Skandalen sich die Nation und ihre Volksvertreter bewahren ließen, sähen sie endlich ein, was das Gebot der Stunde fordert: Plön muß Hauptstadt werden. Jetzt!

Der Springbrunnen

Von Rayk Wieland

Zwee Becken oder Schalen, wo famos
Und anmutich in sich det Wasser fingen,
Trug eene Säule mit jewundnen Ringen,
Aus der janz oben die Fomtäne schoß.

Nackichte Nymphen lauschten dem Plingplang,
Drum rum so bunte Lämpchen, die vaschwommen
In dem wie jläsernen Jebilde jlommen.
So stand der Plastiknepp da mittenmang

Beim Händler uffm Markt wie ne Art Wunder,
Exotisch in dem anjehäuften Plunder,
Doch kaum eener valangte nach dem Stück.

Bis jenet Pärchen sich darüba neichte
Und echt Intresse an dem Quatschding zeichte,
Als fehlte ihm nischt mehr zum jroßen Jlück.

Recklinghausen ist überall.
Paul Schabacker

Taubenkotze

Von Peter Köhler

Es gibt einen Ort in Deutschland, da sitzt die ganze Bevölkerung im Knast. Sein Name: Recklinghausen. Und im Knast von Recklinghausen, im Knastknast sozusagen, sitzt sogar das halbe Bauamt ein und verbüßt eine Freiheitsstrafe. Schon ein oberflächlicher Blick auf die Stadt läßt diese Strafe als sehr mild erscheinen. Zur Belohnung für ihre Taten sind etliche städtische Bedienstete bereits bei der örtlichen Bauindustrie untergekommen.

Recklinghausens Stadtbild nimmt den dritten Weltkrieg vorweg. Was wie moderne Kunst anmutet, ist in Wahrheit die Architektur nach 1945. Steingewordene Krankheitserreger dominieren an Straßen, die wie asphaltierte Bremsstreifen in einer löchrigen Unterhose aussehen, die wiederum, genau: Recklinghausen heißt. Und wo wider Willen ein windschiefes Fachwerkklosett aus der guten alten Zeit stehengeblieben ist, wird es links und rechts von mehr als sauriergroßen Betonköteln zerquetscht.

120 000 Einwohner harren hier aus. Ernst gehen sie ihrem Tagwerk nach, dem Vorhandensein. Zu übersehen sind sie denn auch nicht. Die Männer erinnern an stinkige, rappelnde Dieselmotoren, mit dem Unterschied, daß Dieselmotoren auch abgestellt werden können. Die Frauen sehen verseuchten Kiesseen ähnlich. Die Kerle haben Muskeln wie Backsteine und Gesichter wie Schaufelbagger. Ihr Körper gleicht einer Halde Steinkohlebriketts und wird ab dreißig zu einem Klumpen Matsch. Das Schönheitsideal der Frauen orientiert sich an den Gummipuppen von Beate Uhse. Aber auch Dackel und zerknüllte Plastikbeutel stehen als Vorbilder hoch im Kurs. Da Recklinghausen eine Großstadt ist, piercт sich die trendige Jugend gern ein Bügeleisen durch die Schläfe.

Der hiesige Lieblingssport heißt Fußball, wobei den Ball spielen als Foul gilt. Freitags geht man auf die Trabrennbahn Hillerheide. Die stehen und zugucken, sind die Menschen. Außerdem gibt es einen Tiergarten. Wieder glotzen die Leute die Viecher an, aber die glotzen zurück. Beide sind durch Gitter und Zäune getrennt, damit es nicht zur Inzucht kommt.

Wenn in Recklinghausen jemand denken muß, knirscht es im Kopf. Rutscht jemand aus, legt sich auf die Fresse und bricht sich ein Bein, ist dem Sinn für Humor Genüge getan. Man unterhält sich in der Furzsprache, sofern man dem Gesprächspartner nicht mit Stiefeln ins Gesicht tritt, um sich besser verständlich zu machen. Der Mund wird nur geöffnet, um Essen hinein- oder herauszulassen.

Als Nahrung dient alles, es kann auch schon gegessen worden sein. Arschpüree, Fettpudding, Holzsuppe, Eiterburger, Pupsi Kebab zählen zu den Lieblingsgerichten, dazu serviert man Ketchup auf die Jacke, Majo auf die Hose und Bier in den Kragen. Als Besteck genügen Messer und Gabel, worunter man hierorts die Dinger vorne an den Handballen versteht.

Immerhin hat die Zivilisation inzwischen den Alltag erreicht. Einmal im Monat zieht man frische Unterwäsche an, auch wenn es gar nicht nötig ist. Falls sie vor der Zeit schmutzig ist, trägt man selbstverständlich die saubere Seite innen.

In Recklinghausen ist die Welt noch in Ordnung. Deshalb finden hier normale junge Leute nichts dabei, andere zu töten, und gehen zur Bundeswehr: umbringen, zerstören, kaputtmachen, vernichten – wenn's für einen guten Zweck ist! Trotzdem ist das bis jetzt nur bei Auslandseinsätzen möglich, nicht in der Heimatstadt.

Friseure arbeiten in Recklinghausen mit der Häckselmaschine, Ärzte operieren mit Lötkolben und Brecheisen, außer in schweren Fällen. Dann nehmen sie Hammer oder Elektrozange zur Narkose. Nur bei chirurgischen Eingriffen im Kopf kann auf örtliche Betäubung verzichtet werden, weil es keine chirurgischen Eingriffe im Kopf gibt. Gehirntumore beispielsweise sind unbekannt, weil sie ihr Ziel nicht finden.

Unter der Jugend hat sich herumgesprochen, daß man sich durch Besuch einer Gesamtschule am leichtesten der Schulpflicht entziehen kann. Die Schüler vermögen noch beim Abitur nicht Deutsch und Mathematik auseinanderzuhalten. »Rechtschreibung« buchstabieren sie mit Vogel-v, »Duden« trennen sie s-t nach den neuen Regeln. Die bevorzugten Sportarten im Fach Turnen sind Treten, Schlagen und Draufhauen. Französisch gilt als schwul. Mädchen sind mit dreizehn schwanger oder zickig. Auch Hausaufgaben machen gilt als schwul. Ohnehin helfen Eltern ihren Kindern nur bis zur zweiten Klasse. Man ahnt, warum.

Als schwul gelten hier auch Männer, die Schnupfen haben, denn richtige Männer haben Knochenbrüche; Männer, die klassischer Musik lauschen, denn echte Männer hören Hämmern, Schleifen, Sägen, Krachen, Splittern; Männer, die kein Fleisch essen, Bücher lesen, es mit Gummi machen oder sich überhaupt mit Frauen abgeben. Recklinghausen hat auch kein Theater, keine Oper, kein Ballett. Es gibt lediglich die von der Stadt und dem DGB organisierten Ruhrfestspiele, denn Kultur will man hier nicht haben.

Früher haben Bergwerksunglücke manches geregelt, aber der Strukturwandel hat auch Recklinghausen große Schwierigkeiten bereitet. Er mobilisierte indes Erfindungsreichtum und Tatkraft; manch unkonventionelle Geschäftsidee wurde geboren. Den Bergmann Herbert G. zum Beispiel brachte sein Hobby, mit Tauben rummachen, auf einen neuen Weg: Er gründete eine Firma für den Export von Taubenkotze. Damit hatte er eine Marktnische gefunden – und scheiterte dennoch, wahrscheinlich, weil das Produkt nicht hübsch genug verpackt war. Der Verkauf in billigen Klarsichtbeuteln, die oft schon beim Anfassen aufplatzten, gewann nur wenige Interessenten als Dauerkunden. Ein besseres Projekt verfolgte Marion B.: überfahrene Tiere und Kleinkinder im Bilderrahmen über den Kunsthandel anzubieten. Aber wiederum war trotz großer Nachfrage bald ein Problem unlösbar, der Führerscheinentzug ihres Ehemanns. Zudem stellte sich zu spät heraus, daß in Recklinghausen kein Kunsthandel ansässig ist. Auch Karlheinz M. hatte eine pfiffige Idee: Er wollte arbeitslose Bergleute zu Katzenstreu zermahlen. Er hatte indessen nicht bedacht, daß es in Recklinghausen nicht genügend Katzen gibt, weshalb das schöne Unternehmen schon bald Konkurs anmelden mußte – zu spät allerdings für Herbert G.

Was also bleibt? Nichts. Ja, noch weniger: Einer Theorie zufolge entstand das Universum, indem sich das Nichts in eine positive und eine negative Ladung spaltete. Wo die positive Welt geblieben ist, weiß man bis heute nicht. Die negative ist gefunden: Sie liegt in Recklinghausen.

Anhalter raus!

Von Moritz Lupard

»Ach, Allmächtiger«, läßt sich mit statistischem Blick auf Reutlingen noch heute ausrufen, »so viele Millionäre!« Ihr Vermögen in kleiner Münze aufgeschüttet ergäbe eine Halde, die an Höhe glatt dem Hausberg Achalm Konkurrenz machte. Und legte man das Geld dazu, das Galeristen aus aller Welt mit den Holzschnitten des einstigen Achalm-Bewohners Hap Grieshaber verdienen, es ließe sich schnurstracks übers Dukatenmassiv in den Himmel steigen. Freilich hat die Kur-, Kongreß-, Champagnerluftstadt sowie kaiserliche Sommerresidenz Bad Homburg vor der Höhe Reutlingen für alle Zeiten Rang Nummer eins in puncto Millionärsdichte abgelaufen. Nichtsdestotrotz bleibt ein Haufen Schotter das Sinnbild der Achalm-Metropole.

Reutlingen, das beginnt mit R wie Rechtsanwälte, mit R wie Rote Ampeln, mit R wie Riesenrathaus. In Reutlingen rollt der Rubel. Reutlingen ist ein Stück rohes Wirtschaftswunder, ein emsiges Krämernest, in dem nur eines zählt, nämlich der Verkauf. Arme Sterbliche haben hier nichts verloren. Dabei ist das meiste, was zum Verkauf steht, kitschig und überflüssig und immer überteuert. Ruhe beginnt ja übrigens auch mit R, soll aber Reutlingens Sache nicht sein.

Ein Freund hat mir folgendes Erlebnis erzählt: Als er einmal versuchte, per Anhalter aus Reutlingen fortzukommen, schrie ihm ein Mercedesfahrer in voller Fahrt entgegen: »He, du Arschloch, kauf dir doch 'n Auto!« So äußert sich der Reutlinger Protzgeist. Übrigens existieren in Reutlingen nicht nur keine Tramper, sondern auch keine Obdachlosen. Bis auf den überreichlich verteilten Kot teurer Hündchen ist das Reutlinger Granitpflaster leer. Die amtliche Energiebilanz der letzten Jahre belegt, wie man dazuländle auch thermopolitisch rein bleibt. Dank der fehlenden Schwerindustrie, dank der günstigen klimatischen Lage, dank des hohen Fernwärme- und Erdgasverbrauchs und dank des überaus hohen Plutonium- und Uran-Anteils bei der Stromerzeugung durch die Neckarwerke konnte Smogfreiheit verkündet werden. Daß anderswo für seine Sauberkeit die Krebs- und Pseudokrupprate steigt, was juckt's den Reutlinger? (Vgl. *Reutlinger Generalanzeiger*, 17. Juli 1998)

Zu sehen gibt es außer der »Pfullinger Unterhose«, einem luftigen Aussichtspunkt, herzlich wenig; die ortstypischen Spezialitäten fehlen. Ruhige Ecken hat Reutlingen nicht. Überall sorgen Einkäufer für Verstopfung und Präsenz, weshalb sich jeder Gast ständig beobachtet fühlt. Cafés und Märkte meide man tunlichst – es stünde nur Platzmangel zu erwarten. Am stillsten ist es im Reichenviertel am Georgenberg, wo alles Wohlhabende in Prunk und Swimmingpool beisammenhockt.

Als ich halbberuflich-unselig nach Reutlingen geriet, war wegen des 100001sten Bürgers gerade der Großstadtstatus verkündet geworden. Umgehend suchte die Stadt durch die Austragung der »Landesliteraturtage« aufzutrumpfen – was ein Überheben, ohne Günther Bruno Fuchs, Winand Victor, ohne Gerd Gaiser und Hap Grieshaber! Der letzte der alten Garde aus den fünfziger und sechziger Jahren, der Herausgeber der *Reutlinger Drucke*, Richard Salis, starb just 1988. Wenn versehentlich später doch noch ein bedeutendes Kind Reutlingen seinen Geburtsort nannte – siehe Jörg Fauser –, floh es die Öde und ödete sich auswärts (in München, San Francisco oder New York). Apropos: Friedrich Hölderlin, der in gerader Linie von dem Reutlinger Spengler Jörg Hölderlin abstammte (vgl. Reinhard Breymayer: *Hölderlin und Reutlingen*, Reutlingen 1988), hat nachweislich seine Ahnenstadt nie besucht.

Nach meiner Tübinger Epoche wohnte ich ein unheilschwangeres Jahr in Wannweil, einem Dörfchen vor der Reutlinger Eingemeindungsfront, und gondelte zur Arbeit gen Achalmstadt. Ich fuhr ein Auto, das ich im Vertrauen auf die Geldpotenz, die jene unförmige Metropole abstrahlte, bei einem Reutlinger Autohändler erstanden hatte und das zwei für alles in Reutlingen Käufliche typische Eigenschaften besaß: Es war zu groß und zu teuer.

Die urbane Kulisse vermochte meine positiven Erwartungen nicht zu untermauern. Vom Stadtbrand 1726 und den Bombenangriffen im Frühjahr 1945 hatte sich die Ortschaft nie erholt. Das moderne Reutlingen wuchert als Steinfladen mit hohem Betonanteil, aus dem lediglich der gotische Stachel der Marienkirche mystisch-duster emporstrebt. Die kleine Kinomeile (fünfzig Meter, wenn's hochkommt) ist außen und innen eine Zumutung, die Verkehrsführung grenzt an Freiheitsberaubung, die 40-Kilometer-Zonen malträtieren das Getriebe, die Autowerkstätten sind bedrohliche Monetensauger. Das Programm des auch in Wannweil zu empfangenden Lokalsenders eignet sich bei längerer Abwesenheit hervorragend zur Vortäuschung einer von Banausen belebten Wohnung.

Die lokale CDU-Zeitung, der *Reutlinger Generalanzeiger*, reduziert Reutlingen über der regionalen »Randnotiz« auf das Profil der katholischen Marienkirche. Reutlingens geistige Gesamttendenz zum Ultramontanismus wird hierdurch trefflich markiert. In einem Betzinger Industriegebiet hat die selbst dem Vatikan zu reaktionäre Priesterbruderschaft »Pius X.« ihre Gebietsniederlassung errichtet. Warum ist Reutlingen eigentlich nicht Erzdiözese wie Rottenburg?

Ich arbeitete beim einst größten lokalen Buchkunstantiquar, verpackte edelste Bücher, samt und sonders die teuersten Ausgaben der bedeutendsten Schriftsteller Deutschlands, sortierte die vorzüglichsten Druckgraphiken der ersten Künstler des Landes in wuchtige Schränke, atmete während des Tragens schwerer Objekte bedachtsam den schwach platinhaltigen Staub ein, den schwerreiche Kunden im Vorübergehen aufwirbelten. Ich nahm an den Verkaufsgesprächen teil, flankierte fachkundig beim Überreden zögerlicher Fabrikanten. Ich verpackte das Verhökerte, schleppte das Geldbringende, sah die Geldhabenden. Doch dann steckte ich unversehens im größten Konkurswirbel, den mein Auge je erblickt, und erlernte das Abc des stilvollen Niederganges: meine Reutlinger Hauptlektion. Die resultierende Gleichung lautet: Reichtum = Kulturlosigkeit minus Kultur.

Der Antiquar war nun zwar ursprünglich finanzkräftig und verkaufstüchtig, aber zu meiner Zeit gab er immer mehr dem Einkauf den Vorzug – ein umgepolter, negativer Reutlinger. Er liebte die Kunst ehrlich und aufrichtig, ihr Geldäquivalent war ihm praktisch egal. In geradezu militanter Opposition zum Discount der *Osianderschen Buchhandlung* hielt er den geistigen und ästhetischen Wert des gedruckten Wortes haushoch über alle Markterwägungen. Er stand indes nicht nur über der Buchwirtschaft, sondern auch über der Buchführung und wurde behördlicherseits gezwungen, seinen Laden zu schließen. Zuvor schenkte er der Stadt noch selbstlos die *Reutlinger Kassette*, eine Hutschachtel mit Drucksachen ortsansässiger Talente. Die Bedachten würdigten das Erzeugnis kaum eines Blickes – sehr folgerichtig, denn der Karton enthielt nicht gerade jene geschmacklose literarisch-künstlerische Allerweltssülze, die der vermögende Reutlinger schätzt, goutiert und zu Repräsentations- und Geldanlagezwecken kauft. Erfreulich viel Experimentelles fand sich in diesem extrovertierten Lokalerzeugnis, etwa die folgende konkrete Poesie: »iibraal / iibraal noo – näanads noo / iibraal dahoem – näanads dahoem / iibraal ond näanads« (Wilhelm König: *iibraal*, Reutlingen 1988).

Wir holten wohl an die fünfundzwanzig Paletten teuerster Bücher aus der Bismarckstraße und fuhren sie mit Lkws in ein renommiertes Auktionshaus nach Hamburg. Freunde und Mitarbeiter des Antiquars waren angewiesen, durch Scheingebote die Preise hochzutreiben sowie besonders Wertvolles für die Privatbibliothek des Konkursveranstalters zurückzuersteigern. Das war illegal und schön, also völlig unreutlingerisch. Horst Janssens Drucker befand sich ebenfalls im Raum und bot tapfer mit, denn die Konkursmasse enthielt wertvolle Frühdrucke seines trinkfesten Brotherrn, die es zu sichern galt. Biedere Stuttgarter Antiquare, die hinter mir saßen, zuckten bei jedem meiner stummen Reutlinger Gebote (Heben des Kugelschreibers in der rechten Hand) und sanken merklich stöhnend zusammen. Mein Auftraggeber betrieb jahrelang Prozesse gegen alle Welt. Irgendwie ist er ein Opfer Reutlingens geworden. Die städtischen Kunstoberen haßten und verachteten ihn, da er auf die Wahrhaftigkeit der Kunst pochte und auf das billige, in Reutlingen so geschätzte Wischiwaschi pfiff. Ich bewunderte seine Standfestigkeit, wo mich schon längst das herrschende Geschmackskartell verscheucht hatte.

Trotzdem blieb Reutlingen ein seltsamer Magnetberg. Kunstwettbewerbe, Ausstellungen und Geld machten es unvermindert partiell attraktiv. Ich versuchte mich als Reutlinger Arbeiter, doch ohne viel Ausdauer. Bosch konnte mich, die Aushilfe, nicht halten, ich riß nach einem Tag unter apathischen Lohnarbeitern aus; ein großer Baumarkt verspielte sich genauso schnell meine Sympathie. Symbolisch brach ich den Zollstock über dem Prototyp des schwäbischen Vorschaffers und Oberhäuslebauers, einem waschechten Reutlinger. Immer wieder verschlug es mich spätnachts an dubiose Reutlinger Ausschänke. Aber mit wenig Geld kam ich mir vor wie der pariahafteste Paria aller Zeiten.

Als ich Self-made-Holzschneider wurde, spendete das Museum »Spendhaus« nicht nur keinen Beifall, sondern wies meine Kunst weit von sich und von Reutlingen. Beim Talentwettbewerb kam ich nicht einmal unter die ersten neunundvierzig jungen Künstler Reutlingens. Ich trug meine Werke daher der Landeshauptstadt Stuttgart an, die sich, bewußt oder umnachtet, als aufgeschlossener erwies. Der Galerie, die mich präsentierte, hat es bloß ein blaues Auge eingetragen – knapp entging sie dem Konkurs.

»Wenn man alt genug wird, erlebt man alles und auch das Gegenteil«, schrieb Ernst Jünger einmal. Interpretiert man diesen idiotischen Allsatz partikulär, so gewinnt er für meine Reutlinger Erfahrungen eine nichtidiotische Bedeutung. Ich habe mittlerweile einige Kunst an einen Reutlinger verkauft.

Ich sah und hörte berühmte Freunde vor interessierten (!) Reutlinger Zuhörern aus ihren Werken vorlesen. Ich kaufte in Reutlingen verschiedentlich preisgünstiges (!) Papier. Doch nichtsdestotrotz: Reue empfand ich beim Verlassen der Reutlinger Region nicht. Ich beteuere und gelobe: Niemals habe ich in Reutlingen übernachtet, und niemals werde ich es freiwillig tun. Quod dixi dixi!

Doch wir küssen um so besser

Von Jörg Schröder

Wer 1948 schwarz über die Grenze in eine der Westzonen ging, war gesetzlich verpflichtet, das Auffanglager Friedland zu durchlaufen und einen Flüchtlingsausweis zu beantragen. Wir hätten diesen ordentlichen Weg gehen müssen, zwar ziemlich lange in einer Baracke gelebt, dann aber die Zuteilung in irgendeine Zone bekommen, Wohnung, auch Arbeit. Das wäre der vorgeschriebene Weg der »sozialen Eingliederung« gewesen. Siegfried wehrte sich dagegen mit Händen und Füßen, besonders gegen den Ausdruck »Flüchtling«. Als vagierender Künstler sah er gar nicht ein, sich irgendwo zu melden: »Für diese kurze Zeit, es kann sich nur noch um höchstens einen Monat handeln, bis wir in See stechen, nach Amerika!« Also fuhren wir mit der S-Bahn in den Westsektor von Berlin, von dort aus brauchte der Eilzug elf Stunden für die einhundertfünfzig Kilometer bis Salzwedel. Hier hatten wir uns mit den Schmugglern getroffen, die uns bei Nacht und Nebel über die Zonengrenze schleusten, danach fuhren wir mit dem Zug über Uelzen, Celle, Hannover und stiegen Rinteln Hauptbahnhof aus. Gleich gegenüber lag der Bahnhof der Rinteln-Stadthagener Eisenbahn, und als wir deren Gleise überquerten, sahen wir schon die Aufschrift herüberleuchten auf der cremefarbenen Fassade: *Hotel Rintelner Hof.* »Das macht 'nen juten Eindruck«, sagte Siegfried, »da jehn wer erst ma rein und mieten uns ein Zimmer für die ersten Tage.«

Warum ausgerechnet Rinteln? Weil dort, so traumtänzerisch dachte Siegfried, eben Friedel Sommerfeld lebte, ein wunderschönes Haus hatte, in dem sie nur mit ihren alten Eltern wohnte. Ich war fast wie ein Sohn für das kinderlose Ehepaar gewesen, sie liebten »Jörgchen« über alles. Onkel Walter, Schlagzeuger in der Staatsoper und Xylophonkomponist, hatte meiner Mutter, als Sommerfelds noch in Berlin wohnten, zahllose Male als Geburtstagsüberraschung sein »Glühwürmchen« durchs Telephon vorgeklimpert. Und er gab mir täglich von seinem Calcipot ab, das er wegen seiner Tuberkulose nahm, das Kalkpräparat schmeckte wie ein Bonbon und war offenbar gesund, ich bekam keine Tbc, obwohl ich dauernd bei dem hustenden Onkel Sommerfeld hockte. Meine Mutter und Onkel Siegfried – ich nannte ihn auch noch Onkel, als meine Mutter ihn geheiratet hatte – dachten sich wohl, bis Sieglinde die Schiffskarten nach Miami schickt, gehen wir nach Rinteln, dort wird Friedel Sommerfeld uns in ihr Haus einladen, bis die liebe Edith mit ihrem zweiten Mann und dem »reizenden Jörgchen« nach Amerika abdampft. Es bedarf keiner besonderen Erwähnung, daß Tante Sommerfeld »Nein!« geschrien hat, innerlich, mit jeder Faser, als wir sie überraschend besuchten, nachdem wir »erst mal« im *Rintelner Hof* Logis bezogen hatten.

Das zweistöckige Hotel, Jahrhundertwende, mit zwei großen Dachgauben war nach dem Krieg bereits neu angestrichen worden. Wir wurden höflich empfangen; daß wir nicht mit Reichtümern gesegnet waren, konnte Herr Ludwig, der Hotelier, nicht ahnen: »Siegfried Neusch van Deelen, Kapellmeister und Komponist auf Durchreise.« – »Ja, selbstverständlich, ein schönes Doppelzimmer und ein Einzelzimmer für den Sohn.« Ludwig war ein Herr, wie man zu sagen pflegt, großgewachsen, silberweißes Haar, knapp fünfzig mit geradem Kreuz. Einer, der diese Frau vielleicht nur genommen hatte, weil ihr das Hotel gehörte, also eher ein Herrenimitator. Wir nahmen sie erst ein paar Tage später wahr, rotblondes wirres Haar, helle Wimpern, wasserblaue Glupschaugen hinter dicken Brillengläsern, ein veritabler roter Damenbart. Und weil eben kein Glück vollkommen ist, keine, auch nicht die kleinste soziale List ohne Folgen bleibt, war aus der Verbindung dieses schönen Mannes mit dem rothaarigen Besen ein Junge entstanden, der Bubi hieß. Bubi hatte auch dicke Brillengläser, rotes Borstenhaar, war siebzehn Jahre alt und, heute würde man vorsichtiger sagen: praktisch bildbar. Er geisterte grinsend durch das Hotel.

Wenn man den *Rintelner Hof* durch den Haupteingang betrat, ging vom Flur rechts die Gaststube ab, gediegen, dunkles Thonetgestühl, eine ebenholzgetönte Theke, darauf thronten zwei große abgedeckte Drehplatten, eine für die Torte, die andere für die Kartoffelsalatschüssel. Ludwig war ein gutherziger Mensch; wenn die Torte alt war, rief er uns Kinder herein, verteilte die restlichen Stücke, obwohl wir ihn ständig vor seinem Wiegebürofenster mit dem Singsang ärgerten: »He, Papa Ludewich, wir hamm 'ne Frau für dich!« Dann schoß er aus dem Wiegebüro und jagte uns fluchend davon. Das Wiegen war seine Nebeneinkunft, an der Giebelseite gab es die große Fahrzeugwaage, dahinter lag das Güterbahnhofsgelände, brutto-, taramäßig wurden hier die Lastwagen gewogen. Gleich neben der Zufahrt zum Güterbahnhof dehnte sich die riesige Tonkuhle aus. Hier war früher Ton für die Keramikwerke abgebaut worden, jetzt fertigte die Fabrik nur noch Glas, die größte Industrie in Rinteln, gefolgt von drei, vier Weserkieswerken und dem Silobetrieb von Freese. Uli Freese, der Sohn, ging später in meine Klasse, war so was wie der Onassis-Abkömmling dieser Kleinstadt, etwa auf gleicher sozialer Stufe wie Herbert Rinne, dedem bebesten Schschüler deder Kekelasse. Sein Vater war Direktor der Sparkasse, deshalb war Herbert im

Krippenspiel, das wir in der Staatlichen Oberschule für Jungen aufführten, auch der Jojojoseph – eine tragende Rolle, obwohl er stotterte. Alle fafahanden es wuwunderbebebar, ich auch. Nichts gegen Stotterer, ohne Moses hätten wir vielleicht nie die Lautzeichen in die Sprachen bekommen, weil es nur einem Stotterer einfallen kann, die geschriebenen Worte in Laute zu zerlegen.

Zurück zur Tonkuhle: Sie begleitete in einer langen Front die Straße nach Rinteln hinein und wurde als Müllkippe genutzt. Gegenüber der Wiegeabteilung, auf bereits planiertem Müll, standen drei flache Steinbaracken ohne Keller, ohne Dachboden, Wellblechdächer, dort waren vor 1945 »Ostarbeiter« untergebracht gewesen. In einer der drei Baracken hatte sich ein früher Entrepreneur der knospenden zweiten Republik eingerichtet, er stellte sich uns vor: »Bärenfanger, Unternehmer«, wohnte standesgemäß ebenfalls im *Hotel Rintelner Hof* mit seiner Freundin Hannelore, sie lebten in wilder Ehe. Herr Bärenfanger, ein runder Mann, vielleicht fünfunddreißig, betrieb eine Mixpickles-Produktion. In seiner Baracke füllte er mit Hannelore die Gläser, die so aussahen wie heute Orangensaft-Literflaschen – »frisch ausgepräääßt«. In diese Dinger wurden in Essig, Dill und andere Kräuter Gurken, Blumenkohl, Mohrrüben, Zwiebeln, Bohnen eingelegt, bunt, aber noch nicht diese winzigen Delikateßhäppchen der späten fünfziger Jahre, alles war noch handfest, die Blumenkohlröschen enteneigroß. In den anderen beiden Baracken wohnten richtige Flüchtlinge, scheel angeguckt von uns feinen Hotelpinkeln. Mit einigem Wich zu den Hütten begann bereits der Neubau eines zweistöckigen Ziegelhauses, von allen mit Bewunderung kommentiert. Es wurde das modernste Haus von Rinteln, gehörte einem Metzger, im Schaufenster lag zur Eröffnung eine ganze schmalzkringeldekorierte Sau, von winzigen bunten Birnen beleuchtet.

Das Wirtschaftswunder nahm seinen Anfang: Im Seitentrakt des Hotels arbeiteten Gablonzer Glaskünstler, einer saß vor der feuchten Schleifscheibe, schliff Kristall, ein zweiter blies aus Glasröhrchen Weihnachtskugeln, kleine Vögel und Geigen, das Unternehmen gehörte Herrn Jäger. Aber auch andere Existenzen tauchten aus dem Untergrund auf: Im *Rintelner Hof* residierte unüberhörbar Herr Westermeyer, der zu allem Überfluß auch noch Siegfried hieß. Er war kurz vor uns eingetroffen und schwang sich schnell zum zweiten Chef des Hauses auf, führte das große Wort, verhehlte auch nicht, daß er sich hier verstecken müsse, weil er bei der SS Oberscharführer gewesen sei, in Köln sei ihm der Boden zu heiß. Seine blonde Frau besuchte ihn alle sechs Wochen mit zwei Schäferhunden, die Asta und Rex hießen. War sie nach Köln abgereist, wandte er sich wieder Mascha zu, der Kellnerin des Hotelrestaurants, eine dunkellockige, krummbeinige Frau mit hohen Backenknochen und auseinanderstehenden Zähnen. Sie wohnte nicht im Hotel, sondern in der Altstadt in der Nähe des Marktplatzes in einem der schiefen Fachwerkbauten mit den niedrigen Dekken, dreimal mußte ich ihr etwas bringen von Westermeyer, dann versuchte sie ein bißchen an mir zu tätscheln, so zufällig neben dem Piephahn, aber ich entwand mich ihr.

Meine Geilheit als zehnjähriger Knabe richtete sich nicht auf sie, natürlich überhaupt nicht auf erwachsene Frauen. Ich ekelte mich geradezu vor Mascha, wußte inzwischen ungefähr, wie die Erwachsenen es miteinander treiben, das war mir aber zuwider, alle bereits mit Schamhaar bewachsenen Bäuche empfand ich als uralt und unangenehm. Doch besonders Mascha ging mir gegen den Strich, weil sie mich mit ihrer anzüglichen Lüsternheit verfolgte. Ich poussierte mit Mädchen meines Alters, und da steckte sie ihre Nase rein, nahm mich zur Seite, ich solle mal erzählen, was wir miteinander so machten. Sie war eben spitz auf alles, hauptsächlich aber auf Westermeyer, der wohnte halb bei ihr, halb im Hotelzimmer.

Mascha erzählte mir, daß sie ihm jeden Wunsch von den Augen ablese, um ihm das Leben so schön wie möglich zu machen. Auch Weihnachten feiere sie mit ihm, wie er es sich wünschte: »Hohe Nacht der klaren Sterne« werde gesungen, statt Advent und Weihnachten gebe es Julklapp. Ihr Adventskranz war als Swastika geflochten und mit weißroten

Lichtern im Wechsel besteckt. »Das ist das Sonnenrad«, flüsterte Mascha mir verzückt zu, auch sie sei »christgläubig«, schließlich sei Christus kein Jude, sondern Arier gewesen. Aber alles Augenablesen nützte nichts, zuweilen gab es fürchterliche Eifersuchtsszenen zwischen den beiden, denn da war noch das Zimmermädchen Marie im *Hotel Rintelner Hof*. »Du meine Pfirsichhaut«, flötete ihr Westermeyer auf der Treppe zu, auch Papa Ludewig war hinter ihr her. Eigentlich ging sie mit einem englischen Sergeanten, der einen dicken blonden Schnurrbart mit aufrecht stehenden Spitzen trug. Er besuchte sie zuweilen im *Rintelner Hof*, war im nahen British Hospital stationiert, einer großen Kasernenanlage, in der rekonvaleszierende englische Soldaten, Kriegsverwundete, aber auch sonstiges militärisches Personal untergebracht waren. Der Sergeant trug eine schicke Uniform mit kurzer Bundjacke, und er hatte einen mahagonifarbenen Stock bei sich. Es hieß, damit kriegten die Soldaten beim Exerzieren eins über.

Durch die Tür von Maries Zimmer drang zuweilen heftiges Stöhnen, Krachen und Quietschen, man hörte das Gejaule einer Frauen- und einer Männerstimme, was meine Mutter und Siegfried wütend kommentierten: »Eine Sauerei, wie die sich benehmen! Es sind doch schließlich Kinder im Haus!« Wenn der Sergeant nicht da war, besprang Papa Ludewig das Zimmermädchen, zum Mißvergnügen von Frau Ludwig, die nach jedem Fehltritt ihres Mannes Marie zeternd mit dem Rausschmiß drohte. Dann war wieder Westermeyer an der Reihe – »Du meine Pfirsichhaut« wurde zum geflügelten Wort im Hotel. Bis eines Tages das Zimmermädchen verschwunden war und Ludwig eine schwarze Augenklappe trug. Es wurde gemunkelt, Marie habe ihm den Schanker angehängt.

Im Hotel wohnte noch die Familie Tobina, sie bestand aus Herrn Tobina, einem fettsteißigen Großschieber aus Berlin, seiner jungen Frau und ihrer Mutter. Daß er Großschieber gewesen sein mußte, war klar, denn er schwamm im Geld. Seinetwegen nahm Herr Ludwig wohl auch an, Onkel Siegfried sei von ähnlichem Kaliber, schließlich gab es 1948 keinen Handel und Wandel, also auch noch keine Handlungsreisenden, da war er als Hotelier froh, gute feste Hausgäste zu haben. Tobina hatte nicht einfach nur einen dicken Hintern, sondern tatsächlich einen ausgebauten Hottentottensteiß, den er täglich mit neuen Kuchenpaketen nachlud, ein Mann Ende der Zwanzig mit dichtem schwarzem Haar und feisten Wangen. Die Familie schlief bis mittags, dann schob Herr Tobina los Richtung Marktplatz ins Café und kaufte Kuchen. Zurück kam er mit einem in weißes Seidenpapier gehüllten Paket, das er nach Art der Kellner, Unterarm gestützt, vor sich her trug. Jeden Tag fraßen sie das, der höchste Luxus kurz nach der Währungsreform, die Bundesrepublik wurde erst ein Jahr später gegründet, jeder hatte einen Kopfbetrag von sechzig Deutschen Mark bekommen, Tobina jedoch verfügte aus dunklen Quellen über unerschöpfliche Mengen der neuen Währung. Seine Frau war um die Zwanzig und ihre »aufgenordete«, also wasserstoffblonde Mutter vielleicht vierzig, machte aber auf dreißig. »Zwei«, wie Hansi sagen würde, »sehr heiße Hosen!« Nach der von Westermeyer im Februar ultimativ befohlenen Karnevalsfeier, die im dumpfen Niedersachsen aber nicht Karneval, sondern Kappenfest hieß, stellte sich heraus, daß Frau Tobina wenig von Hosen hielt. Der Saal war mit Luftschlangen und Lampions geschmückt, der Rheinwein aus dem Ludwigschen Keller floß in Strömen, und tagelang dröhnte in meinen Ohren: »Wir sind die Eingeborenen von Trizonesien, / hei schimmela schimmela schimmela schimmela bum. / Wir haben Mägdelein mit feurig wilden Weschen, / hei schimmela schimmela schimmela schimmela bum. / Wir sind ja keine Menschenfresser, / doch wir küssen um so besser. / Wir sind die Eingeborenen von Trizonesien, / hei schimmela schimmela schimmela schimmela bum.«

Am nächsten Tag redeten Siegfried und Edith über das Fest – ich hielt mich tagsüber meist in ihrem Doppelzimmer auf –: »Die Tobina, diese Schlampe, trug überhaupt keine Unterhose!« Praktisch, denn sie hatte auch ein Verhältnis mit Westermeyer, ihre Mutter ebenfalls. Stell dir also dieses ständige Gezeter vor, es wurde kreuz und quer nicht nur gevögelt, sondern auch gepfeffert und getöppert, schließlich war nicht nur Mascha eifersüchtig, sondern jede auf jede, auch die Tobina-Mutter auf die Tochter, und Siegfried Westermeyer war Hahn im Korbe. Bald schlug Ludwig, damit Westermeyer sich noch ein bißchen um was anderes kümmerte, ihn zum Geschäftsführer des Hotel- und Gaststättenverbands Schaumburg-Lippe vor, er wurde prompt gewählt.

Halt, fast hätte ich die Rilkes vergessen, sie waren, so wie auch Siegfried und meine Mutter, nicht in diesen Sexualwendekreis eingeklinkt. Diese Familie aus dem Sudetenland wohnte auf dem Hotelflur gegenüber, sie hatten zwei Töchter in meinem Alter und waren vom Wohnungsamt eingewiesen worden, es herrschte Wohnraumbewirtschaftung. Die Rilke-Töchter sind für mich bedeutsam, weil … In einer Böschung des Bahngeländes befand sich ein Bunkerstollen, wie man sie damals überall fand, große und kleine Bunker. Der Eingang war nur notdürftig zugesprengt, und wir stiegen über die Trümmer, geisterten im Dunkeln herum. Im Bunkereingang nahmen die beiden Rilke-Mädchen und ich die erste gegenseitige Mösen- und Pimmelinspektion vor. Sie betasteten meinen blau erigierten Spargel und ich ihre haarlosen Brötchen. Leider hat uns der Gurkeneinleger von weitem beobachtet, mit dem Fernglas vermutlich, denn der Bunker war ziemlich weit weg von seiner Baracke. Jedenfalls machte er abends eine lüsterne Andeutung: »Na, was habt ihr denn heute Schönes gemacht unten am Bunker?« Diese Frage verpaßte mir einen Schock. Es war ja gnadenlos verboten, und deswegen wurde das nie wiederholt.

Was Hände bauten,
können Hände stürzen.
Friedrich von Schiller

Zwanzig Meter über NN

Von Bruno Langen

Verklappt zwischen Elbe und Oder, in grieser Gegend und auf grauem Sand, umbrandet von Ostsee, Warnow und sumpfigem Wiesenland, ausgesetzt dem drohenden Gewölk und allerlei fremdem Gevölk, bedrängt von den überwältigenden Schrecken der vier Jahreszeiten und auf ewig den Sturm auswartend, liegt in der Norddeutschen Tiefebene Rostock danieder: das Land flach, die Sprache platt, die Segel gestrichen, alle Rechnungen beglichen.

In diesem Rest von Welt obwalten Bitternis und Schwärze. Gezwungen und gedrungen in der Dreieinigkeit von Dasein, Sosein, Irresein, erfolgt alles nach dem Verhängnis und Verderben ohne Rettung und Ende. Griesgram, Argwohn und Rückgang des Glaubens beherrschen die Seelen der »Meckelnbörger« (Fritz Reuter). Allein, es mangelt ihnen an Glück. Die Freude an Gott ist einer allgemeinen Niedergeschlagenheit, Gereiztheit und Verzweiflung gewichen (endogene Depression). Mit harziger Zähigkeit sickert dunkle Galle durch ihre »hydraulischen« Körper. Und geschlagen ist jeder mit einer Stirn, die tiefe, melancholische Furchen trägt. »Ach, Alles war so traurig. Auch Nichts war da, uns zu erheitern!« (John Brinckman) Glücklicherweise kann man nicht schwärzer als schwarz sehen.

Gerade das Leidvolle aber ist für den Homo melancholicus das Lustvolle. Lebensfreude gewinnt er in direkter Weise aus dem sentimentalen Genuß am existentiellen Überdruß. Seine Seelennot, seine Leibes- und Gemütsplage, überhaupt seine Rück- und Eingezogenheit erklären sich aus der Tiefe eines weisen Pessimismus. Aber »wo viel Weisheit ist, da ist viel Grämens« (Salomo 1,18).

Stadt der Siebensachen: sieben Brücken, sieben Tore, sieben Türme und – so wird schon von alters her berichtet – sieben Studenten. Dabei kann nicht einmal zugegeben werden, daß Rostock schlecht geraten sei – weil es noch viel Widrigeres gibt: echte Fassaden, schöne Mauern und Kirchen von hohem moralischen Rang. Weniger Fitzchen und Spitzchen, mehr Schnirkel und Schniepel. Gotische Manier. Häuser unterscheiden sich durch Größe. Auch sind Straßen gelungen, breit und gerade.

Nichtsdestoweniger, Einwohner fanden, geworfen und von alltäglicher Drangsal beladen, Trost am heimatlichen Ort, wie ihn nur Mutterliebe gewährt. Mögen spätere Generationen mit Ehrfurcht gedenken, daß Menschen litten nach dem strengen Gebot lokalpatriotischer Pflicht!

Für Anke G.

Eine Rüge

Von Rayk Wieland

Rügen ist zu rügen nicht wegen seiner der See schöntuenden Strände und zum Teil noch anmutigen Badeorte, nicht wegen seiner wald- und feldreichen, bisweilen kessen Strichs gezogenen Landschaft und nicht wegen seiner hurtig galoppierenden halburbanen Zersiedlung – zu rügen ist Rügen allein wegen des Inzuchtgrades der ansässigen und untereinander stark sittenwidrig verbundenen Sippschaften, will sagen: wegen des schon Jahrhunderte munter währenden Fortpflanzungsverkehrs im engeren Familienkreise. Der zu beachtlichen Untereinander-Verwandtschaftsverhältnissen weit über die Grenze des übernächsten Dorfes geführt hat. Und zu allerdings beängstigenden psychosozialen Klimaverschiebungen.

Zwar gilt als gesichert, daß die Insel seit jeher ausreichenden Festlandkontakt hatte und zudem seit zirka fünfzig Jahren rund um die Uhr mit frischem Touristenfleisch beliefert wurde. Aber regulativen Einfluß auf die Motive und Modalitäten der Reproduktion der Eingeborenenspezies hatten dergleichen Kontakte kaum, sie schienen im Gegenteil die Bemühungen der Einwohnerschaft hinsichtlich Verhinderung fremder Übergriffe auf einen oder meistens eine der Ihren eher noch zu forcieren. Um wohl, kein Preis war zu hoch, kein Opfer zu schade, partout »die Sache« unter sich ausmachen zu können.

Ihre, der Inselbewohnerinnen und -bewohner Sache meinetwegen. Meine ist es nicht, nicht mehr. Eine Zeitlang war ich freilich, als Insel-Quartalsgast, der Ansicht gewesen, zwischen Thesenvitz, Dreschvitz und Patzig, Lietzow und Stargard, denn da hielt ich mich vorwiegend auf, gewissermaßen auch Ansprüche auf eine womöglich spontan erweiterte menschliche Nähe zu besitzen – aber fehlgedacht. Die

Insel wird lückenlos, vierundzwanzig Stunden am Tag überwacht. Wächter rekrutieren sich aus der gesamten Einwohnerschaft, die immer an irgendwelche Ecken stößt, über die sie miteinander verwandt ist. Zunächst wird überall nur Präsenz gezeigt: im Ort hinter Zäunen und Fenstern, auf Dächern, in Wald und Feld von teilweise motorisierten Patrouillen, am Strand von gegenüberliegenden Booten, in Cafés von der zufällig am Nebentisch sitzenden Tante des Schwiegervaters des Mannes der Frau seiner Schwester, an Tankstellen natürlich vom Schwager selber. Die Insel ist recht groß, aber nicht groß genug, dem sie besiedelnden Menschenschlag zu entkommen. Der Präsenzdemonstration folgt die kaum verhüllte und noch verhaltene Drohung: zum einen mittels langsamer und gut besetzter Verfolgungsfahrten per Auto, während man zu Fuß die Dorfstraße entlanghastet, zum anderen auch per Erscheinen des Bürgermeisters, welcher der Bruder des Schwiegervaters ist, in der Wohnung zur vorgeblichen Kontrolle der ordnungsgemäßen Anmeldung oder, zum dritten, durch eine unangemeldete Inspektion der »Hausbrandanlage« (= Öfen) von seiten der vier, fünf Mann zählenden Freiwilligen Feuerwehr des Orts, die reichlich angetrunken und ausgiebiger als nötig heruminspiziert. Den Drohgebärden an schließt sich abends in der Kneipe, wo man unversehens an den Stammtisch gebeten wird, die beiläufige Schilderung des Ausgangs ähnlich gelagerter Vorfälle, wie etwa ein ungelittener Liebhaber in Ralswieck von der mit Heugabeln und Schaufeln gerüsteten Einwohnerschar und deren Hunden nackt aus dem Dorf gejagt wurde oder wie mehrere Autos das Auto eines anderen in Bergen verklemmten, ihn also dort stellten und derb traktierten, oder wie ein wiederum anderer die Tür des Herrenklos in einer Diskothek, nachdem er eingetreten war, nicht mehr zu öffnen vermochte und eine ganze Nacht dort harren mußte, während jenem von diesem unerhört-ungehörig Anvisierten inzwischen ordentlich Bescheid gestoßen wurde.

Solchen detailverliebt und scheelen Blicks vorgetragenen Schilderungen an schloß sich, jedenfalls in meinem Fall, die unverzügliche Abreise und möglichst weiträumige Distanzierung von der Insel, die ich seitdem, das liegt nun fünfzehn Jahre zurück, nur mehr selten und wenn's denn sein mußte betrat, immer die taxierenden Blicke der mich in unverblümten Augenschein nehmenden Passanten, Fahrgäste, Tankstellenpächter spürend, die mich allesamt wiederzuerkennen schienen. Und ich sie desgleichen. Wen ich aber ganz gewiß niemals mehr erkennen würde, das ist, um es hiermit endlich allen Rüganern? Rügensern? Rügenern? auch schriftlich zu geben, jene Sie – ihr wißt schon, wen ich meine –, deren bereits von üblen Nachstellungen bedrohte körperliche Makellosigkeit halbwegs zu garantieren ich damals von der Insel, die eigene Haut dito glücklich rettend, wenn auch ausnahmsweise nicht bei Nebel, so doch bei hinreichend dunkler Nacht floh.

Verschärfte Bedingungen

Von Wolfram Kempe

Die Börde liegt mitten in Deutschland, also am Arsch der Welt. In dieser Gegend, im nordöstlichen Windschatten des Harzes, gibt es die fettesten, ertragreichsten Böden, mithin die größten Kartoffeln usw. Im Osten wird die Börde von der Elbe begrenzt, im Süden von Bode und Saale, im Norden vom Urstromtal der Ohre und im Westen von der Aller und – so erwähnt – vom Harz. Gemeinhin hält man Magdeburg für die Hauptstadt der Börde, das stimmt aber nicht. Verglichen mit den Verhältnissen des besagten Landstriches ist Magdeburg eine Weltstadt. Die Hauptstadt der Börde heißt Schönebeck, eine Stadt wie die Landschaft: fett, faul, gefräßig und verlogen.

Als Stadt ist Schönebeck seit 250 Jahren ein eher künstliches Gebilde. Im 18. Jahrhundert ließ der preußische König die Siedlungen Schönebeck, Groß-Salze und Frohse durch drei lange, schnurgerade Straßen so verbinden, daß jenes große Dreieck entstand, das heute noch den Grundriß der Stadt bildet. Entlang dieser Achsen mußten Siedler Seidenraupen auf Maulbeerbäumen ziehen – mit zweifelhaftem Erfolg. Der leere Raum zwischen den Schenkeln des Dreieckes wurde erst zu sozialistischen Zeiten durch Plattenbauten gefüllt, als der traditionell ansässige Salzabbau seinem Ende entgegenstrebte und man die Stadt zu einem Zentrum des Maschinenbaus umbaute. Die Einwohnerzahl verdoppelte sich, ohne daß der Charakter der Kleinstadt verlorenging. In Groß-Salze wurde im 18. Jahrhundert Europas erstes und mit einer Länge von über 1700 Metern größtes Gradierwerk errichtet. Am Rande der Stadt kam später ein großes Sprengstoffwerk hinzu, das alle paar Jahre explodierte. Außerdem verfügte die Stadt (im Sozialismus) über Fabriken zur Herstellung von Schiffsdieseln, Traktoren und Landmaschinen,

Heizkesseln, Kunstharzen, Mastfutter und technischen Enzymen. Zwecks Unterhaltung standen den Einwohnern ein *Kreiskulturhaus* und zirka 76 Kneipen zur Verfügung, die bis auf eine, den *Ratskeller*, allerdings gegen zehn Uhr abends schlossen; der *Ratskeller* verrammelte um Mitternacht die Pforten.

Nach Schönebeck hinein führen mehrere Straßen; üblicherweise gelangt man jedoch nur auf zweierlei Weise dorthin: Entweder wird man da geboren, oder man wird zu Lagerhaft unter verschärften Bedingungen verurteilt. Ich weiß nicht mehr genau, was ich mir im Alter von zehn Jahren zuschulden kommen ließ, jedenfalls mußte ich mit meinen Eltern nach Schönebeck ziehen und zwölf Jahre bleiben – in einem Plattenbau, der so rissig war, daß mein Vater alle zwei Jahre beim Renovieren ganze Stöße gipsgetränkter Handtücher zwischen den Platten versenkte, um wieder eine Zimmerecke zu modellieren. Als ich ankam, lag die letzte Explosion im Sprengstoffwerk zwei Jahre zurück, und das Gradierwerk war nur noch rund 800 Meter lang. Als ich fortging, maß es knapp 350 Meter.

Zugegeben: Ich war aufsässig. Zwei Jahre später bekam ich eine Brille verpaßt, weil ich in der vordersten Schulbank saß und immer noch die Augen zusammenkniff, um lesen zu können, was an der Tafel geschrieben stand. Ich blieb aufsässig. Ich wurde zur aufsässigen »Brillenschlange«, und »Brillenschlangen« beziehen Prügel, weil sie eine Brille tragen. Es sei denn, sie legen sich ein großes Maul zu. Ich legte mir ein großes Maul zu.

Ich habe einen älteren Bruder mit einer Menge abgelegter Sachen: Ich trug sie auf. Ich war die Brillenschlange, die die abgelegten Sachen ihres großen Bruders auftrug. In der fünften Klasse zeigten sie mit Fingern auf mich, und meine Mutter, sie war Verkäuferin, mußte sich anhören, daß sie ihren Sohn nicht richtig anziehen könne. Schönebeck eben. Da achten Nachbarn noch aufeinander.

Im zwischendurch zum Bad Salzelmen aufgestiegenen und später zum Stadtteil abgestiegenen Groß-Salze konnte man Solebäder nehmen. Um meiner juvenilen Akne zu begegnen, schwamm ich in der warmen Brühe hin und her. Vergeblich. Als ich vierzehn war, wurde ich zur Erweiterten Oberschule »delegiert« – mein Vater half vermittels Eingaben und Widersprüchen nach –, ich sollte das Abitur machen. Es dauerte ungefähr achtzehn Monate, bis ich begriff, daß sich an Gymnasien die Gesellschaft im kleinen wiederfindet. Zu DDR-Zeiten bedeutete dies: Söhne und Töchter von Parteibonzen würden bevorzugt oder milder behandelt. Der dumme Sohn des Parteisekretärs des Sprengstoffwerkes schloß die Zehnte-Klasse-Prüfung in Russisch mit einer Fünf ab, durfte aber trotzdem an der Schule bleiben, weil er Offizier der NVA werden wollte. Mein naturwissenschaftlich begabter Jugendfreund, der in Russisch nur eine Vier hatte, mußte nach der zehnten Klasse die EOS verlassen – da seine Mutter ein privates Miederwarengeschäft in Schönebeck unterhielt. Unglücklicherweise hatte ich, wie viele Pennäler in dem Alter, mit fünfzehn begonnen, Gedichte zu schreiben. Unglücklicherweise wurde an meinem sechzehnten Geburtstag meine Lieblingsband (Renft) verboten. Unglücklicherweise paarte sich deshalb die entstehende Wut mit Sprachmacht. Als mein Freund im selben Jahr am Ende der zehnten Klasse das Gymnasium verlassen mußte, konnte ich mich unglücklicherweise nicht zurückhalten: Ich befestigte anonym Gedichte an der Wandzeitung, die – sprachlich verhauen – Gerechtigkeit forderten. Unglücklicherweise wurde am selben Tag Wolf Biermann ausgebürgert. Das brachte mich mit sechzehn Jahren unter die Augen der Staatssicherheit.

In der Annahme, eine Sympathisantenzelle zerschlagen zu können, lief der Apparat zu brillanter Form auf. Der hochnotpeinlichen Befragung durch die Schulleitung folgte eine ebensolche durch die örtliche Dienststelle der Stasi. Das zweite Verhör dauerte ungefähr zwei Tage. Danach gab's eine Haussuchung. Außer der Familienbibel meiner Großmutter, die seit ihrem Tod in meinem Bücherregal zu stehen hatte (»So was lesen Sie also!«), fand sich nichts Strafverwertbares. Also wurde der »Vorgang« wieder den Schulbehörden übergeben. Weitere Verhöre schlossen sich an, erst durch den Kreisschulrat, dann durch den Bezirksschulrat, dann durch beide. Bei einer solchen Gelegenheit erklärte man mir, man habe keine Lust, an »unseren Schulen kleine Biermänner zu erziehen«. Ich konnte mit diesen Vorwürfen nicht recht umgehen, denn als ich das gesagt bekam, wußte ich noch gar nicht, wer Wolf Biermann überhaupt war.

Mein Unwissen spielte aber weiter keine Rolle, ebensowenig taten meine Erklärungen etwas zur Sache. Es hatte ein Verfahren begonnen, an dessen Anfang ein Urteil gefällt worden war. Alles, was noch folgen sollte, alles, was noch gesagt werden sollte, waren reine Formalien. Sie begannen damit, daß in allen Klassen der Schule FDJ-Versammlungen abgehalten wurden, in denen sich meine Mitschüler öffentlich von mir distanzieren mußten. Ich war erstaunt darüber, wie viele es gab, die zu sagen wußten, ich sei schon immer ein schlechter Mensch gewesen, ein »Feind der Arbeiterklasse«. Etlichen meiner Klassenkameraden war offenbar von jeher übel aufgestoßen, daß ich Westfernsehen schaute. Jedenfalls gaben sie das zu Protokoll. Andere sprachen mir unter vier Augen zwar Mut zu, meinten jedoch, ich sähe ja nun, was man davon habe, wenn man seinen Mund aufmache. Erst später begriff ich, daß meine Disziplinierung eigentlich ihrer Disziplinierung diente.

Ein Ende fand die Prozedur mit einer Sitzung des Lehrerkollegiums, damals Pädagogischer Rat genannt, der meine Relegation sanktionierte – wegen »ideologischer Unklarheiten«, wie es in der Mitteilung an meine Eltern hieß.

Bei Schönebeck bildet die Elbe eine ausgesprochen schöne Auenlandschaft. Sie ist weitläufig und durch allerlei Buschwerk, Hecken und Wälder geheimnisvoll. Diese Landschaft habe ich immer geliebt, auch wenn der Fluß zu meinen Tagen in Schönebeck unausgesetzt nach Phenol stank.

Die Brücke

Von Rayk Wieland

Anmutig, liebreizend und ein wenig verspielt, scheint es, schlängelt sich die Saale, von Jena kommend, durchs Tal bei Kösen, driftet dann nach dem kleinen Wehr unterhalb des Gradierwerks, bei dem vor reichlich zehn Jahren zwei Kinder vor schaulustigem Volk ertranken, in sportivem Bogen und zu den nahen Weinbergen sich windend, Richtung Schulpforte ab, um sich sodann wieder zu versammeln und schließlich, weiter westlich, gemessenen Schritts an der Domstadt Naumburg vorüberzudefilieren. Obwohl der Strand an beiden Ufern gar nicht »hell« zu nennen ist, sondern eher wohl dunkel, umbuscht und leicht modrig, geht ein nicht zu leugnendes romantisches Flair vom braun verschlammten Flußlauf aus, besonders, wenn man das Gepräge der Landschaft von dem an der äußersten Spitze des Saalhäusers gelegenen Prinz-Heinrich-Stein überblickt. Hier sind zu sehen linker Hand eben noch die grünspanmatten Türme Naumburgs, gerade zu Füßen liegt das malerisch in den gegenüberliegenden Hang gebettete Kloster Pforte, dessen gesamtidyllischen Anblick der ehemalige Schafstall und der Turm des Heizkraftwerks fast feiningerhaft komplettieren, und weiter rechts folgt der Blick dem Rinnsal des Flusses und der parallellaufenden Spielzeugeisenbahnlinie nach dem ebenfalls beschaulich zwischen die Talhügel gelagerten Bad Kösen. Es handelt sich hier, wie Goethe kundgetan haben soll, um die schönste Gegend Deutschlands –

– in welcher aufzuwachsen ich das gleichermaßen unverschämte wie unverdiente Glück hatte. Ja, im Park von Schulpforte, wo der noch von Gott persönlich gepflanzte Baum, eine mächtige, allen Himmel abdeckende Platane, sich ausbreitet, schob ich im Kinderwagen, die ersten Schritte tat ich auf dem mittelalterlichen Pflaster zwischen Ewiger Lampe und Mühlteich, hier lernte ich sprechen, Federballspielen und ramponierte mir etliche Milchzähne an dem ehrwürdigen Gemäuer. Meine Mutter lehrte an der damaligen EOS, ich ging hier in Krippe und Kindergarten, und in Kösen, auf der anderen Seite der Saale, wohin einen beim Fischhaus der wackere Fährmann Mende für fünf Pfennig, allen Wettern trotzend, in seinem morschen, wegen der starken Strömung am Stahlseil entlanglaufenden Kahn bugsierte, wohnte in einem sehr geheimnisvollen Haus meine Urgroßmutter, deren Familie aus Naumburg stammte –

– und es aber vorgezogen hatte, der Stadt mit Wenzelsturm, mit prächtigem Marktplatz, mit den arischen Stifterfiguren Uta und Ekkehard, Hermann und Regelindis und dem Westlettner im Dom auf der Flucht vor den Nazis den Rücken zu kehren, für immer. Zurück kam keiner von denen, die überlebten und aus sicherer Entfernung den Reiz des Ortes priesen, niemals aber den seiner in bester Pogromlaune erinnerten Bewohner. Diese jedoch teilen die Erinnerung eher nicht. Im Dom hängt neuerdings eine Erinnerungstafel, die frech »unserer Toten von 1939 bis 1945« gedenkt, aber deren jüdische Opfer nicht nur an diesem Ort keiner Erinnerung würdigt. Die Region, die sich jetzt als »Burgenland« anpreist, um Touristenscharen zu ködern, kehrt zwar überall noch das fragwürdigste Ordensrittertum sowie das albernste Trachten- und Brauchtumsgehabe hervor, doch die deutscheste Inkarnation all dieser Tümlichkeiten, die Nazizeit, hat im »Burgenland« offenbar nie stattgefunden –

– und so gibt es in Schulpforte selbstverständlich Erinnerungstafeln für die berühmten Schüler der Schule und späteren großdeutschen Kulturheroen, die hier bis zur Besinnungslosigkeit zum Pauken angehalten und abgerichtet wurden, indes über die Zeit von 1935 bis 1945, in der »Pforta« (die Faschisten relatinisierten den Schul- und Ortsnamen) Nationalpolitische Erziehungsanstalt war, deren Schützlinge noch gegen die anrückenden Amerikaner bewaffneten Widerstand leisteten, erfährt man beinahe nichts: vor Ort gar nichts, und im Lesebuch zur 450jährigen Schulgeschichte von Schulpforte kommen lediglich zweieinhalb Seiten auf dieses »zu den schwärzesten Kapiteln der Schule« zählende (es gibt anscheinend noch mehr dergleichen) zu sprechen. Die Nazis nahmen Fälle von Homosexualität zum Anlaß, das Gymnasium in eine Napola umzuwandeln, was im Lesebuch die verschämte Darstellung findet: »Es soll hier nicht verschwiegen werden, daß sich zu manchen Zeiten – wie in gleichartigen Internaten auch – eine Art ›Knabenliebe‹ ausbreitete. Die NS-Ideologie sah darin ein Staatsverbrechen«, und auch dem heutigen Lehrkörper scheint, die Wortwahl macht's deutlich, da mulmig zu werden. Er nennt die Zeit der faschistischen Eliteausbildung denn auch einen »Makel« in Anführungszeichen: KZs müßten in dem Stil wohl »Ausrutscher« genannt werden. Dem von der Deutschen Bank AG, Filiale Naumburg, gesponserten Lesebuch voran steht ein Geleitwort des »rector portensis« (Amtssprache in Pforta ist immer noch Latein), in dem – gepriesen sei sein Name! – Karl Büchsenschütz schreibt: »Viereinhalb Jahrhunderte lang in immer wieder sich verjüngender Lebenskraft zu bestehen, erschütterbar, doch standfest geblieben zu sein im Auf und Ab der Zeiten und Tausenden jungen Menschen Wege ins Leben gewiesen zu haben, das ist für eine Schule Grund zum Feiern« –

– zumal wenn's einerseits nicht stimmt und andrerseits sowieso gelogen ist. Die Schule nämlich exekutierte immer erbarmungslos, ihre Lebenskraft stets dem jüngsten Regime subordinierend, den Geist der Zeit und darüber hinaus wenig mehr als, sagen wir, Altsprachliches, Humaniora, Mathematik. Die Reihe der berühmten Schüler spricht jedenfalls Bände: Gundling (genau, der!), Klopstock, Fichte, Krug (mit dessen »Schreibfeder« Hegel Bekanntschaft machen mußte), Ranke, Gaudy, Manteufel, Nietzsche, Wilamowitz-Moellendorff, Lamprecht, Bethmann Hollweg – ich bin jedenfalls froh, nicht mit denen die Bank geteilt zu haben. Zwar hätte ich die Schule schon gern besucht, allein wegen der hauseigenen Sternwarte auf dem Dach, die es dem Astronomieenthusiasten, der ich in meiner Jugend war, angetan hatte. So sehr es mich aber damals danach verzehrte, am Ort meiner Kindheit lernen zu dürfen, so erleichtert bin ich heute, für die Büchsenschützenanstalt nicht mehr in Betracht zu kommen. Vor dessen Rhabarberregime wäre ich sogar nach Rotchina emigriert, wie ich auch der kulturrevolutionären Abrechnung mit dem bürgerlichen Eliteschnickschnack den Vorzug vor der ehrpusseligen und nicht abreißenden Fassadenerneuerung der postsakralen Bauten gegeben hätte. Einer von Büchsenschützens Vorgängern im Rektorenamt, der berüchtigte Reinbothe, der von 1958 bis 1969 amtierte und unter seinem Regiment diverse Gipsbüsten und, vor allem, die Keilglocke, deren Gebimmel die Schüler an den Tagesablauf gemahnte, rigoros abschaffte, wäre, heute, viel eher nach meinem Geschmack gewesen. Das Schöne am Alten ist sein Verfall, doch das sehen die meisten nicht einmal, nachdem alles wieder renoviert und restauriert wurde. In ein paar Jahren entsteht in Schulpforte gewiß ein Disney der Spätromanik, und man wird die erst in den achtziger Jahren abgeschaffte Torwache, an der Schüler und Besucher ein strenges Ein- und Auslaßregiment erwartete, wieder einführen, um Eintritt zu nehmen –

– denn die Touristen, die im »Burgenland« antreten sollen, müssen natürlich die »prima schola Germaniae« gesehen und umrundet haben. Am Fischhaus können sie auch wieder die Saale überqueren, nicht mit einer Fähre – denn der alte Mende ist lange tot, und ich habe meinen ursprünglichen Traumberuf, seine Nachfolge anzutreten, doch nicht ergriffen –, sondern über eine neue Fußgängerbrücke, welche die EU, die Bundesrepublik Deutschland, das Land Sachsen-Anhalt, die Städte Naumburg und Bad Kösen in gemeinsamer schier unermeßlicher Anstrengung über die fünfzehn Meter breite Saale gestemmt haben. Die Brücke, es gleich zu sagen, ist nicht aus Holz, wie vielleicht vom Standpunkt einer romantischen Landschaftsanimation geboten gewesen wäre, ihre Fundamente, die ausreichten, die Golden Gate ersatzweise über dem East River zu balancieren, tragen die einstige Autobahnbrücke von Michendorf bei Berlin, die umsonst an Land gezogen und, in drei Teile zerlegt, auf Schwerlasttransportern hierhergekarrt wurde, wo sie nun für alle Zeiten von der lukrativen Beziehung der Region zum Bundesautobahnamt zementene Kunde gibt. Wenn demnächst irgendwo U-Bahn-Tunnel günstig abzugeben sind, werden Kösens und Naumburgs Stadtväter gewiß Mittel und Wege finden, sie abzugreifen und mit ihnen die Landschaft zu drapieren –

– die allerdings schon, was zumindest die »Kurstadt mit Kultur« Bad Kösen angeht, bahntrassenmäßig genug geschlagen sein sollte, denn die Züge der Bundesbahn zetern alle paar Minuten durch das enge Tal und verpassen dem direkt neben den Gleisen liegenden Kurpark eine prächtige Dröhnung nach der anderen. Ich traf Kurgäste, die mir, den sie nicht kannten, schreiend eröffneten, am liebsten sofort in einen der 280 Züge, die nachts am Kurhaus vorbeifegen, einsteigen zu wollen, um wieder abzureisen, allein, die Züge halten ja nicht. Architektonisch wird Bad Kösen dominiert von dem nach der Wende restaurierten und bereits erwähnten Gradierwerk, einem grandiosen Holzgerüst, in das Reisigzweige gestapelt sind, über die von oben Sole rieselt zum Zweck der Luftbesalzung. Atemwegserkrankte, für welche die Anlage bestimmt ist, könnten natürlich auch ebensogut einen Spaziergang an irgendeinem Meer machen, aber dies wäre wohl weniger erschwinglich, als auf Kassenkosten einen hochhaushohen Reisigstapel zu umkurven. Bekannt ist die Kleinstadt ferner durch die Rudelsburg, Ort ominöser Burschenschaftstreffen vor 45 und nach 89, welche die Bevölkerung mit Stolz registriert, und die gegenüberliegende Burg Saaleck, die eine gewisse Berühmtheit erlangte, weil sie 1922 den Mördern von Walter Rathenau bis zu ihrer Entdeckung vorzüglichen Unterschlupf bot. Ansonsten hatte es hierorts, soweit ich weiß, genau zwei Attraktionen: einen mich weniger aufregenden Nachbarn meiner Urgroßmutter, der mit Hermann Hesse Briefe tauschte, und Joseph Safferling, einen aus Mannheim stammenden Kommunisten, der im Spanienkrieg kämpfte, in Buchenwald interniert war und bei dem ich, nachdem seine furchtbaren Menschenfresserhunde gestorben waren, öfters logierte. Dieser Safferling war ein herrlich raunzender Gastgeber (»Hier, bedient euch bei der Wurst, schmeckt sehr gut, ich esse sie nicht«), unschlagbar in Schach (»Dies ist ein Matt!«) oder Skat (Pik-Hand ohne drei: »Geht immer!«) und politisch sowohl dem postfaschistischen Milieu, in das er nach Kriegsende geriet, als auch der SED-Kaderkultur durchaus unfreundlich gesonnen. Meine Eltern konnten in den sechziger Jahren in Bad Kösen nur dank seines energischen Einspruchs heiraten, weil die Behörden, die mit faschistischen Papieren keine Probleme hatten, die Geburtsbescheinigung meines Vaters, der in Frankreich während der Emigration zur Welt gekommen war, nicht anerkennen mochten. Nicht selten geschah es, während wir sprachen, daß sowjetische Jagdgeschwader über dem Tal wendeten –

– zu seiner nicht geringen Zufriedenheit. Je nun, die Zeiten haben sich geändert, und oben rum ist es, was den Verkehr betrifft, im Gegensatz freilich zu unten rum, ruhiger geworden. Wo früher Hopfen stand, steht jetzt der Wein des Landesweinguts, welches die Rebsäfte aus dem zirka nördlichsten Weinanbaugebiet Europas wie Spitzengewächse aus dem Bordelais kredenzt, aber nur der Preis geht entschieden in die Richtung, und geschmacklich sind diese Weine, die Naumburger Paradies o. s. ä. heißen, zäh konstruiert, leicht wäßrig, mit blassem Ausdruck und blasser Farbe, im Abgang freudlos und verklebt, will sagen: kaum gut, doch ganz passabel für Biertrinker und/oder deren Frauen. Wer sie trinkt, weiß immerhin, wo und, vor allem, woran er ist –

– bzw. später dann vielleicht auch nicht mehr. Ich habe sie dennoch, womöglich wegen der sentimentalen Verzahnung meiner Seele mit der in Rede stehenden Scholle, immer gern getrunken, zumal in der DDR, wo sie zwar noch anspruchsloser verschnitten waren als heute, aber neben den sonstigen Angeboten der volkseigenen Weinabfüllstationen hervorragten »wie der Demant vor minderen Kristallen« (Peter Hacks). Auf diese Weise war hier früher vieles besser, wenn es auch natürlich auf andere Weise viel schlechter war. Das graue, verfallene und stark von der ansässigen sowjetischen Garnison in Anspruch genommene Naumburg konvenierte i. d. S. durchaus mehr als das artig neu verkleidete und herausgeputzte Städtchen, dessen vornehmliche Sorge darin besteht, daß die unzähligen durch die Altstadt brausenden Schwerlasttransporte eine Straßenlaterne nach der anderen fällen: »Seit 1992 wurden 30 Altstadtlampen in der Innenstadt zerstört – Reserven gehen langsam zur Neige«, klagte das *Naumburger Tageblatt* am 13. November 1998, anstatt froh darüber zu sein, daß nach der nächsten Revolution, die ansteht, ein paar Nachwendeprofiteure auf Grund Laternenmangels am Leben bleiben könnten. Die Herrenstraße am Markt, von dem man schon wegen seiner postkartenkompatiblen Musterhaftigkeit nichts wissen will, weist heute immerhin die mit Abstand größte Metzger-, Fleischer- und Wurstladen- resp. -marktdichte Mitteleuropas auf, und die durch die Gassen schiebenden Naumburger sehen auch alle aus wie von »traditionellem Schweinskopf« und »rustikalem Pansen« gemästet –

– wobei rustikal sowieso General- und Lieblingssynonym der Einwohnerschaft zu sein scheint, wenn irgendwie zähe Behaglichkeit und deftig brummende Gemütlichkeit zur Sprache kommen sollen. Die Redaktion des Naumburger Stadtmagazins *Der Naumburger* hat einmal die hiesigen Kneipen gecheckt und folgenden investigativen Originalbericht erstellt: »Bislang war der Naumburger im *Hackerbräu*, einer urigen Kneipe, die ihrem Ruf alle Ehre macht. In gemütlicher Atmosphäre haben wir gut gegessen, wurden freundlich umsorgt – immer mit einem Scherz der Kellnerin auf den Lippen. [...] Unser zweites Treffen war in der *Ideenschmiede*. Wir fanden die erst kürzlich durchgeführten Renovierungsmaßnahmen nicht so beeindruckend, doch auch hier kann man sich wohl fühlen, vorausgesetzt, das leicht alternative Flair gefällt einem. Zwar merkt man den Unterschied zum Gastro-Profi, doch wir wurden trotzdem sehr freundlich bewirtet. Die angebotenen kleinen Speisen sind mit Liebe angerichtet, und der Imbiß schmeckt. Ähnlich unserer ersten Station fühlten wir uns gut aufgehoben in der Gaststätte *Weidmannsruhe*. Auch hier beherrschen dunkle Holztöne die traditionelle Einrichtung. Zahlreiche Pokale und Vereinswimpel lassen auf regen Vereinsbesuch schließen. Am Nachbartisch spielte man in geselliger Runde Karten, wir haben gemeinsam mit den Gästen und Mitarbeitern gelacht und das ausgezeichnete rustikale Essen genossen.« Usw., hahaha, Naumburg, wie es ißt und lacht, wenn nötig auch dreimal an einem Abend. Tiefenpsychologische Untersuchungen zielen angesichts dergleichen Menageriemelange ins Leere bzw. bloß in Mägen, die hier alles verdauen, Hauptsache, es kommt aus der Mikrowelle. Das der DDR flächendeckend oktroyierte Dekret, demzufolge sämtliche Restaurationen die gleichen Speisen zu führen hatten, nämlich Kraftbrühe oder Soljanka, Ragout fin (»Würzfleisch«), Bauernfrühstück mit Speck, Hamburger/Wiener oder Jägerschnitzel, Steak mit Letscho (heute: »Zigeuner Art«) oder mit Kräuterbutter plus Sättigungsbeilage, ist nach wie vor ehern in Kraft, doch die Naumburger merken's gar nicht, sie spielen Karten. Und lachen mit den Mitarbeitern. Gespenstische Geselligkeit unter Zurückgebliebenen, begleitet von Bumsmusik und dem Gedaddel und Gedöp von Spielautomaten, sie grassiert hier als Kultur, und wenn die Presse mal ein Klavierkonzert von ausgerechnet J. Frantz in der weißgottnich benachbarten Weltmetropole Halle ankündigt, anberaumt und besucht wissen will, dann fällt ein Schatten des großen und enorm aufregenden Lebens und Lifestyles da draußen auf dieses seit der Reformation von so gut wie aller strengen Durchlüftung verschont gebliebene Kaff. Daß Nietzsche, vor Ort einst zwar matten, aber noch lebendigen Leibes eingemottet, schon vor hundert Jahren nicht sehr darauf drängte, der rustikalen Obhut von Mutter und Schwester Richtung Stadt zu entweichen, und bald dann, in völliger Umnachtung, endgültig erlag –

– verwundert's einen? Wohl nicht.

Ein Jahr in der Hölle

Von Friedhelm Breibeck

1. Januar
Jeder fängt mal klein an. Der eine als Tellerwäscher, als Wellentätschler der andere. Und auch ich nutze meine Chance: freier Korrespondent des HR in der Schwalm! Erste Eindrücke vom Zug aus. Herrliche Gegend. Verschlafen, gewiß. Aber vielleicht auch … verträumt? – Schönes Zimmer gefunden. Okay: Etagenplumpsklo, Fenster vermauert, fließend Wasser nur an geraden Tagen, Strom »sowieso nit« (Vermieterin), aaaber: keine Kakerlaken (an ungeraden Tagen).

2. Januar
Halb erfroren aufgewacht. Heizkörper inspiziert: Attrappe aus alten Aspirinschachteln. Ich reiße die Tapetenreste von den Wänden und versuche, sie im Nachttopf zu entzünden. Brennt aber nicht. Merke, daß die Fetzen nicht aus Papier, sondern aus Mauerschwamm sind. Verfeuere die »Heizung«.

15. Februar
Nach sechs Wochen endlich aus dem Krankenhaus entlassen (Unterkühlung IV. Grades). Reinhold Messner hat doch recht: Man kann auch ohne Zehen gehen! – Zu Hause erwartet mich die Vermieterin: »Läbs no?« Lacht schellend, als ich um eine Renovierung ersuche. Droht mir mit dem Schäferhund, als ich den Mietzins für Februar verweigere: »Un di Babbe zaas ou!«

2. März
Nach drei Wochen endlich aus dem Krankenhaus entlassen (Bißwunden III. Grades). Veronica Ferres hat doch recht: Man kann auch ohne Kinn viel essen.

3. März
Jetzt geht's los! In der Schuchardstr. 2 um 19.30 Uhr Treffen der Hessischen Rheuma-Liga. Daher wohl die vielen Lieferkartons von Togal, die hier an jeder Straßenecke herumliegen (und mich des Nachts gut wärmen). Ziehe in den 7 (sieben!) Apotheken des 18 000-Seelen-Orts Informationen ein. *Schwalmstadt: Deutschlands Schmerz-Zentrum?* Wenn das kein guter Titel ist!

4. März
Großartige Eindrücke gesammelt: Nie zuvor so viele Jammerlappen gesehen, denen es einfach blendend ging! Nämlich beim Jammern. Das sei typisch »für hier«, versichert mir ein Teilnehmer: »Das Maul aufreißen, heulen und dann einen saufen gehen. Nordhessen eben.« – Mein Redakteur zeigt Interesse, wünscht aber »weitere Recherchen«. Was will der Mann denn noch? Inventarlisten der sieben (7!) Ortsapotheken?

28. März
Bestürzende Entdeckung gemacht: Eine »Schwalmstadt« gibt es gar nicht! Dieser »Ort« ist nichts als ... ein Konstrukt! 1971 (kommunale Gebietsreform) erschaffen aus den Großnestern Treysa und Ziegenhain und etlichen Kleingelegen, u. a. Florshain, Rörshain und Trutzhain. Freund Hain lauert hier überall. – Die falschgemünzte Region vibriert derweil. Im *Museum der Schwalm* beginnt der Ostereiermarkt! – (Später:) Herbe Enttäuschung: Kommerzialisierung überall! Jedes zweite Osterei mit Logos von Sponsoren bemalt: Vivimed, Aktren, ASS plus Vitamin C usw.

15. April
Habe ein Mädchen kennengelernt. Apothekenhelferin. Sehr patent. Sie stört sich überhaupt nicht an den nässenden Narben in meinem Gesicht; so was wäre ganz normal in dieser Gegend, sagt sie. Leiht mir spontan 1000 Mark, nachdem ich erzählt habe, wie schäbig mich die »feinen« Herren vom HR behandeln (kein einziger Auftrag bislang). Sogar die große

jährliche »Stutbucheintragung« in der Reitanlage Ziegenhain heute morgen interessierte niemanden aus der Sendeanstalt. NIEMANDEN! Aber: nicht verzagen!

30. April
Habe auf eigene Faust ein Video-Feature über Schwalmstadts Sehenswürdigkeiten produziert: *Adler-*, *Hirsch-*, *Melanchthon-*, *Philipps-*, *Schloß-*, *Schwalm-* und *Stadt-Apotheke*; fünfzehn Minuten, viele O-Töne und schöne Gegenlichtaufnahmen. Rosi mit ihren vorzüglichen Kontakten war eine große Hilfe. Die Menschen hier sind so ... nein, nicht mißtrauisch. Scheu! Zahlreiche Schmerzmittelproben geschenkt bekommen: Es gibt nichts Besseres gegen Hunger.

3. Mai
Keine Antwort vom HR. Fühle mich gedemütigt, verhöhnt, verraten! Die Vermieterin beharrt immer dringlicher auf den ausstehenden Zimmerzins. Erzählt mir, ihr Hund könne es gar nicht erwarten, wieder einmal mit mir zu »gungeln«. Sie komme soeben von der Schutzhundeprüfung des Vereins für Deutsche Schäferhunde, OG Schw.-Treysa. Da habe der »Kähl« wieder »dulle Dricks« gelernt. Gebe ihr einen Gutteil meiner Medikamentensammlung: Das sollte mir die nächsten Wochen Ruhe zur Arbeit verschaffen. WENN ES IN DIESEM KAFF NUR IRGENDWAS ZU ARBEITEN GÄBE!

5. Mai
Erneut trifft sich in der Schuchardstr. die Hessische Rheuma-Liga. Ich werde hingehen. Nicht als Reporter, sondern als – Freund.

5. Juni
Wiege nur noch 52 Kilogramm. Und fühle mich wohl! – Rosi hat mir gestern den Laufpaß gegeben. Ich hätte nicht ihren Apothekenschlüssel »leihen« sollen, um mir ein paar hundert Monatspackungen Dolormin zu »borgen«. (Hälfte

davon sogleich an Nachbarn verkauft resp. der Vermieterin überlassen.) Konnte Rosi immerhin ihr Geld zurückzahlen. Damit sei der Fall für sie »ähledischd«. Ach, mein Mädchen … ach, geschenkt! Was brauch' ich Weiber? Ich hab' Kopfschmerzmittel gehortet bis zum Jüngsten Tag! Und morgen, in Ziegenhain, ist der Tag der Tage: Kreisentscheid der Freiwilligen Feuerwehren! DAS WIRD DER DURCHBRUCH!!!

20. Juni
Nach zwei Wochen endlich aus dem Krankenhaus entlassen (Hämatome VIII. Grades). Beim Kreisentscheid bös' unter die Gummistiefel geraten. Zu Hause finde ich: mein Pillenlager geplündert! Will Vermieterin zur Rede stellen – aber die ist bis zirka Weihnachten 2002 zugedröhnt. Tue ihr einen Liebesdienst und füttere den Hund mit eitrigen Mullbinden, die meine Nachtschwester mir »zum Recyceln« mitgegeben hat. Überhaupt: eine sehr umweltbewußte Gegend, die Schwalm! Bin mittlerweile ziemlich sicher, daß das örtliche Bier aus gebrauchten Pampers und Paracetamolresten vergoren wird. – Am Abend Recherche im Stenographenhaus zu Treysa: 16. Stadtmeisterschaften der Kurz- und Maschinenschreiber. Das riecht nach einer Sensation!

21. Juni
Und, wirklich, eine Sensation: Ich habe gewonnen! Wollte eigentlich nicht teilnehmen, aber außer mir war nur (versehentlich) ein alter Bekannter von der Hess. Rheuma-Liga erschienen, der »scho ewisch« Probleme mit dem Alphabet hat. Mein Preis: eine Wochenration Doppelspalt. Damit wird heut' abend (Sonnenwendfeier des Mährisch-Schlesischen Sudetengebirgsvereins/Trutzhain) zünftig einer draufgemacht!

1. August
Zurück aus der Sommerfrische bei den Eltern. Mutter hat wundervoll für mich gesorgt. Bin jetzt wieder auf 43 Kilo! Immer noch keine Nachricht vom HR. Nun gut: Das Me-

dienbusineß ist, ich wußte es vorher, hart. Meine Zeit wird kommen. ICH FÜHLE ES! – Im *Hirsch* die Ibuprofenvorräte aufgefrischt. (Habe mit Vaters Bayer-Aktien gezahlt. In dieser Gegend gilt die Naturalienwirtschaft noch etwas!)

7. August
Der Höhepunkt des Schwalmstädter Jahres beginnt: drei Tage »Treeser Hutzelkirmes«!

11. August
Zum ersten Mal seit meiner Ankunft habe ich keine Hoffnung mehr, jemals einen Beitrag an den HR zu verkaufen. Sah ich denn je Ärmlicheres, Witzloseres, kurz: Hutzeligeres als beim Festumzug der Hutzelkirmes? Nein. Bleiern die Mienen der aspirinabhängigen Massen am Wegrand. Manch Treckergespann schien kurz davor, ins verdrossene Publikum hineinzufahren – und nicht wenige Zuschauer schienen genau dies zu ersehnen! Allgemeine Erleichterung, als die kümmerliche Veranstaltung ein Ende hatte. Hernach großer Ansturm auf die Sonntagsapotheke. – Vielleicht gehe ich die Sache ganz falsch an? Und sollte, statt aufs *Hessenstudio* zu warten, besser Kontakt aufnehmen mit dem *Gesundheitsmagazin Praxis*? Ja! Ich fasse wieder Hoffnung. Danke, liebes Tagebuch!

11. September
Bin runter auf 32 Kilo, obwohl mich in den letzten Wochen der Kadaver der Vermieterin üppig nährte (eine Überdosis Alka Selzer hatte sie zwar »ähledischd«, doch auch aufs trefflichste konserviert und gebeizt). Ohne diesen Extraschmaus würfe ich vermutlich nicht mal mehr einen Schatten. – Soeben eine weitere Niederlage erfahren. Offerierte dem Fischer-Verlag eine Novelle, *Der Hungerkünstler*. Mußte erfahren, daß ein Fischer-Autor namens »Kaffa« oder »Kacka« einen der größten Bestseller des Hauses unter diesem Titel gelandet hat. Mußte mich sogar anpöbeln lassen! Arbeiten womöglich auch in »Frankfott« nur – Schwälmer? Ach, Leid, sei du mein zweiter Name …

12. September
Blind und taub vor Erschöpfung durch die Straßen geirrt. Und dann – dann erschien wie Licht der Offenbarung ein Schild: *Gasthaus Kamjunke*! Und Düfte gleich Myrrhe und Weihrauch stiegen mir in die Nase, und ich sah ein zweites Schild: »Knüllgebirgsverein Ziegenhain e. V. lädt ein: heute Traditionelles Kartoffelessen«. – Warum allerdings schmekken die Erdäpfel in dieser Gegend so viel anders als zu Hause? So nach … Schlämmkreide? (Später:) Muß lange und viel erbrechen. Die Speimasse riecht nach Schwalmbräu.

2. Oktober
(Notiz für ein *Abenteuer Forschung*-Feature:) *Faszinosum Zeit*. Nicht nur die Uhren, auch die Kalender sind in der Schwalm außer Kraft gesetzt. Am 3. Oktober, fast zwei Wochen nach offiziellem *Herbst*anfang, eröffnet der Schützenverein Ziegenhain im »Schützenwald« den »19. *Sommer*biathlon«. (Evtl. unter anderem Titel auch an *ran* verkaufen?)

8. November
Die Waage im *Hirsch* zeigt nichts mehr an. Sollte mal neu geeicht werden! – Weder ZDF noch Sat.1 haben von sich hören lassen. Eingebildete Medienlemuren! MEINE ZEIT WIRD KOMMEN UND ÜBER EUCH MEIN ZORN! – Bin übrigens ganz sicher jetzt, daß in der Schwalm die Gesetze von Zeit und Raum außer Kraft gesetzt sind: Im Hotel *Rosengarten* wird heute ein »Tauschtag« veranstaltet. Mein Gott! – sie tauschen hier die *Tage*!

5. Dezember
Bei der Tierschau des Rassegeflügelzuchtvereins Treysa unangenehm aufgefallen, als ich ein lebendes Huhn mit Kamm und Federn auffraß. Konnte allerdings durch ein Mauerloch entkommen!

28. Dezember
»Scherzmarkt« in Treysa: So spotten die Eingeborenen meines Versagens. Denn heute abend … wird Vater mich heimholen. Zuvor wollte ich mich von Rosi und meinen lieben Freunden aus der Hess. Rheuma-Liga verabschieden. Als ich die Tür öffnete, schleuderte der Winterwind mich hinauf bis in den 3. Stock. Das linke Bein hat nun zwei Knie. Doch ich fühle keine Schmerzen. Ein letztes Mal schweift der Blick über die hohen Stapel aus Arzneimittelschachteln, die ich im Zimmer errichtet habe. Der Koffer ist gepackt. Und ich fühle keine Schmerzen …

Allerlei Kleinvieh

Von Peter Wawerzinek

Das Dorf, wie es war, gibt es nicht mehr. Die genossenschaftlichen Stallungen sind leergefegt. Der Güllegestank ist gewichen, die Natur hat sich gemäß europäischer Normierung gut erholt. Die Eichen reichen bis zum Himmelszelt, die Kraniche schreien aus dürren Hälsen die ungezügelte Freude über die Reduzierung der Umweltschäden. Der Umgehungsverkehr ist angeschwollen. Autos jagen wie Düsenjäger an den Verdutzten vorbei. In der Kneipe sitzen die Leute lange überm Bier. Es lohnt sich nicht einmal mehr, so richtig gegen den Staat zu schimpfen. Die meisten sind arbeitslos und kassieren Stütze. Die Wirtin spricht nur gut vom gesponserten Bier. Der *Kultur- & Tanzsaal* ist verwaist. Manchmal kommen Jugendliche um den übermächtigen Billardtisch zusammen. Die Gesprächsthemen sind erschöpft. Man muß keine Kontakte mehr knüpfen, keinen LPG-Vorsitzenden mehr kennen, keine Westknete mehr besitzen.

Der Pfarrer ist auf Pferdezucht umgestiegen. Die Koppeln werden erweitert. Den Tieren geht es gut. Die Häuser werden ausgebaut. Woher die Leute die Gelder haben, weiß man einfach nicht. Der Bürgermeister fährt Jeep und wartet am Bürgertisch im besten Lokal des Ortes auf Fragesteller. Der kurzgeschorene Rasen verdrängt das niedliche Chaos der geliebten Vorzeigegärten. Was man neu baut, muß West versprühen. Überall und unübersehbar Ballkörbe, wo immer sie nicht hinpassen.

Die Natur unser Pfand für die Zukunft, schwätzen die Verunsicherten und wollen einen Naturpark vor dem Haus. Ehemalige Schweinezüchter setzen sich für einen Golfplatz ein, exakt dort, wo sie früher Familiensonntag feierten. Die schwarzen Bekanntmachungskästen bleiben unbeachtet. Ein Flugplatz soll nahebei gebaut werden, die Investmentgruppe stellt sich vor. Ob Fleischerei, ob Bäcker, die neuen Läden sehen wie Kosmetiksalons aus. Man hat immerzu das Gefühl, mit DerNächstebitte aufgerufen zu werden. In den Schulen suchen sich die Schüler durch Markentracht zu überbieten. Die Mädchen träumen davon, Miß Waldbad zu sein. Wer einmal draußen ist, fällt ständig weiter ab. Die Lehrer sind nur noch am höheren Alter zu erkennen. Von der gefürchteten Respektsperson ist die alberne Liberalität geblieben.

Das Dorfkino ist abgespult, an seiner Stelle ein Italiener oder Grieche eingezogen. Überhaupt die Küche, ein frecher gleicher Mus, irgendwie auf landestypisch gepanschte Kost. Die alten Scheunen schwinden, blamable Hütten wurden plattgemacht und weggeschoben, schützendes Gestrüpp wurde abgefackelt. Zeichen der Lauer auf Besserung oder der schleichenden Agonie das unübersehbare Schüsselheer der Satelliten. Das Quasseln von im Sinne der Region und darüber, daß die Natur ein Pfand aller ist, dieses freche Schönreden des sterbenden Dorfes am Rande der Zukunft wurde dem beschaulichen Dösen geopfert.

Eher rechts gesittet findet sich die Jugend am *Kaufcenter* nahe dem Parkplatz der Tankstelle ein. Die jungen Leute stromern nicht mehr so ausgiebig hinter den Schuppen, um den Teich, im nahen Wäldchen oder ganz hinten bei der Maschinenfabrik in mannshohen Maisfeldern, im Sperrgebiet.

Die alten großen Gebäude erhalten vorzeitlichen Glanz zurück. Das neue Rathaus ist schlicht, sieht nützlich aus und wird von ortsfremden Leuten betrieben. Vom ausposaunten Boom der Wandlungsära ist der Hall aller Angeberei geblieben. Die Konflikte nehmen unterderhand zu. Die Verstörungen treten nicht offen ans Licht. Der störrische Osten ist nicht so spielend zu verweltlichen. Das Oben ist undurchsichtiger geworden, die neue Diktatur wirkt bunter. Die grauen Plattenbauten sind von Designercharme umhüllt. Es wird aufgeräumt, verschoben, provisorisch renoviert und von einer Zukunft gesprochen, die sich niemand wünscht. Totgedachte Namen erstehen wieder auf. Alter Spuk erhält seine angestammten Güter zum Verfallspreis zurück. Mit den Gespenstern nimmt die Furcht vor altem Geist ungebeten Platz im Dorf.

Mein Dorf, das ein stolzes Dorf ist, hat selbstverständlich einen Dorfkonsum. Der Dorfkonsum wird von der dicklichen Marie in unnachahmlicher Langsamkeit fit gehalten. Regelmäßig holen sich die dorfbekannten Alkoholiker ihre tägliche Ölung. Im Dorfkonsum gibt es vom Paar Gummistiefel bis zum Brötchenpaar für die Mikrowelle beinahe alles. Der Rest ist eine Reise in die Stadt wert. Kutte, der die besten Kerzenständer schmieden konnte, ist wie Manne, der die schärfste Kreissäge im Dorf hatte, nicht gefragt. So wie Jochen, der verrückte Tüftler, dessen knatternde Zugmaschine das halbe Dorf zum Lachen brachte, nichts mehr zu tun hat. Ernas Hühner legen immer noch die größten Eier, der verschrobene Humpelkalle könnte, wenn man ihn bitten täte, wie kein zweiter Akkordeon spielen, daß es beim Fest nicht an Übermut mangelt.

Die von außerhalb werden mißmutig beäugt und gelinde geduldet. Die Städter mögen gute Menschen sein, andere Menschen sind sie sowieso. In der Stadt gibt es große Banken und Verbrechen, Luxuswiesen und Banditentum, Solarien und Schurkereien von unvorstellbarer Dimension. Die heutige Zeit kennt andere Engpässe, müßte seelischen Mangel ausgleichen. Nirgends wird Waschpulver knapp. Solidarische Pakete werden in Länder verbracht, wo der Krieg andere Wunden riß. Der Bauer stirbt neben seinem Vieh, sagt er, und die Bäuerin klagt, man soll den Schwächeren helfen. Das Gebot bleibt ein Gebot. Man kann geräucherten Aal mampfen, roten Sekt süffeln und Schokolade brechen. Dann muß wieder gespart werden und wird an später gedacht, an Reichtum vielleicht und eher wohl an persönliches Glück, vor allem ans Durchkommen vor der tödlichen Zeit. Man ist von den lästigen Erntefesten, die Leute aus anderen Dörfern anlockten, regelrecht befreit. Die lustigen Kettenkarussells drehen sich anderwärts.

Es wird nicht mehr andauernd von Kampfgruppe und Bereitschaft zur Verteidigung geschwafelt. Es wird vom Euro und von der Zukunft getönt. Was es an menschlichen Freuden im Dorf nicht gibt, wird auf Mallorca Wirklichkeit. Wer das nötige Geld hat, fährt in Urlaub. Einmal rund um die Welt. Es lohnt sich zu leben, wie Fleiß sich lohnt. Es kann einfach nicht mehr mit Mangelwaren Politik gemacht werden. Es fahren keine Panzer auf. »Die Straße der Besten«, wer benutzt die noch? Völlig unmöglich, daß eine Hand regelmäßig die andere wäscht, um an einen Kasten Radeberger ranzukommen. Die Feuerwehr fährt schmuckere Gerätschaft. Das Dorf ist durch die Werbung bunter geworden. Die Werbung wird regelmäßig ausgetauscht. Das Dorf bleibt, was es war, ein Fleck in der Landschaft.

Ernstzunehmende Freizeitgestaltung wird Fußball sein. Kinder geben sich mehr denn je dem ewigen Korbballspiel hin. Durch die Straßen patrouilliert kein Dorfbulle mehr. Früher konnte sich so einer im allgemeinen mischwarmer Beliebtheit erfreuen und angesichts seiner Macht Dorfrüpel in die Schranken weisen. Oder er bekam einen Sack über den Kopf und die flinke Faust selbst zu spüren. Auch das ist endlich vorbei. Jeder darf eine große Lippe riskieren. Wer Lust verspürt, wird ehrenamtlich Dorfbulle spielen, seine Aktivitäten darauf richten, Kindern und Jugendlichen aufzulauern, um irgend etwas an deren Rädern zu beanstanden. Vielleicht gibt es noch den Rentnertreff, die einheimischen Stopfzirkel, Frauensportgruppen und Männergesangsvereine. Kultur sollte nirgends Nahrungsmittel sein, besser Trüffel. Sicher werden Maifeierlichkeiten nicht mehr so ernst und bündig abgehalten. Die Dorfbevölkerung wird sich ohne staatlichen Zwang nun weniger zielgerichtet eine Stunde an einem Tage in der Kneipe zum Maibocktrinken einfinden.

Die kleinen Dörfer sind evtl. nicht mehr so intensiv von Kleinstbetrieben umflort. Betriebe, in denen die tausend Geringfügigkeiten des täglichen Lebens hergestellt werden, sind bestimmt längst verschwunden. Die Kirche hat sich nicht weiterentwickeln können. Es wird gemunkelt, was einer an Geld im Sparstrumpf hat. Es heißt wie eh und je von speziellen Typen, sie wären scharfe Hunde, nicht unbedingt mehr rote Parteiheinis, aber Hundertfünfzigprozentige, zumindest ewige Durchkommer und Halsabschneider. Es gibt

Machenschaften und düstere Typen, denen man besser aus dem Wege geht, will man nicht plötzlich in kriminelle Delikte und dubiose Geschäfte verwickelt sein.

Der Staatssicherheitsdienst ist nirgends das Thema. Niemand fragt einen, worin er verwickelt war. Es ist so egal geworden, welche höhere Hand über ihn wachte. Das Leben gewährt solcherlei Vermutungen keinen Atem. Was früher war, wird leise beweint oder übersinnlich besprochen. Was an möglichen Erklärungen nötig geworden, dient manchem als belachte kleine Floskel, die nicht abgestritten werden kann. Es werden nicht über alles und jeden, daß die Heide wackelt, Kübel böser Hetze ausgeschüttet. Es wird sich seltener ernsthaft geschlagen und vertragen. Es wird sich beäugt und beneidet, während das Viehzeug auf der Weide weidet, die Frauen tratschend im Weg stehen. Es gilt momentan herauszufinden, von welchem Hersteller die neue Waschmaschine ist. Die Dorfschönen stolpern mit bulligen Hunden herum, und freche Bengels johlen ihnen wie früher nach. Sie haben keine Ahnung, was einmal jedes Wochenende Tanz hieß. Diskoklänge und Colawodka machen die Runde. Nicht mal alle Vögel sind da, und trotzdem kommt es zu kernigdeutschen Sprüchen und Fremdenfeindlichkeit. Wer sich zu den üblichen Rempeleien um die Mädchen bekennt oder wünscht, daß die Veranstaltung in eine zünftige Saalschlacht mündet, stört durch Befremdlichkeit. Wer sich einen neuen Wagen gekauft hat, wird sich für einen Zeitraum daran erfreuen dürfen, zum Gegenstand des dörflichen Klatsches erkoren zu sein. Mehr ist auf dem Dorf nicht drin.

Manchmal wird die dörfliche Ruhe durch Streit und Liebeskrawall gestört. Irgendeiner verprügelt immer seine Frau oder fährt im Suff das Motorrad gegen den Baum. Die Jugendlichen hängen neben dem Jugendtreff, sie sind laut, sie nölen und fläzen rum und sichern sich solchermaßen allezeit gleichbleibende Aufmerksamkeit der Dorfgemeinschaft.

Die Männer gehen, wo sie es sich leisten können, weniger regelmäßig, dementsprechend motivierter in die aufgemotzten Dorfkneipen, in denen es seit Gedenken niemals so recht voll wird. Vorbei die Ära, da jeder jeden kannte und alles mit allen besprochen wurde. Fremde werden heute auf rettendes Unternehmertum hin beäugt. In der Kneipe wird nicht ungestüm und sinnlos getrunken. Es wird um Glück gespielt, es stören Fiepgeräusche der Glücksautomaten, die kalte Gemütlichkeit. Es wird verbissener gewürfelt, von Sport und Spiel geredet und extra lange Skat geklopft. Über alledem zucken farbige Fernseher. Manchmal ist Bundesliga, ein Klub der Region schlägt sich achtbar.

Die arbeitende Landbevölkerung kennt keine Ruhe zum endlosen Gespräch und hat das wundervolle Zeittotschlagen verlernt. Die Leute sind mit Garantie für immer und bis zum ältesten Tag so unendlich fanatisch am Vorgarten-auf-Vordermann-Bringen-und-Halten. Die hohen Hecken sind abgeschnitten. In den Kleingärten werden im heimlichen Wettstreit Riesentomaten, Kohlrabis oder Kürbisse gezogen. Die größten geben samt dem strahlenden Lachen ihrer Züchter photographische Kunde in der Ortszeitung. Man hält wieder allerlei Kleinvieh. Nie gesehene Schweinesorten, Rindviecher, Milchschafe, Wollziegen tauchen auf. Schlachten gehört wieder zum Hochzeitmachen.

Vereinzeltes Vieh steht herum. Seltsame Ruhe herrscht im Dorf. Schuld sind die Treuhand und die Europäische Norm. Dörfer im Osten, denen es gut geht, sind so selten wie Oasen in der Wüste. Es geht dem Dorf gut, das heißt, das östliche Dorf stirbt langsamer als gedacht. Man darf über alles reden und kann nichts wirklich verändern. Man hofft auf Ausflügler und Touristen.

Titten, Duttn, Möpse

Von Christian Y. Schmidt

Trier also. Puuh, da kommt man ins Schwitzen. O nein, beileibe nicht, weil es am Erscheinungsbild dieser Stadt (huhu) etwas auszusetzen gäbe. So sehen »Moselstädtchen« eben aus! Tipptopp! Sondern wegen der ... nun ja, also, ich weiß nicht, ob das wirklich okay ist, wenn ich ... Aber jetzt, wo ich schon angefangen habe, ist es auch egal, außerdem muß es einmal gesagt werden, einer muß an diesem einen letzten großen Tabu rühren, in Ordnung, mach' ich, werd' ich ja für bezahlt, alles klar, also, aufpassen, jetzt kommt's ...: wegen der Brüste!

Brüste, exactement! In Trier nämlich gibt's die absolut größten Brüste, die gigantischsten Möpse oder – wie man anderswo zu sagen pflegt – die megalomansten Duttn der Welt. Warum, weiß keiner! Das ist einfach noch nicht untersucht, die Wissenschaft hat da jahrhundertelang weggeschaut, sich lieber mit Nuklearphysik und ähnlichem Rotz beschäftigt, statt hier in Trier mal in ganz großem Stil in die Feldforschung einzusteigen.

Dabei hätten z. B. die Herren Historiker wahrlich genug Zeit gehabt, dem erwähnten Phänomen nachzugehen – schließlich ist Trier die älteste Stadt auf deutschem Boden. Seit den Zeiten Diokletians, also seit zirka 283 n. Chr., war »dat Kaff« (kölsch für Trier) immerhin die Hauptstadt Galliens, und das aus einem einzigen Grund, nämlich weil's der römische Kaiser gerne mollig hatte: »Laßt große Brüste um mich sein«, sagte Diokletian wohl mehr als einmal zu seinem damaligen Trierer Regierungspräsidenten Obelix o. s. ä. Aber ist dieses Zitat auch überliefert? Eben nicht! Und das nur, weil dazu kein Geschichtswissenschaftler die nötige Traute hatte.

Statt dessen gefiel sich dieses Gesocks in zweideutigen

Anspielungen. So heißt es in einer Beschreibung aus dem Jahr 1820: »Diese alte, in der Geschichte so merkwürdige Stadt liegt in einem sehr schönen Thale [...], und man sieht manches schöne Gebäude.« Thale! Gebäude! Alles klar! Und der ubiquitäre Theodor Mommsen schrieb über Trier: »das Rom des Nordens«. Rom!!! Wenn schon, dann doch wohl eher »Brüstel des Ostens«.

Telegraphierte nicht der berühmteste Sohn Triers, ein gewisser Karl Marx, am 8. März 1821 (nicht von ungefähr wird an diesem Datum noch heute der Internationale Frauentag gefeiert) an Friedrich Engels: »Muß diesen Pfuhl [marxistisch-leninistisch für Trier; C. Y. S.] schleunigst verlassen. Befürchte ansonsten, ob der hier endemischen Busenmassen vorzeitig zu erblinden«? Ganz gewiß nicht! Oder glaubt jemand im Ernst, daß der knapp dreijährige Marx bereits Telegramme verschickte, geschweige denn an Engels, den er damals noch nicht mal vom Hörensagen kannte? Aber hätt' ja sein können.

Man schaue sich nur im *Café Bley* am Marktplatz um. Wenn man kann. Denn schon an der Eingangstür wird der auswärtige Besucher von grotesk anmutenden Riesenbrüsten gestoppt, die nur mühsam von enormen Walfischrippen-BHs in Schach gehalten werden. Die Besitzerinnen und Besitzer der Mammutglocken sind hinter diesen kaum auszumachen, aber eifrig damit beschäftigt, unter Zuhilfenahme von sehr, sehr langen Löffeln ihren »Pünderich« (triersch für Brust) mit Kuchen, süßen Fettaschen und vergorener Sahne zu mästen.

Besitzerinnen und Besitzer, sehr wohl! Denn ganz anders als anderswo auf diesem Erdball legen in Trier auch die Männer wert darauf, ordentlich »Holz vor der Hütten« zu haben. So kann zum Erzbischof des Bistums Trier nur geweiht werden, wer eine Oberweite von mindestens 120 vorzuweisen hat. Ist der neue Bischof endlich gewählt, schallt's durch die Gassen des Tittenbabels freudig: »Habemus papillam!« Die eifrigsten Katholiken der Stadt aber rollen sodann voller Übermut auf ihren ureigenen Brüsten den Kreuzweg am Petriberg hinab der Mosel entgegen. Ein manchen Fremden befremdender Brauch. Oder einfach nur: eine Riesensauerei!

Kaum weniger seltsam geht's auf der alljährlich stattfindenden »Zuckerwasserkirmes« im Stadtteil Pfalzel zu, die ausschließlich im Zeichen der weiblichen Brust steht. Höhepunkt dieser mehr als zweifelhaften Veranstaltung ist ein sog. Wet-T-Shirt-Contest, bei dem die Oberkörper der anwesenden Damen so lange mit »Zuckerwasser« (deutsch für Moselwein) übergossen werden, bis feststeht, welche sich des größten »Hunsrücks« (Erklärung erübrigt sich wohl) im Mosel-Saar-Ruwer-Gebiet rühmen darf. Frauen mit zu kleinen Brüsten allerdings haben das Nachsehen. Noch bis zur Zeit des Wiener Kongresses wurden sie unter allgemeinem Hallo in der Mosel ersäuft. Heute schickt man sie mit einem Kanister (»Poorz«) ins nahegelegene Luxemburg – Trinkbenzin »für alle« holen!

Das Trinkbenzin indes, auch »Viez« genannt, soll nun die wahre Ursache für die gargantuesken Oberweiten der Einheimischen sein. Das behauptet jedenfalls der Volksmund, der hier am »Großglockner« (falsch für Hunsrück und Eifel) ausgesprochen großmäulig und ungewaschen ist. Eben

darum schütten die Trierer Mütter bereits ihren Neugeborenen diese Brühe in den Schlund, da können die kleinen Arschgeigen noch so plärren und krakeelen. Werden die Bälger schulpflichtig, tragen sie schon recht ansehnliche Duddln mit sich herum, wenn auch zunächst nur im Ranzen auf dem Rücken. Im Klassenraum jedoch herrscht Brustumschnallpflicht – das ist es, was der gemeine Trierer unter Pädagogik versteht. Schöne Zustände.

Zustände wie im alten Rom des Nordens eben, da muß der Autor dem »ollen« Mommsen doch recht geben. Auch wenn der Doofmann sicher nichts von den höchst erfolgreichen Trierer Tittenzuchtversuchen ahnte, ja wohl nicht mal wußte. Geschweige denn von den anderen Schweinereien, die in dieser Stadt sonst noch an der Tagesordnung sind. *Trierischer Volksfreund* heißt das Lokalblatt – eine Tageszeitung, die sich mit schmierigen Lettern auch schon mal an Minderjährige ranmacht. Alle Jubeljahre wird in Trier »der heilige Rock« ausgestellt – und was tun die Trierer? Na, druntergucken, was sonst! Biewer heißt ein Stadtteil – warum nicht gleich Arschel, Muschier oder Konz? Ach, das ist der Name des Nachbarortes? Sehn Se! Und wollen Sie vielleicht wissen, was die Bezeichnung »Porta Nigra« wirklich bedeutet? Nee? Ich auch nicht, mir ist schon ganz schummrig.

Deshalb nur doch dieser eine Tip: Beginnen in Trier »die Glocken« zu läuten – Gas geben und abhauen! Tun Sie's nicht, dann aber, mein lieber Herr Gesangsverein – gute Nacht!

Explosive Mischung

Von Tom Wolf

Ich hatte mir meine Tätigkeit als Vertreter einer Straubinger Firma für Christbaumständer im Postleitzahlenbereich 78 prinzipiell angenehmer vorgestellt. Keiner wollte etwas über die Segnungen des Vario-Fix erfahren. Auch in Triberg, wo Ernest Hemingway einst wegen fehlender Bären Forellen jagte, war es aussichtslos. Nachdem mich in Furtwangen ein wahres Mannweib mit dem Reisigbesen vom Weihnachtsmarkt gefegt hatte, landete ich ungewollt in Villingen-Schwenningen. Voll alemannisch, halb zähringer'sch, halb württemberg'sch, verkörpert jenes städtische Doppelpack mehr, als man am Schwarzwaldrande nüchtern verkraften mag – »ein doppeltes Vergnügen«, tönt die PR-Abteilung und verkündet: »Wir freuen uns über Busreisende.«

Glücklich während des Eingemeindungspokers über 80 000 Einwohner gekommen und somit in den *Focus*-Umweltreport gerutscht, durfte der zweifache Ort 1994 triumphieren: Platz eins in der Bioklima-Gesamtwertung (vor Reutlingen!) – bei einhundertfünf angetretenen Städten oder ähnlichen Aggregationen. Subalpines Mittelgebirgsklima kontinentalen Charakters, alles im Griff, »Luft«, »Lärm«, »Natur« und »Risiko«, nur das Wasser (Rang 48) macht Probleme; es ist viel zu hart, wenn auch noch lange nicht so knüppelhart wie die Tübinger Kalkbrühe (Platz 81). Keine Schwerindustrie, kein Kohleabbau, nur Feinmechanik und Elektrogeräte: Schwarzwälder Uhrwerkspräzision. Vor Schwenningen quillt der Neckar aus dem Moosmoor; Brigach und Breg versorgen die Donau mit Nachschub: »'s Briggele un 's Breggele bringe 's Donnele z'weggele.«

Aber warum alles doppelt und vierfach? Zweimal zwei Konsonanten, zwei Rathäuser, zwei Bahnhöfe, zweimal Rotes Kreuz, zwei Telephonvorwahlen, zwei Jugendherbergen und achtzig Buslinien? Die Berufsakademie offeriert zwei Studienrichtungen, am lokalen Studienzentrum der Fernuniversität gibt es vier Diplomstudiengänge, die Industrie- und Handelskammer Schwarzwald-Baar-Heuberg bietet zwei Weiterbildungsprogramme mit achthundert Seminaren an. Ein Stadtheld reichte nicht – es mußten zweie her: Romäus und Graf Berthold, mal abgesehen davon, daß beide Villinger waren.

Am Anfang der siebziger Jahre liegt der Ursprung der dual-multiplikatorischen Mentalität. Venningen oder Schwillingen, Vinningen oder Schwellingen? Der Kombinationsgeist der Fusionsarchitekten begann leerzulaufen. Es rettete sie zuletzt der Doppelname, ausgeklügelt eben zu jener Zeit, als er beim Heiratsgelöbnis Konjunktur hatte. Wußten beide Seiten eigentlich, was sie einander antaten? War es nicht für den Villinger noch immer wenig ratsam, die Demarkationslinie zwischen Bertholdshöfe und Hölzlekönig nach Einbruch der Dunkelheit zu überschreiten? Warum läutete in der Neujahrsnacht 1971/72 nur das Villinger Totenglöcklein die Stadtehe ein, wohingegen alles übrige Gebimmel von kundigen Unbekannten lahmgelegt worden war? Hatten sich Villinger und Schwenninger nicht über ein Gutjahrtausend gegenseitig immer wieder die Glocken geklaut? War nicht 1525 Schwenningen gar blutrünstig und feuersbrünstig von Villingen niedergemacht worden?

In Schwenningens Mitte schwelt seit Jahren die Brandruine des *Kaufland*. Eine Attacke der Villinger? Die total zusammengeballerte B-Ebene unter der Kreuzung Alte Herdstraße/Schützenstraße schreckt jeden friedliebenden Gast. Lieferten sich hier verfeindete Jugendbanden nächtliche Gefechte? Kamen die beiden Abrißarbeiter, die am 28. September 1998 die *Kaufland*-Scheibe genüßlich mit Steinen einschmissen, nicht aus Villingen? Auf wessen Konto geht die Explosion der Villinger Gambrinus-Brauerei, die seit Jahren malerisch zertrümmert in der wohlrestaurierten Josefsgasse hängt? Wer machte den Aussichtsturm auf der Villinger Wanne unbenutzbar, wenn nicht ein Schwenninger Sabotagekommando? Baut man nicht in den Schwenninger Helios-

Werken einen Supraventilator, um ganz Villingen wegzublasen?

Die europäische Wasserscheide durch die Hochmulde »Baar« trennt nicht nur Rhein- und Donauzuflüsse, sondern auch das pekuniäre Fluidum der kaufkräftigen Stadtbesu-

cher. Seit Otto III. Villingen 999 Markt-, Münz- und Zollrecht verlieh, versuchten die Villinger das Umland inkl. Schwenningen merkantil zu schlagen. Doch Schwenningen säumte nicht, wurde 1830 Marktflecken, machte immer mehr Boden gut, bis es 1907 das größte Uhrendorf der Welt und mithin Württembergs geworden war. Auch heute, obgleich für viele Firmen die Uhr abgelaufen ist, beruft sich Schwenningen auf selbige: »Die Spur der Uhr führt von […] Schwenningen durch den Schwarzwald.« (Prospekt) Fragt man versehentlich in einem der Städteteile nach Lokalitäten des jeweils anderen, wird man barsch zurechtgewiesen. Ohne Frage tobt ein subkutaner Guerillakrieg um Konsumenten und Touristen, auch wenn sich an der Oberfläche alles harmonisch gesamtstädtisch gebärdet.

Villingen führt seinen Kneipp-Kurort-Status ins Feld; Schwenningen lockt mit dem Wandervergnügen »Schwenninger Moos«, das man von der B 27 aus nur scheinbar einöd vor sich hindümpeln sieht: »Hier trifft man Spaziergänger zu jeder Tages- und Jahreszeit.« (Georg Gebauer/Bernhard Fabry: *Villingen-Schwenningen*, Villingen-Schwenningen 1984) Schwenningen legt einen drauf mit dem Sommerfest auf der Möglingshöhe, Villingen kontert mit dem Strohverbrennen der Wuescht-Gilde zur Narri-Narro-Zeit. Villingen wirft die Jazzevents in der neuen Tonhalle in die Waagschale, Schwenningen pariert sauber mit der Eissporthalle und dem Eishockeybundesligisten »Wild Wings«. Das sticht, denn die neue Tonhalle wird erst zum Jubeljahr 1999 (1000 Jahre Villingen) fertig. Da hilft auch der Hinweis auf den bewirteten Übungsplatz des Schäferhundevereins Villingen herzlich wenig. Schwenningen hat die Nase vorn!

Als die Villinger Stadtväter ihren Konzerthallenneubau taufen wollten, schrieben sie einen Namenswettbewerb »Neue Tonhalle Villingen« aus. Lange wühlte man sich durch Vorschläge, die von Bertholdshalle bis Romäushalle reichten. Inzwischen ist das amtliche Endergebnis publiziert. Die *neue Tonhalle Villingens* wird den Namen tragen: Neue Tonhalle Villingen.

Selbst wenn völkerverbindende Musik ertönt, tobt unüberhörbar der Städtekrieg um die Käufermark. Villingen veranstaltet beim »Euro-Treff Musik« in der »klingenden Innenstadt«, wo anstelle der einstigen barocken *Blume-Post* das grandiose Schandmal des abbruchreifen *Woolworth* fahlgelb leuchtet, eine »Fußgängerrallye« mit so granatenmäßig schweren Fragen wie: »Welches Tier inspizierte Kenzo für den neuen Herrenduft Jungle?« oder »Welche der ausgestellten Getreidesorten ist Roggen?« Auch Schwenningen macht indes »klingende Innenstadt«. Es gniedelt die »Stadtmusik Schwenningen e. V.«. Das ist unstrittig lokaler und zieht. Erst wenn das »Villinger Top-Duo Eric & Carsten« auf dem Keltenhügel »Magdalenenberg« loslegt, würde bei *Spiel ohne Grenzen* wieder ein Unentschieden daraus.

Schwenningen versucht ein begütigendes Schlußwort im

gemeinsamen Stadtbildband zu sprechen und behauptet: »Bleiben wird über die Zeiten die schöne Lage am Ursprung des Neckars.« (Gebauer/Fabry) Aber bitte schön, erheben sich Villinger Stimmen, was hat denn das mit Villingen zu tun?

Schluß jetzt! Man sei es zufrieden. Villingen-Schwenningen ist reich; die Doppelbürger sind die kaufkräftigsten in Deutschland. Überall wird gebaut. Alles trägt flotte Klamotten. Sämtliche Haushalte haben bereits Christbaumständer.

Was kann und sollte man dieser Duodez-Perle noch geben? Ich hielt mich an die Instruktion zur Schwenninger Stadtrallye, die täglich an der Ampelanlage »Alpenblick« ihren Ausgang nimmt: »Wenn Sie an erster Stelle stehen und bei Grün zügig anfahren, gelingt es Ihnen, in einem Zug durch den ganzen Stadtbezirk Schwenningen zur Ortsausfahrt in Richtung Rottweil zu fahren.«

Ich stand an erster Stelle, fuhr zügig los, und es klappte! Weihnachten war längst vorüber, als ich heimkam.

Unter seinen Schimpfworten ist das Wort Wetter das wütendste. Er ist fähig, vom Henker mit Verständnis zu reden, nicht vom Wetter. Er spricht vom entsetzlichen oder vom unerträglichen oder vom thüringischen Wetter, aber es bedarf dieser verdammenden Schmucknamen nicht, das Wort Wetter allein sagt schon alles. Es wird nur von einem einzigen, noch tödlicheren Fluch übertroffen, dem Wort Jahreszeit. Dieser Unchrist, der an keinen Teufel glauben will, glaubt statt an denselben ans Wetter, und es gibt gar keinen Unterschied; vom Wetter nämlich hat er beschlossen, daß es an allem schuld sein muß. Der Himmel Weimars ist seine Hölle.

Peter Hacks: *Ein Gespräch im Hause Stein über den abwesenden Herrn von Goethe*, Hamburg 1997

Die Stadt der Postkarte

Von Jürgen Roth und Rayk Wieland

Lieber H. –
Rayk vergaß sein Handy im Auto, als wir heut' morgen den Zug nahmen. Am Bahnhof war uns der Ausgang versperrt. Man arbeitet zäh an der »Kulturstadt Europas«, es wird tapfer gebaut und Thälmann für 99 konserviert, inkl. des Schriftwerks »Rotfront verrecke! Heil Hitler!«

Dahinter zu lesen: »Aus eurem Opfertod wächst unsere sozialistische Tat«. Bei dem Wetter! Akkurat kopfsteingepflastert die Carl-August-Allee, es hat »Waren des täglichen Bedarfs« und, da pochte unser Fremdenherz noch energischer, sogar »Zeitungen, Zeitschriften immer aktuell«. Wem da bange wird, der wird Weimar nicht verstehen. Dir viel Glück, wenn es Richtung Süden wieder heißt: »Wir führen noch mal eine Fahrscheinprüfung bei allen Reisenden durch.«

Yours Understanding-Weimar-Mitropa-Team

Lieber G.,
Weimar sollte im *Jahrhundert der Obszönitäten* 1 Rolle spielen. Auf unserem Rundgang durch die Stadt stoßen Roth & ich gleich auf das »Gauforum« (Volksmund) der ehem. Gaukampf- und -hauptstadt. Das Gau- und Reichsstatthal-

tergebäude, zu DDR-Zeiten »Mehrzweckhalle«, beherbergt heute eine geschlossene »Raststätte«, an deren Eingang tatsächlich »Das Gute bewahrt« zu lesen ist. Weimar ist ja Gründungsstadt der HJ (in der Gaststätte *Armbrust* in der Schützenstraße), Göring fand hier seine Schnalle, Hitler war im *Elephant* Stammkunde. Alles nachzulesen bei Ziegler: *Hitler privat* o. s. ä., erschienen in den fünfziger Jahren. Die Nazibauten werden hier derzeit aufs pfleglichste herausgeputzt. Unumkehrbare Tatsachen und beste Voraussetzung, 1999 »Kulturstadt Europas« zu sein.

Gruß, Rayk und Jürgen

[...] ein Heer von Menschen pilgert jährlich nach Weimar. Die Kulturmetropole, auch »Ilm-Athen«, putzt sich für Millionen Gäste. [...] Planbar. Brauchbar. Überschaubar. Und bezahlbar. Die Einwohner, Geschäftsleute und Touristen fühlten sich bis jetzt zu Recht übergangen. Keiner weiß, was denn nun wirklich passiert. Zum Thüringentag in Ilmenau gab es eine kleine, klassische Abordnung des »Freundeskreises Weimar '99«. Ohne Inhalt. Ohne Programm. Ohne ramponiertes Kulturstadtpaket. [...] Auch eine Zeitschneise zwischen dem Schloß Ettersburg und dem ehemaligen Konzentrationslager der Nationalsozialisten auf dem Ettersberg wird es geben, ebenso wie den singenden IM. [...] Goethes spartanisches Leben senkt heutzutage wenigstens die Reproduktionskosten. [...] »Wenn eines nicht mehr fernen Tages hier im Park an der Ilm der Besucher plötzlich zwei Goetheschen Gartenhäusern gegenüberstehen wird, erfüllen wir nicht nur die Wünsche eines harten Kerns der Fan-Gemeinde, die genug Goethe für alle fordern.«

live – Stadtinformation mit Stadtplan 11/1998

Von Goethes Haus zur Wohnmaschine klafft ein Abgrund, der unüberbrückbar ist [...]. Wir Deutschen sollten uns nicht des Letzten selbst berauben, des Glaubens an eine Sendung des deutschen Volkes, und diese beginnt beim deutschen Menschen in seinem Kampf um die deutsche Kultur.

Paul Schmitthenner: *Das deutsche Haus,* 1932

Lieber K. –
was einen nach Weimar treibt?

Das Schmerzeleid, einerseits; der Forscherdrang, andererseits. Die Kunst, die Kultur, die Klassik. Jede für sich. Alles Weiber! Daneben siehst Du, ich darf Dir das erklären, umseitig Schiller, Goethe, Herder + Wieland. Letzter hat sich zum Kartenwart ernannt, abgewandt und der nächstbesten Friseuse zugewandt. Er möchte das »Idiom der Einheimischen« studieren. Hier, im *Wieland-Café*, jagt ein Idiot und ein Witz den anderen. Es ist die Hölle!

Vorhin, im *Bistro Central* am Rollplatz, keine Spur von Goethe. Aber viel Hacks antiquarisch. Aber kein Hacksplatz. Man stellt auf jeden Platz die entspr. Denkmalsfigur. Herder ist etwas angegriffen, Wieland lässiger, in Schuß, scheint mir. Mal sehen, wie er gleich ausschaut. Sein Motto, als er vor zehn Minuten ausschritt: »Ich hör' mir an, wie Weimar über Weimar spricht. Bloß kein Weicheigelaber!«

Das DDR-Ei-Brötchen übrigens gar nicht mal gut. Sei herzl. gegrüßt von

Deinem Jürgen

Als die Bauern der landwirtschaftlichen Produktionsgenossenschaft Plötzkau am Rande der Magdeburger Börde vor nunmehr fast zehn Jahren ihren ersten Kartoffelsammelroder E 665 erhielten, schreiben sie nach der Ernte an uns Landmaschinenbauer in Weimar: »Mit dem Kartoffelsammelroder ernteten wir eine Fläche von 66 Hektar. Die höchste Tagesleistung betrug drei Hektar. Wir sind sehr zufrieden. Es ist uns ein Bedürfnis, den Arbeitern und Konstrukteuren des Weimar-Werkes Dank und Anerkennung für dieses ausgezeichnete Gerät auszusprechen.«

Manfred Rolle, Leiter der Jugendbrigade »Juri Gagarin« im Stammbetrieb des VEB Weimar-Kombinat, in: *Weimar und seine Landmaschinenbauer,* Weimar 1975

Der Weimarer Kanu- und Gymnastikclub feierte gestern Spatenstich für sein neues Boots- und Klubhaus an der Ilm. […] Von der Bundesanstalt für Arbeit kommen 550 000 Mark. Auch EU-Fördermittel fließen in das knapp 750 000 Mark teure Projekt.

Thüringer Allgemeine, 12. November 1998

Aus späteren Jahren weiß man, daß Goethe keine Gardinen hatte, wohl aber Fensterläden. Keine Spuren deuten auf einstige Gardinenleisten oder -stangen. So sind die Gardinen, die wir so lange kannten, vermutlich erst 1885/86 angebracht worden.

Weimar Kultur Journal 11/1998

Lieber F.: aus der »Kulturstadt Europas 1999« schicken und eignen wir Dir zu:

Entsorgungsstadt Europas 1999
Ersteindruck von Weimar:
Die Stadt ist im Eimer.
»Keine heiße Asche einfüllen!«
Baustadt Europas 1999
Sie gruben am »Graben«,
Um 'ne Grube zu graben.
Das geht nicht im stillen.

Hrzl. Grüße von den öden Ortskundigen Jürgen und Rayk

Schock für Weimars Denkmalschützer. Dienstagnachmittag wurde am lesenden Knaben vor der Musikschule »Ottmar Gerster« noch gearbeitet. Gestern morgen fehlte ihm plötzlich sein Buch. Über Nacht hatten es Unbekannte entwendet. – Das Buch hat rein denkmalschützerischen, aber keinen Sachwert. Das nährt Hoffnungen, das Buch könnte zurückgegeben werden.

Thüringer Allgemeine, 12. November 1998

Ihre ganz eigene Sicht auf die Kulturstadtvorbereitungen bringt die Theatergruppe des Friedrich-Schiller-Gymnasiums mit dem Stück »Ach, Weimar!« an die Öffentlichkeit. Nachdem die zehn jugendlichen Aktricen in geheimer Mission herausgefunden hatten, was typisch für ihre Stadt ist – Denkmäler, Stadtführer, Touristen und Baustellen –, setzten sie ihre Entdeckungen szenisch, vor allem pantomimisch um. Unter Leitung von Deutschlehrerin Andrea Holz ist ein Stück entstanden, das den Alltag in der Klassikerstadt »im Jahr davor« kabarettistisch gekonnt aufs Korn nimmt und Darstellern wie Zuschauern gleichermaßen Vergnügen bereitet.

Weimar Kultur Journal 11/1998

Lb. E.,
Weimar, »Kulturstadt Europas 1999«, hinter uns zu bringen, telegraphieren wir folg. Doppelvers:

Reisestadt Europas 1999
Biosocken am Herderplatz!
Weiter geht die touristische Hatz
Zu Rostbratwurstgrillen.
Ereignisstadt Europas 1999
Die »Shakespeare Tage« sind grade,
Die »Erotiktage« vorbei. Wie schade.
Die Kreissägen brüllen.

Viele Grüße: Jürgen + Rayk

Frau R. zur Kenntnisnahme. Subject: Weimar, »Kulturstadt Europas 1999«:

Geschichtswerkstadt Europas 1999
Hotel Elephant am Markt,
Hitler was here, privat,
Um ein Glas Limo zu killen.
Poesiestadt Europas 1999
Im alten Gartenhaus im Park
Verdunkeln Fakefenster den Tag.
Pech für Goethen und Schillen.

Die Unterfertigten, Roth / Wieland

Die zweifache Reproduktion des Hauses im Ilmpark ist eines der spektakulärsten Projekte im Weimarer Kulturstadtjahr. Denn neben dem Nachbau soll auch eine virtuelle Ansicht dem Besucher die – fast – perfekte Illusion eines Rundgangs durch den vom Dichtergeist geweihten Ort bieten. […] Übermotiviert und kaum zu bremsen seien die 70 am Bau beteiligten Leute gewesen, so berichtet der Geschäftsführer des Berufsförderungswerks Bau Thüringen, Dr. Robert Ernst. Und mancher habe über die Beschäftigung mit dem Häuschen im Ilmpark gar zu intensiver Auseinandersetzung mit Johann Wolfgang von Goethe gefunden. […] Wenn sich Ostern 1999 Original und Kopie in Sichtweite gegenüberstehen, soll sich dem Betrach-

ter die Frage nach dem Wert des eigenen Erlebens stellen: »Muß ich, wenn ich die Kopie kenne, noch ins Original? Erspart der Computer künftig die Reise nach Weimar?«

Weimar Kultur Journal 11/1998

Lieber W.,
mit Roth in der »Kulturstadt Europas 1999« in Sachen *Öde Orte 2* unterwegs:

Pressestadt Europas 1999
Stadtzeitung leider: keine!
Man liest: *Thüringer Allgemeine*.
Übernehmen Sie, Schulte-Hillen!
Körperkulturstadt Europas 1999
Im *Wieland-Café*: Roth trinkt Likör.
Wieland: sitzt beim Herrenfrisör.
Die Stadt platzt aus allen Rillen.

Hrzl. grüßt das Herausgeberdoppel Wieland + Roth

Eigenleistung der Bevölkerung
Zusätzliche Arbeit von Bürgern zur Durchführung von Baumaßnahmen ist gegen Vergütung möglich. Dabei gilt, daß zusätzliche Arbeit in jedem Fall der Zustimmung des Beschäftigtenbetriebs bedarf. Diese Zustimmung gilt jeweils befristet für ein Jahr. Folgende zusätzliche Arbeiten im Hinblick auf Werterhaltungsmaßnahmen wären durch Bürger u. a. möglich:
– malwertmäßige Instandsetzung
– Unterstützung von Bauarbeiten zur Bauvorbereitung (Baufreiheit schaffen, Transportaufgaben)
– Schuttbeseitigung

Ratgeber für Bürger der Stadt Weimar, Weimar 1987

An die E.-Brüder!
Aus dem P.-Universum von Weimar, der »Kulturstadt Europas 1999«, erreichen Euch von unbekannter Hand nachstehende frische Verse:

Wirtschaftsstadt Europas 1999
Goldschmiede *Schädlich*, Immobilien *Kunze* …
Am Frauenplan bringt Kunst Penunze!
Dichtung ergo auf Marktwirtschaft drillen.
Nationaltheaterstadt Europas 1999
Proteste: Fusion der Stadtbühne droht!
Plakate in Weimar: »Theater tut NOT!«
Wer blickt durch? Durch welche Brillen?

Bewerten Sie selbst!

Einsendeschluß: 12. November 1998

Schillers berühmte Verkündung in seiner Ode an die Freude »Alle Menschen werden Brüder«; Goethes visionärer Menschheitstraum vom freien Volk auf freiem Grund; Herders »Briefe zur Beförderung der Humanität«; die Worte von Rosa Luxemburg, Clara Zetkin und Karl Liebknecht, gesprochen im Volkshaus, das die Weimarer Arbeiterschaft 1908 mit eigenen Mitteln und unter großen Opfern errichtet hat; der Schwur der Häftlinge von Buchenwald nach ihrer Selbstbefreiung vor dreißig Jahren, eine neue Welt des Friedens und der Freiheit aufzubauen, sowie die Beschlüsse des VIII. Parteitages der Sozialistischen Einheitspartei Deutschlands, der als Hauptaufgabe formuliert hat, das materielle und kulturelle Lebensniveau des Volkes weiter zu erhöhen: All dies bestimmt heute das Leben und die zukunftsträchtige Wirklichkeit in der mit annähernd 64 000 Einwohnern zweitgrößten Stadt des Bezirkes Erfurt.

Diesen Weg konnte die Stadt nur zurücklegen, weil sie auf dem Territorium der souveränen Deutschen Demokratischen Republik liegt, die ein untrennbares Glied der um die Sowjetunion gescharten sozialistischen Staatengemeinschaft bildet. Damit ist Weimar der Kraft und Impulse dieser freien Völkergemeinschaft teilhaftig.

Franz Kirchner, Oberbürgermeister, in: *Weimar – aufblühende sozialistische Stadt*, Weimar 1975

Lieber W., Grüße von einer Expedition in Weimar, die ich mit Roth in Sachen *Öde Orte 2* bestreite.

Dein Rayk

PS: Die ganze Stadt ist von der Frisörladenkette *Mason* dominiert. Hab' mir einen »Herrenschnitt« (für 15 Mark) gegönnt. Total günstig. Und gut. Roth meint, die neue Frisur täte auch gut zu Dir passen. Ganz meine Meinung! Sieht tipptopp aus. Und ist nicht teuer.

R.

PPS: Frage: Was hat eigentlich Weimar mit Monika Weimar zu tun?

R.

Wir wollen in Weimar modern sein.

Frank Scherschmidt, technischer Geschäftsführer der Stadtwerke, in: *Weimar Kultur Journal* 11/1998

Liebe S., unvorhersehbarerweise, nur, weil Wieland wollte oder weil ich unvorsichtigerweise den Kurs »Goethe und die guten Goten« gebucht habe, muß nun Weimar zu Fuß erobert werden. Dabei wird Schiller heuer erst 239. Ich sah z. B. ein *Frischback-Haus*, ich sah *Thüringer Backstuben*, ich sah eine »Luthergasse« zu Bruch, ich sah viele cellekonforme Cafés, einen verwrackten Sophienstiftsplatz + allg. Verkehrsüberforderung. Man soll nicht versuchen, N. Y. zu verstehen, schriebst Du. Man soll nicht versucht werden, Weimar zu begehen, will ich antworten. Drei Jahre später, drei Jahre älter.

Roth i. A. Wieland

Auch in Weimar ist ein Baustil ausgebrochen, der bei manchem Traditionsbewußtsein auf Erschrecken trifft. Doch das Handelshaus am Theaterplatz, die neue Gestaltung des Bahnhofsvorplatzes und das am organisierten Bürgerprotest gescheiterte Buren-Projekt für den Rollplatz sind Zeugnisse eines globalen Phänomens, das immer häufiger als »Zweite Moderne« bezeichnet wird. […] Unsere drei Weimarer Beispiele haben Eigenschaften, die sie zu Prototypen der Serienproduktion, besonders der industriellen Großtechnik machen. Deshalb nützt kein Jammern über langweilige Quadrate, sie müssen historisch hinterfragt werden. […] Die weit verbreitete Ablehnung der gerasterten Einförmigkeit resultiert offenbar aus dem Erleben zweier unbewältigter Konflikte: Die mathematische Ordnung wird sowohl gegenüber der eigenen Natur als auch gegenüber dem baulichen Kontext als fremd empfunden. Das Schema scheint weder zu uns noch zur historischen Stadt zu passen. [...] Wenngleich Weimar nicht ganz das mechanische Zeitalter überspringen kann – auch im Stadtbild nicht, so könnte doch eine kühne Wendung hin zum Denken und zu den Experimenten der nachindustriellen Kultur dazu beitragen, daß diese Stadt ihre Identität behält – nämlich sperrig und unbequem gegenüber Neuem zu sein, aber auch aufgeschlossen und inspirierend gegenüber solchen Geistern, die den produktiven Widerspruch lieben. Mit dieser Art von innovativer Identitätssuche wäre auch das Raster zu erledigen.

Weimar Kultur Journal 11/1998

Weimar, 12. 11. 98

Sehr geehrter P. H.,
diese Karte aus der »Welt der Tatsachen«, in der ich mit J. Roth in Sachen *Öde Orte 2* unterwegs bin. Die Stadt wird nächstes Jahr »Kulturstadt Europas 1999«. Und läßt die albernsten Renommierkutschen auffahren. Goethes Gartenhaus wird tripliziert! Schädlich eröffnet eine Goldschmiedewerkstatt am Frauenplan. Kunze hat eine Immobilienfirma. Brief folgt von Ihrem Sie herzlich grüßenden

Rayk Wieland

Seelisches Wohlbefinden und etwas innerlich tief Befriedigendes erlebte ich in Weimar.

Rudolf Steiner

Stiller Verfall fand 1988 ein laut dröhnendes Ende.

Thüringer Allgemeine, 12. November 1998

Rudl!
Würzburger Hofbräu unterhielt hier einst auf Nazigelände eine Gaststätte des Böblingers Artur Spee. Nicht Speer. Und nicht eine Zwiebelzopfmanufaktur. Glaubst Du's?

Ich kann nur fragen: Was ist hier los? Bach 9 Jahre neben dem Führer, der Führer neben Cranachs Todesdomizil, und neben Cranach die T-Info mit Zwiebelfrisurengoethe.

Gib Auf- und Erklärung!

Dein R.

»Solch ein Gewimmel möcht' ich seh'n ...« Und wer da war, der hat es auch hautnah erlebt. Gute 250 000 Besucher drängten sich vom 9. bis 11. 10. wieder zum Zwiebelmarkt durch die Altstadt von Weimar – vorbei an den zahllosen traditionellen Ständen, vorbei aber auch an den mit Zwiebeltöpfen getarnten Wochenmärkten, Auswüchsen zweifelhafter, verzweifelter »Kunst«, Gartenzwergen, Christbaumkugeln ... – na ja, bekanntes Allerlei mittlerweile. – Doch die Zippel – der Markt wird erstmals 1652 urkundlich erwähnt als »Zippel- und Viehmarkt« – scheint das Geschehen noch fest im Griff zu haben. In proppevollen Clubs und Kneipen, in Sälen, auf Straßen und Plätzen gab's viel Musik mit reichlich Bands. Leider unterschieden sich diese kaum von denen der Vorjahre. [...] Bier floß auch wieder in Strömen, die Bratwurst war die vom Volk meistbegehrte Speise, wofür insbesondere schon die Wagenburgen der großen Brauereien und die zig Roste sorgten. Weimar war erneut für drei Tage und Nächte die Hauptstadt der weltberühmten Zwiebel. Ein Fest des tränenden Gewächses – aber auch des Fressens und Saufens.

Cabinet Nightflight – Das Musikmagazin 11/1998

Liebe B., lieber J.,
soweit wir wissen, habt Ihr Euch wochenlang im Schillerarchiv herumgetrieben. Alles Quatsch! Das Schillerhaus steht nämlich in Weimar (Schillerstraße 1). Der Goetheplatz erstrahlt in den tricolorischen Farben grau, beige und weiß.

Vive les Krauts! Autos im Goethepark! Und Hunde! Und Bäume!! Und 1 Kubus. 11 m Tiefe, spitz zulaufend. Es grüßen, mittlerweile biergestopft: Dein / Euer Jürgen + Wieland

Beim Überschreiten des Karl-Marx-Platzes, den ausgedehnte, während der Hitlerherrschaft entstandene und heute Verwaltungszwecken dienende Gebäude flankieren, wird die anmaßende und gewalttätige Baugesinnung einer Zeit erkennbar, deren traditionsfeindlicher Ungeist auch den Charakter des Weimarer Stadtbildes zerstörte.

Weimar – Ein Führer durch die Stadt, Berlin/Weimar 1965

Weimar, 12. 11. 98

Lieber B., gern wären wir zu Hause geblieben. Schon der Bahnhof in Weimar hatte keinen Ausgang. Die Stadt rettungslos verstopft und verbaut. Durchfahrt per Bus: unmöglich. Überall aufgelassene Nazibrachen, Wursthalden, Zonenzäune um alte Gräben … Hier florieren Blumenläden, Frisöre, Bertelsmannclubs, sonst aber überhaupt nichts. Die Pflasterwege werden neuerdings noch mal gepflastert. Echt Kult! Sonst ist nichts gewesen. Danke für die Spesen. Aus der Öde:

Rayk + Jürgen

Der Weimarer Weihnachtsmarkt erreicht in diesem Jahr neue Dimensionen. Vom Marktplatz über die Schillerstraße zum Theaterplatz werden Handwerker, Händler, Gastronomen, Schausteller und ein umfangreiches Bühnenprogramm vorweihnachtliches Flair schaffen und den Markt mit alten Bräuchen begleiten. Die Fenster des ehrwürdigen Rathauses werden zum Weihnachtskalender umfunktioniert […]. Auch der Weihnachtsmann mit seinem Schlittengefährt wird jeden Tag erwartet.

Tourist-Information Weimar

Weimar, 12. 11. 98

Mein lieber Sohn,
in ganz Weimar gibt's 2½ Spielplätze, aber jede Menge Krähen und Enten. Außerdem gibt's Rostbratwürste, jede Menge Polizei- und Krankenwagen. Alles in allem fifty-fifty.

In Deinem Alter muß man Weimar nicht unbedingt gesehen haben. Später aber auch nicht.

Dein Papa

1999 Wege nach Weimar
Die Weimar 1999 Kulturstadt Europas GmbH und der Kulturkanal 3sat möchten Sie, liebe Filmschaffende, Künstler und Autoren, zur Teilnahme an einer außergewöhnlichen Aktion einladen.

Unter dem Motto:

»1999 Wege nach Weimar«

suchen wir 1999 Videoclips von je einer Minute Länge, in denen

Künstler und Videofilmer ihre individuellen Assoziationen, ihren jeweiligen Zugang, ihr persönliches Verhältnis zu Weimar und/oder zur Jahrtausendwende darstellen. Ob Mini-Feature oder Statement vor der Kamera: Den Darstellungsformen sind keine Grenzen gesetzt.

Jeder so entstandene »Weg nach Weimar« wird Teil der »Weimarrolle«, einer Filmsammlung von 1999 Minuten (ca. 33 Stunden) Gesamtlänge. Bereits am 19. Februar 1999, am offiziellen Eröffnungstermin des Kulturstadtjahres, wird eine erste Staffel mit bis dahin bereits fertiggestellten Clips gestartet. […]

Realisiert werden kann dieses spannende Vorhaben nur mit Ihrer Hilfe. Darum lautet unsere Bitte: Machen Sie der Kulturstadt Weimar und ihrem Medienpartner 3sat Ihren Beitrag zum Geschenk! Überlassen Sie uns Ihren »Weg nach Weimar«, und er wird Teil eines großen Filmkunstwerks am Ende des Jahrhunderts.

[…]

Weimar und Mainz, im September 1998

[Unterschrift]

Weimar, Reimstadt Europas 1999

Horst Tomayer in solidarischer Kumpanei zugeeignet

Hotte, in Weimar,
Dem Klassikerkerker,
Tat ich an dem Reim ar-
Beiten wie ein Berserker.

Als Reim-Handwerker
Zwang mich hier Weimar,
Und kein Zwang war stärker,
Zu suchen das Reimpaar,

Das Schillern und Goethen,
Herdern, Wielanden
In schwersten Nöten
Niemals nicht fanden.

War Weimar reimbar?
Ja. Doch nur scheimbar.

Für Hubert Ivo

Nicht übel

Von Jürgen Roth

Links und rechts von einer der ältesten und löchrigsten Autobahnen liegt Wiesbaden. Wiesbaden wird durchfahren, um nach Mainz-Finten zu gelangen oder nach Speyer. So schlecht ist Wiesbaden nicht.

Theaterbesuche in Wiesbaden sollen nicht zum Erfreulichsten gehören. Wiesbadens Villen aber genießen einen Ruf. Beides zusammengenommen sagt wenig Abfälliges über Wiesbaden.

An einer der letzten Ausfahrten Wiesbadens, der Ausfahrt Biebrich, verpackt Henkell unterm Dach seiner großen grünen Firmenhalle Sekt. Wer Sekt trinkt, verschwindet, behauptete Jörg Fauser.

Er möge den Ort sehr, sei gewissermaßen vernarrt in ihn. *Der Name der Rose* wurde hier zu guten Teilen verfilmt. Fünfzehn Autominuten, zwischen den Weinhügeln und niedrigen Eichenwäldern des Rheingaus.

Mit Wein könne er ja nur bedingt etwas anfangen, er trinke ihn gern, aus Unkenntnis der Sache aber zu schnell und zu hastig, beinahe wie Bier, und unterscheiden würden sich ihm geratene von schlechten Weinen kaum.

Er schenke mir, wenn ich keinen Espresso mehr wolle, für Weihnachten eine Flasche drüben aus der Weinabteilung. Ob ich die Zeit noch hätte, man müsse bloß rasch den Hof queren.

Das letzte Mal, als er mit seiner Frau zum Essen herausgefahren, habe er ein Geräusch, ein seltsames Geräusch gehört. Man sei stehengeblieben, hier, auf dem Parkplatz, und dann seien sie vorbeigezogen.

Es waren Kraniche.

Der, genau, der, der Rauenthaler Baiken 1997, der sollte mir schmecken. Trinken Sie die zwei Flaschen an Weihnachten mit jemandem.

Dann laufen wir hinaus und zum Wagen, und dann hält er inne und bedeutet mir, da, das Geräusch.

Die säßen wohl in den Bäumen drüben, nein, man müßte sie sehen, irgendwo dort droben am vom Schnee matt gestrichnen Himmel.

Und finster plötzlich wird der Himmel, / Und über dem Theater hin / Sieht man, in schwärzlichtem Gewimmel, / Ein Kranichheer vorüberziehn.

Stimmt nicht, nein, nicht zu fassen, so spielend geht der Zug dahin, die Hintern lösen sich von rechts und links und streben vorwärts in des Keiles Mitten, andre fallen zurück. Schön sieht das aus. Die nahen Stimmen furchtbar krähn.

Wie hoch die wohl fliegen? Einen Kilometer hoch?

Dreihundert Meter hoch fliegen sie, in ihr Winterquartier. Vorne läuft das Dreieck, freilich, spitz und dichter zu, die Schenkel, gefiedert, fransen aus, in weiten Wellen verschiebt sich ihre Formation, in leichtem Rhythmus, in einer Ordnung der Vernunft.

Wir sind rasch geflogen in südlicher Richtung, ohne abzuweichen / Durch vier Provinzen fünf Tage lang.

Sie ziehen einen weiten Bogen und brüllen und rufen, krächzen und kollern nicht wie der Graureiher, der meistens verweilt und fischt oder Mäuse holt, wenn man ihn nicht erschießt.

Fliegt rascher, die Ebenen warten / Die Kälte nimmt zu und / Dort ist Wärme.

Mehr als zwo Grad dürfte es nicht haben. Wie viele, meinen Sie, sind das wohl? Dreihundert bestimmt.

–

Nein, hundertzwanzig, höchstens.

Sieh jene Kraniche in großem Bogen! / Die Wolken, welche ihnen beigegeben / Zogen mit ihnen schon, als sie entflogen / In graulichtem Geschwader.

Alle mal durchzählen! Hier. Hier. Ja. Da. Hier. Hier. Hier. Ja. Hier. Zur Stelle.

Danke. Weiter.

Eine solche Stadt mit einer solchen Umgebung mit einem solchen Ort, an welchem man solches schaun kann, kann keine schlechte sein.

den Rhein (hinab? hinauf?) zu fahren
Thomas Koebner: Minne Macht –
Zu Richard Wagners Bühnenwerk
Der Ring der Nibelungen

Was will Worms?

Von Jürgen Roth

Ich weiß es nicht. Worms scheint zerrissen, im Innersten gespalten. Welchem Denkmal räumt man, stadtpsychologisch gesehen, den Vorzug ein – dem Hagendenkmal oder dem Siegfriedbrunnen? Oder zuletzt dem völlig wahnsinnigen Ludwigobelisken an der Kirche St. Martin? Sofern nicht doch das steinerne Standbild »Infanterieregiment Prinz Carl Nr. 118 und seinen Feldformationen«, zehn Meter weiter Richtung Siegfriedstraße, die Oberhand gewinnen und die Zukunft weisen sollte?

Das Bahnhofsbistro bevölkern Männer mit Pelzmützen. Es herrscht sibirische Kälte. Aus zwei Schächten an der Decke ergießen sich Katarakte von Kühlwasser. Die Klimaanlage ist explodiert. Eine Bombenstimmung, eine Art Atombombenstimmung.

Was hält Worms zusammen?

Die Bahn unternimmt wenig, Worms ernst zu nehmen und gebührlich anzufahren. Rechtsrheinisch, aus dem Norden kommend, bremst der Zug abrupt und verweilt, es ist nicht zu begreifen, in Goddelau-Erfelden nahezu zwanzig Minuten. Eine brave Stille. Hinter uns liegen Groß-Gerau und Gernsheim. Das Land flach und unansehnlich wie überall im Rheingraben. Dünne dampfende Schornsteine tauchen am breiten Fluß auf. Der Haltepunkt Worms-Brücke wird passiert. Schlottrig zieht allerhand Gebäudeschrott vorbei.

Kaum traut sich die Lok herein. Sie ruckelt und ruckt ganz unsympathisch. Widerwillig steigen vier, fünf Menschen aus. Sie machen keinen guten Eindruck. Weiter geht es nicht. Die Gleise enden in Worms.

Was umtreibt Worms?

Man sammelt eifrig und sehr öffentlich Altpapier. Innerhalb weniger Minuten brausen mehrere Kombis auf den verluderten Bahnhofsvorplatz. Die Entladung von Zeitungsbündeln und Kartons erfolgt geschickt. Dann wieder retour. Die Bushäuschen erwarten ihren Einsturz. Ein Hund bricht zusammen.

Worunter leidet Worms? Woran?

Am Ortsteil Pfiffligheim? Am jahrhundertelangen Fehlen der gerade in Installation begriffenen »Neigetechnik«? Unter der Last der Tradition, dem Reichtum der Überlieferung, der Ambivalenz des Nibelungenliedes? Oder führt der Kiosk zu wenig Pornos?

Worms ist, wie der späte Heiner Müller anläßlich seines Finalstückes *Germania Tod in Berlin* dekretierte, »eine deutsche Wirklichkeit«, ja »der deutscheste aller deutschen Stoffe«, der Deutschland-GAU im Wonnegau. Worms sei, orakeln die Vorsteher des per Pkw durch den Brückenturm am deutschen Strom erreichbaren Mythosmolochs, womöglich gar die älteste aller deutschen Städte. Die Broschüre *Siegfrieds Grab – hic tumulus gigantis* des »Künstlers« Eichfelder (Worms 1998, 5 DM), eine Vorschlags- und sanfte Streitschrift zwecks »Anregung zur Rekonstruktion der sagenhaftesten Wormser Sehenswürdigkeit« (Untertitel), spricht – und spricht für Worms' stolze Bürger: »Worms ist der sagenhafte Schauplatz großer Heldenepen und gilt mit seiner mehr als 7000jährigen Geschichte als älteste Stadt Deutschlands.« Denn Gott, Roland und Siegfried schufen Deutschland lange vor Zweitkaiserreichsgründer Bismarck und Drittreichsverweser Hitler. »Mit dieser Ansicht gehen wir weit über die Stadtgründungen (civitas) der römischen Epoche hinaus und lassen die Kulturgeschichte unseres Raumes bereits vor der Zeitenwende beginnen«, ein winziger Trick, den neben Hindenburg, Schäuble und Hitler auch Göring beherrschte, der Stalingrad das Worms Rußlands nannte, als er am 30. Januar 1943 im Ehrensaal des Reichsluftfahrtministeriums die Schlacht gegen den verjudeten Bolschewiken zum Nachvollzug des Kampfes der Nibelungen in Hunnenkönig Etzels

Halle erklärte; i. S. des deutschen Dichters Felix Dahn: »Brach Etzels Haus in Glut zusammen, als er die Nibelungen zwang, / So soll Europa stehn in Flammen bei der Germanen Untergang!« (1859)

Ist Worms dement? Durch eigenen Entschluß, dem Führer nacheifernd, den urbanen Exitus zu exekutieren (Stadtsanierung)?

Nein: bloß evtl. angeblich der Nibelungenhof, Entstehungsort und Hort des heroischsten deutschen Epos und damit Resultat einer Hunderte von Jahren währenden geistigen Verstörung. Das Nibelungenlied als Nationalepopöe hat es nie gegeben; die dürftige Textvorlage, um 1200 entstanden, war bereits Interpretation unzähliger (mündlicher) Deutungen und Kontaminationen eines nunmehr für jeden Leser sichtbar heterogenen Stoffes. Der Wirrwarr der Siegfriedsaga wurde bearbeitet, bis jedem Romantiker und Volkskulturschwätzer, jedem auf dt. Tugenden versonnenen Biedermeierseppl bis hin zum Vormärz (Herwegh, Wagner) und den Deutschnationalen – als bürgerlich-aristokratischen Eliten des Hohenzollernreiches – die jeweilige Version zupaß kam.

Einen verbindlichen deutschen Urtext, *das* Dokument der »Vorzeitkunde« zu kreieren, dazu bedurfte es gehöriger Infamie und konstruktiver Impertinenz. Zwei Lesarten gewannen an Einfluß: Zum einen galt der Drachentöter und Kriemhilderlöser Siegfried als strahlend naiver Heros, den Hagen, der sinistre Unhold, feige und erbärmlich wegholzt. Andererseits, jetzt legt die Erzählung ihren Schwerpunkt auf den Untergang der Burgunden, triumphiert Hagen noch im Todeskampf, während der Hortforderung, über die Rächerin Kriemhild und deren barbarischen zweiten Mann Etzel – sein Wirken ein »Trost der Nibelungen«, Kriemhild eine »Teufelin«.

Und was macht Worms? Es stellt einen Siegfriedbrunnen und ein Hagendenkmal hin.

Und eins für Luther, den Narren, der Worms, die fälschlich wegen ihrer günstigen Verkehrslage und ihrer deliziösen Lebensmittel (Wonnegau) erstmals 1495 erwählte Reichstagsstadt, 1521 in die weltweiten Schlagzeilen brachte, weil er trotz turbulenter Quartiersrangeleien – »aber die in Großveranstaltungen erfahrenen Wormser brachten alles bald in das rechte Lot« (Dr. Fritz Reuter: *Reichstagsstadt Worms – Ein historischer Rundgang*, Hamm/Rheinhessen o. J., 5,80 DM) – die Gelegenheit ergriff, am 18. April im Bischofshof (heute ebenso dem Erdboden gleichgemacht wie Luthers Quartier, der Johanniterhof, auf der gründlich versauten Einkaufshauptstraße Kämmerer) vor Kaiser Karl V. den Widerruf zu verweigern und auszurufen: »Hier stehe ich, ich kann nicht anders, ich bin dumm geboren, Gott helfe mir! Amen!«

Luther war durch die Martinspforte – erhalten ist »eine verkleinerte optische Erinnerung« (Reuter), gedreht um 180 Grad und Möbelgeschäft – »auf seinem Rollwägelchen« (Reuter) gekommen, am 8. Mai mit der Reichsacht belegt und anschließend unter Geleit seines Herrn Kurfürst Friedrich des Weisen von Sachsen, der einen Überfall fingierte, zur Wartburg verschifft worden. 1869 streicht er den verdienten Lohn ein und erhält ein eigenes »Weltdenkmal der Reformation« (Ernst Rietschel), ein begehbares Monstrum, das u. a. die Vorreformatoren Jan Hus und Hieronymus Savonarola und drei Frauengestalten zeigt: die Bekennende Augsburg, die Protestierende Speyer und die Trauernde Magdeburg.

Auf daß die Triplizität, die Trinität nun stehe: »Nibelungen-Dom- und Lutherstadt Worms am Rhein« (Krapohl-Verlag Grevenbroich, Schloß Hülchrath, Karte Nr. 0 68).

Wir vermissen, die Quadratur des Wahns zu runden, die Flennende Worms. Panflöten durchdringen klirrende Luft. Gedrückt schleicht Worms über die Wilhelm-Leuschner-Straße, das Shoppingparadies der »Nibelungenstadt« (a. a. O., Karte Nr. 0 14). Eine nie gesehene architektonische Verheerung regiert die Optik. Fürwahr, Magdeburg, dessen Zerstörung im Dreißigjährigen Krieg erwähnte Skulptur versinnbildlicht, ist ein Dreck dagegen. Die Lederstadt Worms liegt in Agonie. Irgendwer schaffte 1945ff. mehrere Tonnen Beton und Lkw-Ladungen Stein und Gebälk herzu, und jeder durfte zugreifen und tun und machen, wie ihm die Maurerhand gewachsen. Suchen künftige Stadtplaner nach dem Inbegriff urbaner Mißbildung, ihr Weg ist ihnen vorgezeichnet. (Sofern sie die Autobahn finden oder einen Zug.) Alles verhutzelt und verschlissen und nahezu unbewohnbar. Roher Übermut zeugte die schlimmsten Beleuchtungseinrichtungen. Jedes Haus neidet dem nächsten seinen Stil. Man zerbröselt um die Wette. Rasender Verfall, Zerfall und bedrückende Zermürbung. Bochum sähe keine Schnitte. Ärgstes Bukarest im Handtaschenformat. Zur gnädig gewährten Judengasse hin dominiert ein fürchterliches Durcheinander: Plattenbau, Semihochhaus und Waschbeton. Worms, die gedankenloseste aller Mixturen aus Weiler und Vorstadt, Spritzbeton, fünfziger Jahren und Achtziger-Jahre-Mehrzweckboutiquengalerienbunkern, deprimiert obendrein durch ein Umland, das schäbiger und verschandelter nicht sein könnte.

Wie tickt Worms?

Im Grunde nicht mehr ganz sauber, gleich der gesamten Nibelungen-Mythographie, dem wohl gewaltigsten Lügengebäude der neuzeitlichen Kulturgeschichtsschreibung. »Konstruierende Rezeption« nennt's Joachim Heinzle (*Die Nibelungen*, Frankfurt/Main 1991); resp. »haarsträubenden Unsinn«, einen multiplen Parade- und vielleicht den folgenreichsten Fall mutwilligen Mißverstehens. »Nach Belieben« exegierte man isolierte Szenen des konfusen Stückes. Die bekanntesten Ergebnisse deutscher Irrsinnsphilologie sind die von Reichskanzler von Bülow am 29. März 1909 aus der Taufe gehobene »Nibelungentreue« zwischen »Preußen-Deutschland« und Österreich-Ungarn (»Worin diese eigentlich besteht, ist freilich nicht leicht zu sagen«, so Heinzle; Hagen von Tronje und sein Waffenbruder Volker von Alzey jedenfalls kämpften demnach stolz und stark Seit' an Seit' mit dem heiteren Sangesmann, dem Österreicher, wider das Slawenpack; später ging die Tendenz wieder mehr gen Siegfried, so daß Herwegh den »Bismarck-Siegfried« preisen durfte) und die »Dolchstoßlegende«: »Wie Siegfried unter dem hinterlistigen Speerwurf des grimmen Hagen, so stürzte unsere ermattete Front; vergebens hatte sie versucht, aus dem versiegenden Quell der heimatlichen Kraft neues Leben zu trinken.« (Paul von Hindenburg, im Felde unbesiegt) Jetzt also die Sau: Hagen (= Novemberrevolutionäre).

Und Worms? Wohin driftet Worms?

Seine Ursprünge sind sagenhaft, vornehmlich beeindruckt »die Nibelungentradition des Ortes« (J. A. Schmoll genannt Eisenwerth: *Der Wormser Nibelungen-Wandbildzyklus von Karl Schmoll von Eisenwerth*, in: Heinzle, a. a. O.). Freie Reichsstadt und Bischofsstadt in der Kaiserpfalz, »Residenz des untergegangenen Burgunderreiches«: Das alles bedeutet Last und Verantwortung. »Denn [...] hier herrschte im 5. Jahrhundert König Gunther, [...] hier begann die Tragödie mit Kriemhild und Brünhild, mit Siegfried und Hagen [...], hier gab es dunkle Erinnerungen, und der Habsburger Kaiser Friedrich III. (1415–1493) ließ bei einem Wormsaufenthalt nach dem legendären Grab Siegfrieds suchen« – was heute Wormsens hellsten Artisten, obigen Eichfelder, zu seinem fabulösen »Projekt« animiert, zur Rekonstruktion des Hügelgrabes (Tumulus). Denn Worms kennt das »Lied des hürnen Seyfried«, meint Eichfelder, ein lokalrheinisches Histörchen von hinreichenden Hinweisen auf spezifisch wormsensische Menhirenaktivitäten, sprich: die Errichtung »hoher Steine« (Megalithikum) als matriarchale »Großsteinkultur«. Im Rahmen solcher »ritueller Landschaften« (Prof. Lüning) erhält der Nibelungenstoff neues Gewicht: »Siegfrieds Grab wäre demnach eine rein jungsteinzeitliche Anlage. Der Tumulus muß dabei nicht notwendigerweise einen Dolmen in seinem Inneren geborgen haben; ein rudimentäres Steinkistengrab mit großem Anteil an Trockenmauerwerk ist auf Grund potentieller Analogien weitaus wahrscheinlicher.« Erdrückende Beweise, gewiß. Friedrich III. fand Knochen, »angeblich größer als die eines normalen Menschen«, vielleicht eines Ochsen oder Mastbullen, man weiß es nicht (vgl. *Acta Wormatiensia*). 1632 »bestätigt ein gelehrter Reisender die Lokalität des Tumulus« mutmaßlich auf dem Terrain des Nonnenklosters Maria Münster (Johanniskirchhof). Sein Name: unbekannt. Zum Schrecken der Heutigen zerstörte infolge des Pfälzischen Erbfolgekriegs der nachmalige Erzfeind 1689 ganz Worms, somit fiel auch die herrliche spätgotische Münze samt steinernen Kaiserbildern und Fresken und Siegfriedverherrlichungswerken von Nicolaus Nivergalt – eine Tafel an der Stadtbücherei Markt, Ecke Hagenstraße erinnert: »Hier ist der Mittelpunkt der Stadt / Hier stand der erste Bürgerhof / ›Das schönste Haus der Erde‹«, dem Erdboden siegfriedeisch gleichgemacht. Gong.

Tja, der davorgebockte Siegfriedbrunnen führt kein Wasser mehr und ist sorgfältig vermüllt.

Gott sei gepriesen, setzt Eichfelder nunmehr nach. Dem heidnischen Sagenstoff will er mitten im christlichen Europa zu neuer Geltung verhelfen. Viel spricht ja dafür, daß Siegfried im Wormser Rosengarten (daselbst ab 1905 – o Verwirrung – zunächst das Hagendenkmal stand), so die nordisch-wormsische Vorfassung des Nibelungenliedes (Seyfriedslied), »Krimhilds« zwergisch unterstützte Befreiung begoß. Da indes »der ursprüngliche Standort des Monuments [...] zum Industriegebiet geworden« ist, weicht Eichfelder auf den Torturmplatz aus, ohne echten künstlerischen Hintergedanken: »Der Ostteil der Innenstadt soll für den Tourismus erschlossen werden. Dies ist auch einer der Gründe für das Nibelungenmuseum an dieser Stelle. Die künstlerische Interpretation eines prähistorischen Monuments, welches die Nachwelt mit Siegfried, dem Drachentöter, in Verbindung brachte, wäre sicherlich eine weitere Attraktion.« Kostenpunkt: »Etwa DM 70 000,– (ohne Berücksichtigung der [Un-]Kosten des Künstlers)«. Pluspunkte: »Vor Ort wäre es noch möglich, eines der archetypischen Motivbänder der Wormser Winkelband-Keramik in die Steine einzugravieren.« Und: »Die Rasenfläche wird durch Baufahrzeuge im inneren Quadrat der Parkanlage zu etwa 70% zerstört.«

60 t Material plus 30 t Rotsandsteinmenhire aus Kaiserslautern: dem »wunder- und wohl auch mythengläubigen Wormser« (Dr. Reuter) würde's munden. »Damit würde der neue ›Nibelungenbereich‹ am Torturmplatz um eine zusätzliche Dimension erweitert. Das ist, scheint mir, ein sagenhaftes Unterfangen.« (ders.)

Von Sensation zu Sensation surft Worms. Die Zukunft gewinnen, die Vergangenheit verstehen. Der Mäzen Cornelius W. Freiherr Heyl zu Herrnsheim spendierte erst die 1900 auf der Pariser Weltausstellung präsentierte und in zweihundert Exemplaren gedruckte Nibelungenlied-Prachtausgabe des Joseph Sattler (*Die Nibelunge*, eine rechte mythenschwere Virilitätsglorifizierung mit deutlichem Wehreinschlag), dann orderte er den Wandbildzyklus, nachdem wegen der mißlichen »urbanistischen Situation« (J. A. Schmoll usf.) diverse Siegfriedbrunnenvorschläge den stürzenden Bach runtergegangen waren, als »eine Art Nibelungen-Denkmal«, stilistisch, nämlich romanisierend dem Kaiserdom St. Peter angepaßt (woselbst dieser Tage – nebst Kindertagesstätte – eine »Domjugend Worms« randaliert). 1913 ging's los, das Cornelianeum vollzupflastern. Schmolls »Bildprogramm« aktualisierte sechs Szenen aus den 39 Aventiuren des Nibelungenliedes. Seine »Bildfelder« lehnten sich, ein vorkriegerisches Cross-over, christlicher Ikonographie an (Beweinung Christi) und beerbten Ferdinand Hodlers Monumentalmalerei (vgl. dessen Trumm »Auszug der Jenenser Studenten in den Freiheitskrieg 1813«). Plastisch, kräftig, bärbezwingend brummend: Nibelheim at its best. Nicht realisiert ward das vorgesehene Metzelplateau »Der Nibelungen Tod«, weil »wehrpolitisch« kaum zu vertreten. Gleichwohl leistete Schmoll – richtungweisend seine Nationalkunst auch fürs Leipziger »Völkerschlachtdenkmal« – laut J. A. Schmoll immerhin dies: »Die Antizipation der ›deutschen‹ Helmform trug wohl dazu bei, das Wormser Bild der Schildwacht [Volker und Hagen in Etzels Hoflager] besonders bekannt werden zu lassen, indem man darin auch eine symbolische Darstellung für die ›Wacht am Rhein‹ – und an der Donau – erkennen wollte.« Folglich druckten 1914 der *Kunstwart* und 1917/18 die *Zeitung der 10. Armee* Schmolls »Sinnbilder des Wehrwillens«. 1945 wurde Worms der Schädel und mit ihm seine Nibelungenkunst zu Recht weggebombt.

Daran nagt Worms heute noch.

Woran hakt es in Worms?

Sozialabgaben fehlen. Die Müllabfuhr arbeitet schlecht.

Das Straßenbauamt ist verwaist. Alle Aktivitäten und Kräfte werden im Grünbauamt gebündelt und verschleudert, denn »Herr Grün (Leiter des Grünflächenamts der Stadt Worms)« (*Siegfrieds Grab* [...]) schuftet für Eichfelders Siegfriedgruft und die Wiederherstellung panzerkettenzerfurchter Parkflächen. Nachlässig wegelagern Strauch- und Baumpflanzungen an Adenauer- und Lutherring entlang der spätmittelalterlich-virtuellen Stadtbefestigung. Einen Neger läßt man gewähren.

Dabei glänzte Worms ehedem als Hort deutscher Zucht und deutschen Männerbündlertums (i. S. Ernst Kriecks), ideell zumal. Hagen war entdeckt worden, der unbeirrt willensstarke und hingebungsvolle Fighter wider Zeiten, »wo Welschthum und Franzosenthum uns mit Hohn zum Kampf auf Leben und Tod herausfordern« (Friedrich Hebbel). Die permanente Frontkämpferstadt vereinigte synthetisch-synkretistisch Germanologie mit Hitler, Luther (Individualverantwortlichkeit) und faustisch immer strebend bemühtem Schöpfertum. Und zwar am Rhein, klar, der Nibelungen und »Deines volkes hort« (Stefan George), lebensgrüner Widerpart des morbid-rationalistischen Römertums.

Von dessen Gemäuer steht auch nicht mehr viel. Siegfried, der kindlich schlichte »Sonnenheld« (ein Wormser Heimatforscher; vgl. Klaus von See: *Das Nibelungenlied – ein Nationalepos?*, in: Heinzle, a. a. O.), räumte ab. Der Wahnsinn gießt sich daher in Beton. Doch hält er nicht. Neuere Geschäfte, *Corso* etwa, kollabieren. Kubenskulpturen aus rotem, gelbem und grünem Plastik eskortieren flanierende Einkäufer. *Quick Schuh* steht vor der Schließung.

Keine Ahnung, was Worms wirklich ist. Aber was will es denn?

Einst, 1495, war Worms Ort des »Ehrenreichstages« unter Maximilian I. Späterhin übertraf man sogar Speyer und Mainz (acht Ausrichtungen!). Sechzig Türme zählte die selige Gemeinde. Der Ewige Landfriede und das Reichskammergericht wurden »an der Schwelle zur Neuzeit« (Dr. Reuter) beschlossen. Und dann riß der »Faden der Moderne« (U. Beck).

Wie geht es Worms?

Linksrheinisch retour, Richtung Norden durch Weinwüsteneien, gilt das Zugticket nicht mehr. Der Schaffner läßt Gnade vor Recht ergehen. »Aus Worms ist schwer wegkommen«, gibt er zu. In Mainz, back from Illegalität, übernimmt eine neue Crew – nunmehr konsequent besoffen und an Billetts vollständig uninteressiert.

Das hat Stil.

In der Kürze liegt die Würze.
Touristische Weisheit

Rein spaßeshalber gebaut

Von Gunther Schunk

Ach Wöddsborch, du Bärrle am Mee (d. i. Perle am Main), du Weinfaß an der Autobahn, du große Stadt mit kleinem Geist, du Bischofsmütze am fränkischen Kongo! Will man aus dir verschwinden, hat man's leicht, denn du liegst – wie nicht wenige bundesrepublikanische Orte – genau in der Mitte Deutschlands. Diese zentrale Stellung verheißt Gutes: eine Stunde bis in die »einzige und wahre fränkische Hauptstadt« Nürnberg (vgl. *Öde Orte*, Leipzig 1998), sechzig Minuten nach Stuttgart. Sechzig Minuten nach Frankfurt/Main, Option Weiterflug. Zweieinhalb Stunden nach München; zwei und eine halbe Stunde nach Kassel. Mit Anschluß nach Hildesheim. Hurra.

Der Lagefaktor

Würzburg darf man getrost verlassen. Nichts hält einen zurück. Es gibt nur Dinge, die es auch woanders gibt. Wer allerdings bleibt und im Talkessel womöglich eine Art kosmopolitischen Melting-Pot sucht, der sucht vergebens. Nichts herrscht außer mainfränkische Homogenität. Dabei kennt der Würzburger an sich gewisse Niveaus. Auf 182 Metern über Normalnull liegt der Main, Hochwasser ausgenommen. Auf 361 Metern über NN befindet sich der höchste Punkt der Stadt, die so-called Frankenwarte. Die Universität am Hubland-Gelände erreicht mit starken 350 über NN erhebliches regionales Niveau. Wie es indes dazu kommen konnte, daß die Studenten der als provinziell verschrieenen Alma mater zusammen mit Passaus Akademikern eine Vorreiterrolle im kreativen Ausstand des Wintersemesters 1997/98 übernahmen, ist bis dato ungeklärt und wahrscheinlich nie zu klären. Wie gleichfalls dunkel bleibt, warum sich just in Würzburg Europas größtes Festival afrikanischer Musik und Kultur zu etablieren vermochte – ohne den Hauch von Interesse seitens der Bewohner während der ersten zehn Jahre seiner Existenz.

Immerhin: Die amerikanischen Befreier wollten die weitenteils zerstörte Stadt nach 1945 erst gar nicht mehr aufbauen lassen und schickten sich an, die größte Kriegsruine Europas als »Grab am Main« touristisch zu nutzen. Sie hatten jedoch nicht mit der Schollenverbundenheit des fränkischen Ruinenmenschen gerechnet, der Würzburg unter der Ägide des Baumoguls Balthasar Höhn ruckzuck und zornig-trotzig gemäß den Stilprinzipien der fünfziger und sechziger Jahre revitalisierte. Die allfällige architektonische Ausnahme von der Regel ist, neben einer Handvoll wuchtiger Barockbauten, nach wie vor der Rokokoexzeß am Falkenhaus.

Der Frankenfaktor

Der Mainfranke gilt als in solchen Maßen seltsam und verschroben, daß sich der bayerische Staatsrundfunk eigens einen fränkischen Haus- und Hofkabarettisten hält, der lediglich einen Würzburger spielen muß und schon zur komischen Figur avanciert.

Ansonsten ist der Würzburger auf dynamische Weise beständig. Man trotzt, wie der große unterfränkische Volkskundler Josef Dünninger einst lehrte, in Beharrung und Wandel dem Wind der Zeiten, dem wehenden Mantel der Geschichte. Beharrung meint: politisch konsequent schwarzsehen und des weiteren stoisch katholisch sein. Dynamik – andererseits – bedeutet, sich jederzeit und relativ problemlos in einen Mittel- oder gar Oberfranken verwandeln zu können, denn Franken en bloc ist gewissermaßen heilig. Die einzigen, die nämliche Wandlungsfähigkeit bestreiten, sind die Franken.

Allein, was gilt schon als wirklich heilig außer dem Frankenwein? Der Rebentrunk mundet – frank und frei gesagt – sauer, trocken und herb, ein stringenter Ausdruck der charakterlichen Disposition seiner Hersteller. Das Beste, was sich über Würzburger Wein sagen läßt, ist das, was seinerzeit Goethe mit ihm bewerkstelligte – rücksichtsloses Besaufen. Folglich führt der Würzburger, längst seinem Getränk identisch geworden, mit dem genetisch bedingten Hang zur Gigantomanie das eigentlich gemütlich-gemütvolle Weinfest konsequent ad absurdum: Die Stadt wirkt wie »ein Faß, dem die Fröhlichkeit den Boden hinaushaut« (*Merian* Nr. 7). Und wenn die täglich 15 000 Besucher den Wein wieder in Wasser verwandeln, gleicht die Stadtmitte einem riesigen Urinal. Zum Glück scheiterte wenigstens das Unterfangen, auf Mallorca eine Kopie eben dieses Weindorfes zu errichten.

Der Spaßfaktor

Sagen wir es mit dem Werbeslogan des Dachverbands der hiesigen Geschäftswelt: »Würzburg macht Spaß!« – »Nur wo?« – »Ganz einfach, im Stadtrat«, mag der eine oder andere erwidern. Und wirklich: Ganzjährig überzeugt die politische Körperschaft durch unterhaltsame Vorschläge sonder Zahl, Vorschläge, die man in Dezennien währenden Diskussionen so lange hin und her wälzt, bis sie noch drolliger dreinschauen und mit unwesentlichem finanziellem Mehraufwand realisiert werden. Unter schallendem Gelächter der lokalen Presse stehen etwa die bizarre Überdachung des Bahnhofsplatzes oder die Neugruppierung des Marktbudenensembles zur Debatte. »Diese viereckige Lösung ist mir zu quadratisch«, gestand ein Exbürgermeister wörtlich.

Der Geldfaktor

In der kommunalen Finanzpolitik verkörpert Würzburg zweifellos eine bundesdeutsche Besonderheit, denn die Kassen sind gefüllt wie beinahe nirgendwo. Man besitzt mehr Geld als Heu. Ausgerechnet für Kultur werden jährlich angeblich Milliardenbeträge zur Verfügung gestellt. Darüber hinaus unterhält die Stadt am großen Fluß den Neuen und den Alten Hafen, obgleich – großzügig gerechnet – alle Jubeljahre ein Schiff wünscht, anlegen zu dürfen. Nebenbei gönnt sich Würzburg so viele Brücken, daß man einige auf unbestimmte Zeit für den Autoverkehr sperren kann, rein spaßeshalber. Wenn das so weitergeht, trennt der bald unüberbrückbare Main die Stadt in zwei Hälften – gemäß der tiefgründigen Überzeugung, der »Weißwurstäquator« unterteile die Welt ganz zu Recht in Warmduscher und Besserverdiener (preußischer Norden) und Weißbiertrinker und Bausparer (gelobter bajuwarischer Süden). Damit erreicht Würzburg den Status einer geteilten Stadt, neben dem zypriotischen Nikosia die einzige des Erdenrunds.

Der Kulturfaktor

Der unterfränkische Regierungssitz versteht sich als Gralshüter einer fast einzigartigen Weinflaschenform. Für diese Originalität streitet man gerne vor europäischen Gerichtshöfen. Somit gilt nur als »Kunst, was die Form eines Bocksbeutels hat«. Und wie es scheint, nähert sich manch Würzburger auf Grund lebenslangen Frankenweinverkostens mählich der Form eines Bocksbeutels an, was wiederum keine Kunst ist.

Mit Leonhard Frank brachte Würzburg tatsächlich einen einzigen nennenswerten Schriftsteller hervor – und behandelte ihn umgehend derart liebevoll, daß er sich so schnell wie möglich aus dem Staub machte und ein paar fein-subtile Abrechnungen hinterherschickte. Zurückgekehrt ist er nur, um zu überprüfen, ob seine Bücher in den hiesigen Buchhandlungen ordnungsgemäß fehlten. Er wurde nicht enttäuscht.

Resümee

Die Kfz-Stelle zeugt Autokennzeichen wie WÜ-RG 0815 oder WÜ-RZ 4711. Man könnt' schier vergehen vor Lachen.

Hommage an Ror Wolf

Zornheim

Von Eckhard Henscheid

Wer einmal in Zornheim ansässig wurde, verläßt die Ortschaft so leicht nicht wieder. Wer, der allgemeinen Lebensnot zu wehren, den Ausbruch riskiert, der ist meist ja schon geliefert. Zwar vernimmt man immer wieder und immer noch von einzelnen störrischen Absetzbewegungen im Rahmen der geltenden Gewerbe- und Niederlassungsfreiheit, allein, nimmt man alles in allem, ist da sehr wenig mehr zu hoffen.

Die Gefährlichkeit der großen Ebene rund um Zornheim ist zu bekannt, als daß sie hier auch nur ausgesprochen werden müßte. Ausreiß- oder auch sogenannte Umzugsbemühungen in den Norden oder auch Westen scheitern in aller Regel selbst dann, wenn vorab ein genaues Studium des Straßen- und des Wegenetzes erfolgte. Wer sich dennoch anheischig macht, die Ansiedlung hinter sich zu lassen, verliert meist schnell allen Grund und Boden unter den Füßen. Ausreisen enden im allgemeinen mit schwersten Abwürfen, Stauungen und sonstigen Havarien, zumindest aber mit allerlei Mißbildungen und Blechschäden samt der Folge ortspolizeilicher Vernehmungen. Wer in Zornheim eine Wohnung bewohnt, hat zwar mit größtmöglichen Einschränkungen und Beschneidungen zu rechnen. Er merkt rasch, daß, sobald er den Finger in eine Wand steckt, sofort ein Loch entsteht mit allen Konsequenzen. Vor Schreck, Ernüchterung und Wut stürzen Betroffene nicht selten im Anschluß die Stiegentreppe hinunter, um sich am Ende des erwartungsgemäßen Vorgangs beide Beine zu brechen. Die Folgen sind oft Krankenhaus, Sanatorium, Frühinvalidität. Allein, es nützt ja nichts. Eine Flucht ist nichtsdestoweniger kaum anzuraten. Der erosionsartige Charakter der Landschaftsformation spricht ebensosehr dagegen wie auch der der Ortschaft.

Zornheim, im Zentrum der überaus gefährlichen Ebene in der westlichen Landesmitte gelegen, im Norden anknüpfend an den großen Ballungsraum, im Süden hin gegen Frankreich geneigt, mahnt auf den ersten Blick wie zum Bleiben und Verweilen einladend; indessen, schon der zweite und nachdenklichere legt alle städtischen und in der Folge gesellschaftspolitischen Blößen dem angstvoll aufgerissenen Auge offen und bestimmt das Gemüt zur sofortigen Absetz- und Umkehrbewegung. Westlich schwere Dünste, im Osten Nebel löchrig und voll Mißmut schwärend. Allerdings ist es dann eben die Ebene selber, die, scheinbar dem Fluchtwunsch entgegenkommend, bald allen Hoffnungen ein rasches Ende macht. Denn in der Tat, so groß die Not und die Verworfenheit in Zornheim, die wahrhaft abgründige Abschüssigkeit der zahllosen Gefahrenherde rund um Zornheim sowie der anliegenden Ortschaften und Weiler samt ihren scheinbar helfenden Trassierungen, Beschilderungen und allgemeinen Vorschriften ist die ja noch viel größere.

Noch unterdessen in Zornheim der ortsübliche widerwärtige Lärm tost, die Bosheit schwelt und in den Hecken unermeßliche Hitze schwärt, führt die Begierde, all dem zu entkommen, unweigerlich zur vollständigen Niederlage samt der Rückzugsschmach.

Gewiß, theoretisch könnte der ausbruchswillige Zornheimer im Norden, könnte er Mainz und Wiesbaden etwa über die Autobahnanschlußstelle Essenheim und Nieder-Olm erreichen oder doch anzustreben versuchen; glückt es ihm, ist er in Freiheit. Doch sprechen die verwirrenden, ja zutiefst verstörenden Wegegabelungen und Kurvenauffahrten bei Sörgenloch bzw. Harxheim-Ebersheim entschieden dagegen und eine insgesamt sehr klare Sprache. Zumal die normale Umleitung über Udenheim und Saulheim fast immer in die großen Mittagsstaus und Kurvenhäufungen bei Vendersheim führt und so dem Unternehmen ein sehr baldiges Ende bereitet.

Unschwer zu finden, von Zornheim aus gesehen, zwar ist andererseits südlich die Bundesstraße von Gau-Bickelheim nach Oppenheim und weiter. Und doch: Bei der großen und selbst bei klaren Himmelsverhältnissen vollends unüberblickbaren Kreuzung zwischen Schornsheim und Undesheim ist es meist schon wieder aus. Hoffnungsraubender freilich noch das übereilte Ausweichen auf den sogar geteerten Feldweg Hahnheim–Weinolsheim. Und nur auf den ersten Anschein hin vielversprechend die Route über Ebersheim, vorbei am südlichen Einzugsgebiet der Ausfallstraße nach Bodenheim. Schon winken lockend Flörsheim, Hochheim, Raunheim, Bischofsheim, ja selbst Rüsselsheim von ferne – allein, nicht allein die schweren Barrikaden kurz vor der großen, ja rettenden Einfahrt nach Bodenheim machen alle Zuversicht sofort zunichte: Schon die große Ampel an der Eisenbahnüberführung Gau-Bischofsheim rechts vom großen Geschütz hinter dem alten Wehrmachtsbunker bringt den an sich nicht schlecht angelegten Versuch zum schleunigen Erliegen.

Zum Scheitern verurteilt sein dürften allerdings auch mutige Ausfahrtunternehmungen, welche die großen Metropolen des Rhein-Main-Distrikts über Lörzweiler-Nackenheim bzw. Mommenheim-Nierstein anzusteuern sich unterstehen. Führte nicht schon eine Behelfsausfahrt wie die von Mommenheim restlos ins Irre: Die üblen Schotterstraßen rund um Nackenheim dürften der gutgemeinten Sache ebenso den Todesstoß versetzen wie auf der anderen Seite randalierende Mopedfahrer hinter der großen Linksrechtsbiegung. Gefahr dräut auch von der sogenannten Nackenheimer Schleife. Währenddessen ein jeder Versuch, die Fluchtzielkette Frankfurt–Wiesbaden–Mainz über den weit nach Süden ausschwingenden, ja ausschlingernden Umweg Alzey–Worms anzustreben, schon auf der Höhe von Hahnheim oder dann spätestens Udenheim an der fraglos absichtlichen Planlosigkeit und Richtungslosigkeit der sogenannten ausgebauten Zufahrtsstraßen zum Platzen verdammt sein sollte.

Schwingt der Zornheimer sich nun allerdings dazu auf, etwa Wiesbaden direkt anzugehen, so schwindet abermals und aus nun umgekehrten Gründen sein Planziel sehr bald aus seinen eigenen Augen. Denn erreicht er auf diese Weise Saulheim, so hat er zwar schon viel erreicht, nämlich eine dicke Bundesstraße und einen Eisenbahnbahnhof zugleich. Und trotzdem dürfte er die ohnehin und zu Recht gefürchtete Region Sulzheim-Wallertheim-Spiesheim kaum und allenfalls im Traum zu sehen kriegen – vom vielversprechenden, ja alles verheißenden Autobahnkreuz Beindersheim östlich von Worms hier ganz zu schweigen. Und die dort üblichen schweren Tiefdruck- und Gewitterzonen noch gar nicht mal in Rechnung gestellt. Noch während zu Hause in Zornheim kreischend die Alarmsirene heult, fährt der Ausreisewillige besser über die große und nicht ungefährliche Haarnadelkurve bei Rommersheim wieder klammheimlich nach Zornheim still zurück.

In Zornheim selbst geht einstweilen alles seinen Gang. Hunde streunen, Männer wenden sich verstockt von Frauen ab. Viel Unheil bis hin zum Terror erlebt man durch Jugendliche beim öffentlichen Telephonieren. Nicht selten fällt ein Blumenstock zu Grund. Und zerschellt entzwei zu Brei.

Man sieht gleichwohl: Die Lage der Ausreisenden oder sei's Ausreißenden ist so gut wie aussichtslos. Eine theoretisch ja durchaus denkbare Route mit den spiralförmig ineinandergreifenden Koordinaten Hahnheim, Undenheim und Weinolsheim bzw. den Tangentialen Uelversheim, Ludwigshöhe, Hangen-Wahlheim und Dorn-Dürkheim ist wohl theoretisch denkbar, aber in Anbetracht der abschließenden und wahrhaft malstromartigen Unfallträchtigkeit der großen Ellipse hinter Mettenheim-Bechtheim nur schwerlich anzuraten – manch Zornheimer, gewitzt, vermag im Krankenhaus ein Lied davon zu singen.

Wohingegen das gezielte Anstreben des vermeintlich rettenden Autobahnkreuzes Hechtsheim direkt südlich von Mainz-Bretzenheim sich schon wegen dessen irreführerisch tückestarker Autobahnbeschilderung nebst unentrinnbarer Fahrspurzwangseinweisung als mehr oder weniger gänzlich aussichtslos herauskristallisiert und den eventuell Flüchtenden so schnurstracks wie unrühmlich über Klein-Winterheim, Ober-Olm, Essenheim und Nieder-Olm abermals in den hohnvoll lachenden und schlingenden Rachen Zornheims zurückspediert.

Indessen eine Fluchtunternehmung über die Stationen Hessenaue, Geinsheim, Nackenheim, Groß-Gerau nicht allein an der berühmt-berüchtigten Rücksichts-, ja Schonungslosigkeit der Groß-Gerauer Autofahrer zuschanden wird, sondern schon vorher und in den überwiegenden Fällen auf der Höhe von Bensheimerhof-Leeheim, dort, wo inmitten der großen Senke, der sogenannten Lipidsenke von Leeheim, die parabelartige Hyperbelform der zu beschreitenden Fahrrinne wegen der Brüchigkeit der überalterten Mittelnaht den Aushäusigen nicht selten direkt in die Sankas des Roten Kreuzes und in der weiteren Folge in die Heil- und Pflegeanstalt Köppern (Taunus) weiterträgt; wo ihm der Rest gegeben wird.

Unschwer zu erkennen: Auch wenn die bisher noch nicht erwähnte und meist durch Bundeswehr verrammelte Route Guntersblum, Gimbsheim, Biebesheim etliche trügerische Hoffnung träufelt: Nichts geht mehr und bis auf weiteres.

Als brandgefährlich erweist sich in diesem Zusammenhang übrigens auch bei fast allen Ausbruchsanstrengungen schon die langgezogene S-Kurve bei Bechtheim; kaum minder beschwerlich die äußerst schmale Brücke hinter Gundheim. Auspuffrohre werden schlechthin hinweggerissen; zumal bei starkem Ostwind. Wenig frommt dem Zornheimer gleichwohl die ins Auge gefaßte Rheinüberquerung bei Oppenheim oder anderswo, welche endlich alles Übel und alle Pein hinter sich lassen möchte. Denn wohl weiß der geschulte Zornheimer um die bedeutenden Gefahrenherde durch die Rheinschleife am Kühkopf. Doch mag er sie auch überwinden, so holt das Schicksal spätestens an der überaus flachen, ja brettebenen Gefahrenstelle bei Leeheim ihn schmatzend wieder ein. Aus- und Umzugsbemühungen nach Wiesbaden-Biebrich scheitern deshalb im Normalfall selbst dann, wenn der Betreffende früher schon mal in Frankfurt, ja sogar in Mainz-Lerchenberg ansässig gewesen war.

Zornheim ist eine Brutstätte, ja ein Wespennest voller

Schikane, Drangsalierungen und Rechtsverdrehungen. Nicht lädt die Ortschaft zum Verweilen ein, gar zum unentwegten Siedeln. In der Ortsmitte schmachten Nichtsnutze, Eckensteher, Freigestellte. Dachdecker hat es kaum, noch Zimmerleute. In den Ställen brüllt ein bißchen Vieh. Nicht besser sieht es in den Wollwebereien und Kürschnereien aus. Es ist eine Schande.

Katzen trotzen Hunden. In Zornheim ist es so, daß Katzen wie Hunde häufig aus Rentnerhand angeschossen werden, um dann über zahllose Umwege schließlich in der Renault-Werkstatt zu landen. Das Rammen von Fahrzeugen mit der Folge von Unfallflucht ist in Zornheim an der Tagesordnung. Oft zerstiebt hier alle Zuversicht. Allein, schon auf der Höhe von Mommenheim wird das Gros der Absetzwilligen durch Nebelschlieren abgefangen. Auch jenseits von Selzen ist wenig Hoffnung, aber noch minder ist an ein erträgliches Überleben im nahen Dogesheim zu denken, wo abwechselnd Schnee und Regen auf die große Ebene herniederrieseln. Sowie siebzehnjährige Türkinnen oftmals spurlos verschwinden und verderben.

Groß aber werden Not und Ernüchterung bis hin zum Katzenjammer erst recht, sucht der fluchtentschlossene Zornheimer über Kerzenheim, Ramsen, Neuhemsbach, Schweisweiler, Alsenborn und Albisheim (Pfrimm) sein Heil. Genausogut könnte er dann auch über die schmerzhafte Serpentine Gauerheim, Morschheim, Mauchenheim sich vorantasten oder aber, eingetaucht in tückische Miasmen, via Ingelsheim die Freiheit zu erspähen meinen. Hie wie dort folgen Rückschläge in Form von meist freiwilligen Rückführungen häufigst auf dem Fuß. Die Rückreise führt über Offenheim, Erbes-Büdesheim, Nacken- und Spiesheim stets zurück nach Sörgenloch und endlich Zornheim.

In Zornheim ist die Lage heute die, daß Aus- und Umzüge im Regelfall von den Behörden nur erlaubt werden nach Göllheim, Quirnheim und evtl. Kirchheimbolanden. Sowie natürlich nach Hettenleidelheim. Natürlichnatürlich. Hettenleidelheim ist so gut wie immer ohne weiteren Papierkrieg drin.

Rund um Zornheim in der großen Ebene erkennt man unschwer als lästige Zeugen des praktisch ganzjährigen Winters große Mengen Eis- und Schneeschollen lagern; sowie eimerweise Splitt. Vor allem in den überaus befremdlichen Erdspaltungen hinterm großen Weiherloch. Die Bevölkerung ist restlos bedient.

Manche Bedenken in und um Zornheim herum werden auch durch allerhand Smogalarme ausgelöst. Indessen scheint es so, daß sich die Ortschaft auf ihre eigenen Messungen verläßt. Die Schadstoffkonzentration ist weiters nicht bekannt, festgestellt wurde jedoch, daß man heute bei 87 Dezibel Lärmentfaltung steht. Rentner und Jugendliche tragen das Ihre dazu bei. Sowie von fern klagend der Steinkauz.

Der Parkplatzmangel ist kein Phantom. Sondern heute längst enorm. Zwar gelang es der Zornheimer Behörde, den früheren Schuttplatz zur Ablagerung von Bauschutt, Erdaushub und Gartenabfällen zu bewahren. Aber das Aufnahmevermögen (Kapazität) dürfte bald ja schon erschöpft sein. Jetzt hofft man inmitten der großen Ebene auf ein Gelände in der Form eines Hügels.

Ausreißunternehmungen über Monzernheim, Heßloch und Mettenheim fruchten wenig. Blechschäden durch die fallenden Hageleinschläge im Wegekreisel Wintersheim sind die erste, über Jahre hinweg geschiente Arme und Beine die fernere Folge. Mehrere Männer berichten darüber ausführlich. Genaueres vor allem einer.

Hilferufe hört man oft aus Schreinereien. In der Gaststätte überwiegt der Gassenschenkenverkauf. Erst neulich wieder wurde ein Rauhhaardackel überfahren und sofort getötet und glatt kaltgemacht.

Das Festbier verfügt über 13 Prozent Stammwürze, viel Ärger aber schafft zumeist die Abfallbeseitigung. Düstere Perspektiven hört man aus dem nahen Forstamt. Hinzu tritt das durch den Wegfall des optimalen Ausgleichs- und Reinigungssystems bedingte Absterben von Pflanzen und Tierarten; sonstige negative Veränderungen des durchwegs flachen Landschaftsbildes gar nicht ferner zu erwähnen. Vor dem Sportheim Richtung Harxheim besteht ein Parkplatz. Das alte Treppchen wird zur Zeit erneuert.

Hasen fallen vom Balkon nebst Häsinnen. Nebenbuhler werden weggerichtet. Die Herbergen von Zornheim haben geschlossen. Es gibt sie praktisch nicht. Trotzdem und gerade deswegen wehrt sich Zornheim gegen den Abzug seiner noch vorhandenen Menschen. Und sei's der nur zufällig und vermeintlich vorübergehend nach Zornheim geschneiten und dort dann hilflos hängengebliebenen.

Auch fehlen öffentliche Frauenhäuser unter den ortsüblichen pflaumenblau verquollenen Wolkenknäueln, die ihre Schatten auf die große Ebene werfen und jetzt langsam anheben, vollends kolkrabenschwarz zu werden. Oft sind plündernde Hausierer mit Behindertenware gleichwohl unterwegs und haben Glück, der marodierenden Polizei selten ins Garn zu gehen. Dann wieder fordert ein Sohn zum Wochenende Polizeischutz an. Der Vater sei mal wieder fürchterlich. Er gebe die FS-Zeitschrift nicht her. Seither tobt der Streit.

Ein weiterer Ausbruchsversuch also über Enzheim und Gundersheim? Pah! Wenn man das schon hört! Die Wegelagereien von Gau-Heppenheim sowie Gau-Köngernheim haben den Flüchtenden spätestens an der berüchtigten Straßen- und Bahngabelung Biebelheim/Framersheim/Frettenheim geschnappt. Geschnappt und am Schlafittchen. Vor des braunen Bibers scharfen Zähnen überdies zu kuschen.

Geräusche, welche letzten Endes der nahen Bahn zugehören mögen, klingen sehr, sehr fern. Männer stehn am Fenster, lassen die Asche steil abtropfen. Pilzer, Pelzer, Nobo ihre Namen. Zum Teil sogar Graf Bobo.

Speiübel aber wird dem Blick, richtet das Ohr sich fernhin lauschend in Richtung Friesen- und gar Oggersheim. Kein Ton ist mehr zu hören, nicht ein Mucks. Sehr still ist's auf der Welt. Wer weiß, die Tränen rinnen hinauf zum Himmelszelt.

Nein, auch in südlicher Richtung sieht man nichts.

Nicht mal einen ohnehin unüberklimmbaren Berg. In westlicher noch weniger. Das macht Zornheims große Fesselkraft.

Wenige kamen an, kaum einer mehr zurück.

Die große Ebene rund um Zornheim ist mit einer feinen, sehr dünnen und äußerst leicht splitternden Eisschicht überdacht und überzogen. Wer sie betritt, verfällt dem Blutzoll. Dazu gesellen sich allerlei Grenzverwehungen, Gemütsüberlastungen und große Scham, mühelos am Wegrand lagernd. An eine Entfernung vorbei am eisernen Grabkreuz hinter der sogenannten Schnecke nach Rüsselsheim oder sei's Kaiserslautern ist unter diesen Umständen natürlich nicht zu denken. Auch der ehedem so geschätzte Besuch des Trainings der Mannschaft im fernen Riederwald entfällt.

Post ist die schier einzige Verbindung, die noch weitest klappt. Die dem Zornheimer noch bleibt. Ins Glockengeläut hinein blinkt zart und nah der Silberberg (211 Meter), die einzige Irregularität der großen Ebene und des Territoriums. Vor allem aber die unermeßliche Weite zwischen Mommenheim und Laubenheim birgt Fährnisse sonder Zahl. Hausschwämme und Überschwemmungen. Gut beraten ist der Zornheimer deshalb, auch die Region um Saulheim und Gau-Obernheim strikt zu meiden.

Tagelang freilich war kürzlich das Nilpferd Nero Tagesgespräch von Zornheim. Die Polizei wurde am Donnerstagabend verständigt, daß Nero auf der Straße wandle. Die Polizei fand aber das Nilpferd dann doch noch immer in der Selz vor. Der Wärter übernachtete neben dem Nilpferd und bewachte es. Nachbarn und der Wärter versicherten, daß Nero die Selz noch nicht verlassen hatte. Das Nilpferd ist sehr zahm. Heute abend können die Kinder auf dem Nilpferd zum *Zirkus Probst* reiten, anschließend in Mommenheim, Dexheim, später Weißenburg. Die Polizei nimmt an, daß der Anruf, daß Nero auf der Straße läuft, ein übler Scherz war. Das Nilpferd war am Donnerstagnachmittag aus der Selz gekommen. Der Zirkus hatte Vorstellung, es konnte niemand kommen. Als die Helfer nach der Vorstellung zur Wiese rasten, war das Nilpferd wieder in der Selz und übernachtete darin bei Mondenlicht und Schneegeriesel. Der Wächter wachte am Ufer.

Insgesamt aber läßt die Zornheimer Polizei nichts anbrennen. Aufgebaut und errichtet wurden zuletzt auch Straßensperren nach Schwabsburg und nach Dienheim. Vorerst noch freigestellt, entbehrt andererseits die Route über Hangen-Wahlheim nach Gimbsheim nicht der Ohnmacht noch der Heimsuchung. Maschinengewehre nützen wenig. Anzeige wird sofort erstattet. Wer einmal mit der Zornheimer Polizei zu schaffen hatte, läßt es später lieber wieder.

Das Aufkommen von Westwinden, die ab und an durch Zornheim streichen, vermag eine gewisse Entlastung kraft Erleichterung aufkommen und entstehen zu lassen. Indes, viel ist es nicht. Gesperrt die Ausfahrt Ebersheim, der Weg nach Vendersheim beschnitten. Starr schweift der Blick nordöstlich, in Richtung Waldstadion. Aber das hilft auch nicht mehr viel.

Ungleich Venedig ist Zornheim nicht auf Holz gebaut. Sondern auf Eis und Mehl und Schwamm. An diesen nagen geschätzte hunderttausend Ratten sowie eine Mio. Würmer. Schon durch diese, aber auch durch die allgemeinen Umstände und Gegebenheiten sind Fortkommversuche fast immer, ja stets und jederzeit zum Verhungern verurteilt und zum Ausbluten verdammt. Sie enden wo nicht meist tödlich, so doch jederzeit in Zornheim-Nord.

O schaurig hoch des Gipfels Höhn! / Und tief darunter dann die Seen. / In denen ist es grauslig kalt, / Da machen selbst die Frösche halt.

Peter Köhler/Hardy Siedeler

Für unsere österreichischen Nachbarn mit ihrem berechtigten Anteil an unserem Gipfel stellt die Zugspitze freilich keine »Spitzenleistung« dar.

Gerhard Eckert

Schmelzende Skistiefel

Von Jürgen Roth

Früh des Morgens, zwischen 6 und 9 Uhr, versendet das Bayerische Fernsehen *Aktuelle Panoramabilder* – wohl für den Münchener Skifahrer. »No comment«, wie EuroNews sagt. Kein Sprecher. Man weiß Bescheid. Streicher sägen und schrägen, Ricky King plingelt die Guitarre (»Guitars forever«), und »Bayerntext für alle« offeriert ein auf den Bergliebhaber zünftig-scharf zugeschnittenes sog. »CD-Angebot«: Brendel & Brendel, teleSTARS, *The best of Transformer's* und *Volksmusik aus den Bergen* (jeweils DM 30 zzgl. Versandkosten). Hintertux im Zillertal, Stubacher Gletscherbahn (»Neue Sechsersesselbahn«, Wind SO 15 km/h), das Kleinwalsertal im Nebel, Oberstdorfs Kurverwaltung gibt Infos: 08329/1515, schwergrün Schwangau-Füssen (1 °C), Neuschwanstein leicht demoralisiert wirkend. Die Tiroler Zugspitzbahn ist geschlossen. »Live«, 8.15 Uhr, so die Banderole.

Verdammt sei das Fernsehen.

Viel schöner, viel herrlicher, viel wahrer ist die Wirklichkeit, ein Mixtum horribilum aus »Lebensqualität, bayerischem Brauchtum, Lebensfreude und vor allem Gemütlichkeit« (Andrea L'Arronge, *FAZ*, Verlagsbeilage »Region München und Oberbayern«, 15. September 1998). Der »Kraftakt zwischen Alpen und Donau« (Otto Wiesheu, 1,7 Promille, ebd.) macht sich langsam bezahlt. »München im

Aufbruch« (Christian Ude, ebd.), Aufbruch in den bayerischen Alpen und im Werdenfelser Land. »Laptop und Lederhose« (ebd.) means rasende Innovationssteigerung und Powerlandschaftsmanagement. Aber was auch! – »Garmisch-Partenkirchen gehört zu der Gemeinschaft der klassischen und traditionsreichen Bergferienorte der Alpen [...]. Der Titel ›Best of the Alps‹ steht weltweit als Zeichen für höheren Anspruch und stellt die Spitzenangebote [...] symbolisch dar.« *(Ferienkatalog 1998)* Der heilklimatische »Olympiaort unter der Zugspitze« bringt es. »Bigfoot-Action« oder »Canyoning- und Survival-Abenteuer« (ebd.) stählen das bumperlxunde Herz. Juchhei! Und, klar, arschnormal: daß die »jetzt noch attraktivere Kurkarte« Türen und Heuschobertore und Lüftlhoffenster weitweit öffnet zu allerhand: zur kostenlosen Trinkkurprobe, zum Riessersee-Eisstockerlschießen auf die Daube und zum Weitwuxeln, zur Laienschauschnitzgruppe und praktisch umsonstenen Erholung auf voller Breitseite, Scheißglumpvareck's.

Bevor wir unsachlich werden: »Die neue supermoderne Zugspitz-Gletscher-Seilbahn« garantiert: »Lange Wartezeiten ade!« Hopp! Zack. Druff. Oben. Glotzen. Unten um den Berg herum 1a »Superlativ in Sachen Eis« und Hitlersche Olympiastützpunktbauten, »Postkutschen fahren, tritratra, durch Felder und Wiesen, finden wir super. Und mit dem Schlitten, klingeling, durch den verschneiten Wald, das gefällt uns noch besser.« Skifahren? Nooprrobblemo, »wir bestanden den Holy-Flocki-Test« (a. a. O.).

Mannomensch. GP – von 1249 bis zur Säkularisation 1803 Reichsunmittelbare Grafschaft, bekannt für seine Hexenprozesse (1589), Hosenträgerstickereien, Richard Strauss, frühgotische resp. Rokoko-Kirchen und als »Doppelort« (*Kunst, Kultur und Geschichte im Kur- und Ferienland Garmisch-Partenkirchen*) auf Führerbefehl »unversehrt« geblieben – ist »ein ›Naturtalent‹ in Sachen Freizeit und Urlaub« (Propagandastaffel Alpspitz-GP), die »Tracht lebendig«, die »Heimatwoche« ein Renner. Super, »das starke kosmopolitische Ambiente« und das wildewilde Nightlife. Bestätigt das Fänseh. »Wir sind im Fernsehen«, jubelt ein Flugblatt der Tourist information. *Traumland Deutschland* (ZDF, 22. November 1998) führt aus: »Garmisch-Partenkirchen ist auch heute noch ein sehr sportlich orientierter Ort.« – »Das Nachtleben hat etwas Gediegenes.« Schreiben Sie an Ihre Redaktion Reiselust!

Lieber Jörg,
danke für die Tips. Das mit den Dohlen, die Erbrochenes aufpicken, das mit den vergreisten Sonnentrunkenen, das mit den Schnaps- und Bierburschen und dem vergessenen Grenzwächter am Übergang zu Österreich, das wollen wir doch mal selbst in Augenschein nehmen. Da wollen wir doch mal sehen, was die Zugspitze außer Zugwinden sonst zu »bieten« hat. Sie wird sich warm anziehen müssen.

Beste Grüße –

Wir haben einen Tag Zeit und starten um 5.30 Uhr. »Die Zugspitze, die mach' ich fertig«, erkläre ich Kollege Fischer, »die kriegt Druck.« Wir lesen in verteilten Rollen: »Bei schönstem Wetter sind sie vom Einstieg bis zum Gipfel in sieben Stunden, ohne Zwischenfall und Rast, durch die engen Kamine und über die großen glatten Wandstellen geklettert wie junge Teufel. Und einmal hat der Tonio und ein anderes Mal der Sepp die Führung und die Verantwortung übernommen.«

»›He, Sepp, goat's?‹ – ›Aber wie!‹ – ›Ach wo!‹ – ›Wieso net?‹ – ›Woas waßi, weiderweider …‹«

»Solche Gipfelfahrt freundet an; zwischen dem Tonio Feuersinger und dem Sepp Zangenfeind braucht es […] weiter keiner sonderlichen Bergfahrten mehr« (Luis Trenker: *Der verlorene Sohn*, München/Gütersloh/Wien 1971), der Waggon kaspert, Sepp Fischer döst, Tonio R. ruht, gefällig schweift sein Blick übers ganz okaye Voralpenland.

Man glaubt sich in Bochum. Straßen breit und tief, Menschen wie aus Schmalz gehauen, die Pudel und Dobermänner strangulieren. Den einzigen Asylanten Garmisch-Partenkirchens wirft die charmante Polizei vor dem Landratsamt/Achenfeldstraße aus dem Pritschenwagen.

»Geld für Zelle, da Sozialamt!« Reifen schlockern durch Schneebrei.

Gemächlicher ruckelt die Zahnradbahn, wirft sich hinterm Olympia-Eissport-Zentrum weich in die Kurve. »Die Zugspitze greif' ich mir«, prahlt Tonio R. Etwas dicker, teigiger Nebel klebt an betannten Hängen, verstreute Hütten, waschmittelweiße Flecken. »Spitzenmäßiges Novemberwetter!« kräht der Sepp. »Zugspitzensaumäßiges Novemberdreckswetter, hahaha!«

Er sinkt zurück auf seinen zementharten Schalensitz. »Achtung! Schnellbremsung«, warnt ein Schild. Wir kraxeln mit den Nebelschlieren um die Wette. Eine »Plaisier-Kletterwoche im Wettersteinkalk« spendiert für alle, die noch nicht verkalkt genug sind und Berge zu Fuß erklimmen, der staatl. gepr. Bergführer Udo Knittel. »5 Tage Genußklettern« wären das, während »Kids-Fun« verspricht: »Mit dem Bergführer werden Seilbahnen gebaut.« Beruhigend, daß für unsre die Bayerische Zugspitzbahn AG verantwortlich zeichnet.

Wer oder was sammelt sich da oben eigentlich? Und müssen wir dabeisein? Bei gemäßigten DM 61 pro Expedition und Person? Sind's »Outdoor-Profis«, die »aus dem Kraftfeld Natur neue Energie tanken« und »Grenzerfahrungen, Risikomanagement und Persönlichkeitsfindung« (Dr. mont. Knittel) qua »Alpine Incentive-Programm« anpeilen?

Das verschrobene Milieu der organisierten Alpinisten meidet scheint's »Deutschlands schönsten Aussichtspunkt« (div. Quellen), jedenfalls verkauft der Bergverlag Rudolf Rother (München) keinen Alpenvereinsführer zur Zugspitze. Führen und Fährten, Anstiege und Abstürze müssen wir uns selbst beschreiben.

»Ja«, meint Sepp Fischer, sich aufrichtend, »wenn man so hinüberschaut, dann magst recht haben. Aber du weißt es ja, Tonio, die Berg' haben's manchmal wie die Weiber: von jeder Seiten und an jedem Tag sehen sie anders aus!« – »Das mußt du mir nicht sagen. Außerdem hab' ich dich nicht um deine Meinung gefragt.«

Wie aus alten Tagen geht das Zughorn. Weit fällt das Tal.

»Vorsicht an den Türen!« Umsteigen zur Alpspitzbahn (2050 Meter, Alpspitze 2628 Meter) und zur Kreuzeckbahn (1650 Meter). »Soll'n wir?« – »Nein, wir ziehen das durch.«

Jetzt vollschuß durch die letzte Hüttlerhüttenebene, Nebelvorhänge ziehen sich brav vors Panorama, nächster Halt Hammersbach-Hollentalklamm, ein Schäferhund zuckt zusammen, bleierner Nebel verhängt das Massiv, die Bahnpfeife pfeift.

Schweren Berglerschrittes stampft der weißblaue Zug eingleisig hinan. Grainau, kleiner und feiner Ferienort, setzt Maßstäbe für den Rest der Etappe und schildert auch japanisch aus. Wir steigen auf den gletscherwasserfarbenen Spezialzug und dabei auf deutlich verbesserte Kunstlederpolstersitze um. »Kommas nur eini!« freut sich der Fahrer über seine wenigen Gäste.

Es zieht leicht zu. Temperaturen fallen. Meter steigen. Gefahr wächst. »Abstand von der Heizung! Schmelzgefahr für Skischuhe.« Um Himmelsgotteswillen. Kleiner Alpspitz-Nebel. Hütten noch mal links, Wald rechts, Wald links, Hütten rechts.

»Bergeroberung im Hamstertempo«, murmelt S. Fischer. Die Behausung wird spärlicher. Wir treten in die entscheidende Phase ein. Letzte Chance zur Umkehr am Eibsee. Alternative wäre: sich den Seilbahnpfeilern anvertrauen. To see the highest point of good old Germany überhaupt.

Der Berg ruft! (Spielleitung: Luis Trenker, 1937) schildert »das größte sportliche Ereignis des 19. Jahrhunderts« (arte), den Kampf ums – hier – Matterhorn – nacktes, Geröll verschleuderndes Monstrum, an dem sich ungelenk anmutende Freikletterer versuchen. Schlapphut ahoi! Blitz, Donner, Wolken und Wolken, Schauer schütteln den Zuschauer. Der Alpenhornwagner dröhnt. »Was suchst du denn immer da oben?« fragt Felicitas ihren Carrel, einen als Spinner und Tagedieb verschrieenen Grattler, der niemandem außer sich die Erstbesteigung gönnt. There can be only one. Bis der Montblanc-Bezwinger Edward Whymper um Kooperation ersucht.

»Ich habe alles mal gesehen, wenn ich auf dem Gipfel gewesen bin«, glaubt Carrel. Wer macht das Rennen »um den Gipfelsieg« (arte)? Wer darf als erster seinen Namen in den bockelharten Fels meißeln? Der Sepp? Oder der Tonio?

Allerleisest rieselt der Schnee. Ein Berggigant steckt im Nebel. Der Baumwald ruht feste. Zahnräder knirschen. Schritt für Schritt dem Gipfel entgegen. Felsen wie aus Styropor oder kranker Leber. Rechts plötzlich im Panoramapassepartout der mattgrüne Eibsee. Top! Bergzugewandt leicht sich verstärkender Nebel. Ab dem Riffelriss, 1650 Meter über NN, »wird's Nacht« (Enzner).

16. November 1998

Lieber Jörg!

Voll gelogen. Von wegen wüstes oder sonstwie absonderliches Treiben. Am Arsch! Rausgekommen sind wir nach elender Tunnelfahrt – das einzige, was zu sehen war: Leuchtreklame für Fürstenberg Pilsner, die Dresdner Bank usf. sowie ständig irgendwelche Emailschilder mit Angaben: »2150 m über Bremerhaven« – auf dem Zugspitzplatt. Wie wird wohl das Wetter sein? überlegten wir während der gut halbstündigen Finsternis, und wohin führen all die Notausgänge?

Nein, wozu unsre Sorgen und Hoffnungen, unsre Erwartungen und Neugier? »Sonn Alpin« nennt sich das höchste und einzige Gletscherskigebiet Deutschlands. Eine Irreführung! Ein PR-Trick zwecks sinnwidriger Herauflotsung nicht mehr recht beisammener Ortserkundler! Es stürmt und nebelt, es schneit und windet, es scheint hier oben die Sonne nie. Nie!

Gut, es hat eine höchst alberne, die freilich höchste! deutsche Halfpipe, und einer dieser Halfpipebenutzerfuzzis stieg dann auch gleich zu uns in die Gletscherbahn, welche den Zugspitzbesucher die letzten paar hundert Höhenmeter hinaufschafft. »Schnee. Schnee. Schnee«, wirbt das *Top-Info für Skifahrer, Snowboarder, Winterwanderer und Sommergäste*, und die Zugspitze sei der »Top-Gletscher« – und untersteht sich nicht zu höhnen: »Auch für den Erlebnisgast ohne Ski und ohne Board gibt's genug zu genießen. Das

Traumpanorama, viel Sonne und Licht in herrlicher Frischluft.«

Deinen Vier-Länder-Blick haben wir vergeblich geschaut. Wo auf 450 Quadratmetern Kunst zu sehen sein soll (»An keinem anderen Ort läßt sich so unmittelbar über Kunst und Natur reflektieren als hier« – unmittelbar reflektieren?), nämlich im rot holzgetäfelten, stahlverzierten Restaurant der Zugspitzspitze mit Multifunktionstresen, krawinkeln die fröhlichen Handwerker. »Sind Sie geschäftlich hier oben?« fragt die Bedienung. »Für 61 Mark, einfach so?« wirft wer ein. Die *Gipfel-Stub'n* sind verrammelt, das »Viedeo [sic!] defekt«, die Tomatensuppe ein Graus, Bier schmeckt in der Höhenluft abscheulich, und »Beck's, ist das auch 'n Pils?«.

Schwindel, Trug, Leimsiederei, wohin wir zu blicken versuchen. An den Fenstern schliert der »Schlackerschnee« (Fritz Herkenrath). Ich meine: Die Zugspitze hätte sich wirklich etwas mehr Mühe geben können. Statt dessen ratlose Skifahrer und ein Personal, das damit beschäftigt ist zu fragen, wann der Nebel aufhöre. Schlußpunkt der ganzen Demütigung: »Morgen ist die Zugspitze wahrscheinlich zu.«

Die Zugspitze ist – zu. Macht halt zu. Wer hat die überhaupt gebaut?

Offizieller Wetterbericht: 500 Meter Sichtweite. Wir checken die Aussichtsplattform. Tatsächliche Sichtweite: 0,8 Meter, Tendenz fallend.

»Viva Winter!« *(Top-Info)*

Null Fernsicht, kein Weitblick. So nicht, Zugspitze!

Ich werd' mich jetzt betrinken.

Gruß –

Fritz-Weigle-Post, Ausschnitt aus der *Mopo* (19. November 1998): »Traumhafter ›Wintertag‹ auf dem Zugspitzgipfel.« Die Natur lügt im Berg wie der Mensch in der Zeitung, garstig und unerschütterbar.

Am Eibseebahnhof, wir flohen den Gipfel mit der Seilbahn, strolchen strickende Frauen, fröhliche Kartenverkäuferinnen und gummigestiefelte Hallodris herum. Augsburg über die erheblich niedriger gelegenen Dießen und St. Ottilien und Egling zu erreichen, ist ja auch eine Option.

Hoch hinauf kam als erster am 27. August 1820 der Leutnant im königlichen topographisch-kartographischen Dienst Joseph Naus, 27. »Triebfeder des Unternehmens«, erklärt eine Schautafel, »war nicht der kletterische Ehrgeiz, sondern der ganz rationale Auftrag Seiner Majestät, Maximilian I., die Grenzen seines Landes zu vermessen.« Heute ein »Gipfelposten der Wissenschaft« (Gerhard Eckert: *Die Zugspitze – Höchster Berg in Deutschland*, Husum 1995), galt die Zugspitze (vormals: das Zugspitz) als unbezwingbar, weil von bösen Berggeistern bevölkertes Gefilde. »Der Zugspitz läßt sich einfach nicht packen«, resignierten Naus' Offiziere.

Doch in Begleitung zweier Helfer gelang Naus das Unmögliche. Zu schier fatalen Gehzeiten griff er an. Dieter Seibert (*Rund um die Zugspitze*, München 1997) skizziert Naus' Route: »Auf Fahrweg oder Fußweg zum Waldrand. Wenige Minuten später bei der Verzweigung rechts und durch den Wald rasch empor zur Laberalm in einem Wiesensattel. Immer schräg rechts an den Hängen empor zum Westgrat und auf einem liebevoll angelegten Weg über die an sich schmale Scheide an besonders malerischen Felszacken vorbei zum höheren Westgipfel und weiter zur Bergstation. Hierher evtl. auch mit der Bahn.« Eckert ergänzt: »Der Blick der drei Männer wanderte über den unheimlichen Grat zum Gipfel. Der lockte jetzt erst recht. Aber er verschloß sich auch, indem er den Zugang wie unbezwingbar vor ihnen liegen ließ. […] Die drei Männer standen an der Schwelle vor dem Schritt, der bergsteigerischen Triumph oder – tödlichen Abstieg bedeutete. Der gute – oder böse – Geist der Zugspitze mußte in diesem Augenblick des 27. August darauf gefaßt sein, daß seine menschenferne, über Jahrtausende währende Einsamkeit zum allerersten Mal durchbrochen würde.«

Nach einem kurzen zuckenden Blitz war der Geist der Zugspitze für immer durchbrochen. Seither döst geistlos das »Ziel der Sehnsucht deutscher Touristen« (Eckert; »Das ist sie seit 1990 auch für die Bürger Mitteldeutschlands«) vor sich hin im fahlen Schein der Nebelwerfer, traurig und beinahe geduckt, von Gott und allen guten Kobolden verlassen. Pfarrer Christoph Ott, meteorologischer Observator, sammelte für ein vergoldetes Gipfelkreuz. »Der kreuzlose Zugspitz-Gipfel war stets ein Dorn im klerikalen Auge« (Gipfelstationsinformation). Am 12. August 1851 schleppten dreiundzwanzig Leut' achtundzwanzig Einzelteile (Verteilung nicht tradiert) auf den Westgipfel, 1882 ward das Trumm versetzt auf den Ostgipfel – »wo es – nach einer Renovierung im Jahr 1933 – bis zum Herbst 1993, allen Blitzeinschlägen und Einschüssen aus Kriegszeiten zum Trotz, innerlich stark verrostet und am Ende seiner Stabilität, standhielt« (Gipfelstationsinformation). Denn es war (und ist) ein deutsches Gipfelkreuz. 1993 fand man in der Kugel alte Dokumente: »In einem völlig anderen Sinn als von den Verfassern gedacht, erfüllte sich ein Wunsch aus der im April 1933 in das Kreuz eingelegten Urkunde mit dem Schlußsatz: ›Möchten, wenn die Büchse geöffnet wird, die Deutschen geeint und vereinigt sein ...‹«

Lieber Jörg,
schönen Dank für das gute Essen und das schlechte Wetter (gleichfalls an Barbara!). Im Zug von Augsburg nach Frankfurt verlor ich meine Brille, hab' aber vergessen, wie. Wahrscheinlich Folge der Höhenluft. Filmriß.

Herzliche Grüße –

Ein Aufruf

Von Horst Tomayer

Bürgermeister! Gemeinderäte! Stadtdirektoren! Sie stört der eingeschlafnen Füßen in kaltem Kaffee vergleichbare Epitheton-ornans-Ruf Ihrer Kommune à la »Klein Paris«, »Venedig des Nordens«, »Hochburg der Möbellager« oder »Bekannt für Weck, Worscht und Woi« oder »Wo Barbarossa auf dem Weg nach Canossa nächtigte«? Sie wollen höher hinaus? Und ruhig was riskieren dabei? Dann liegen Sie bei uns goldrichtig. Wir verpassen Ihrer Ortschaft ein Negativimage, das sich, nach allen Regeln der Schmähkunst, in den Sielen gewaschen hat und wie der Arsch einer Schmeißfliege im Sonnenlicht aufstrahlt. Wir rühmen Ihr BAB-angebundenes, stadtbachuntertunneltes, mit evangelischer Architektur, Getränkeabhollagern, Fastfoodabsteigen, Kleinkaliberschützenhäusern, Reiterstandbildern, Photoschnellentwicklungsanstalten, Domen, Fußgängerzonen und ähnlichem Zeug vollgestopftes, zum Himmel hin übel ausdünstendes Kaff als ganz normale Herberge ganz normaler Ausbeuter, Deppen, Rassisten, Lügner, Betrüger sowie Handentspannungskünstlerinnen, kurz: als einmalige Affenschande.

Kommen Sie dem zufälligen, meist unzulänglichen Niedermachen Ihres Fleckens in *Öde Orte* zuvor. Sprechen Sie den gewollten Verriß mit dem Fachmann ab. Ordern Sie den Prospekt *Nestbeschmutzung vom Feinsten*. Bei:

Stadtbildstürmerei GmbH Hamburg
art director Horst Tomayer

Autorinnen und Autoren

Georg Berg, geb. 1965, studierte Deutsch, Geschichte und Philosophie in Stuttgart. Veröffentlichungen in *Muschelhaufen* (1995) und *Anna Bolica* (1997). Lebt in Dürrenwaldstetten.

F. W. Bernstein, geb. 1938, lebt unter dem Namen Fritz Weigle in Berlin und ist Professor an der Hochschule der Künste. Letzte Buchveröffentlichung: *Achtung! Lesen gefährdet Ihre Dumheit* (Zürich 1996).

Klaus Bittermann, geb. 1952, lebt in Berlin, verlegt Bücher und ist freier Autor. Letzte Buchveröffentlichung: *Strandgut der Geschichte – Fünfzehn Entführungen* (München 1999).

Björn Blaschke, geb. 1967, ist *taz*-Autor sowie Moderator und Redakteur der Sendereihe *Das Kritische Tagebuch* auf WDR 3.

Friedhelm Breibeck, geb. 1971, Absolvent der Henri-Nannen-Schule, ist freier Journalist und lebt in Leverkusen.

Thomas C. Breuer, geb. 1952, lebt als Autor und Kabarettist in Heidelberg. Tingelt seit einundzwanzig Jahren. Letzte Buchveröffentlichung: *Heidelberger Demenz* (Augsburg 1997); CD: *Quatsch, ich mein's Ernst!* (1998).

Bettina Brömme, geb. 1965, volontierte von 1984 bis 1986 in Offenburg, danach Studium in Bamberg. Lebt als freie Autorin in München.

Simone Burdach, geb. 1966, lebt und arbeitet auf absehbare Zeit im verborgenen.

Marvin Chlada, geb. 1970, schreibt über Fußball und andere weltliche Dinge. Letzte Buchveröffentlichung (als Hg. zus. mit Wolfgang Haible): *Fritz Rück – Berichte und Gedichte aus bewegten Zeiten* (Aschaffenburg 1999).

Ludger Claßen, geb. 1953, lebt in Essen und ist geschäftsführend in der Sinnbranche tätig.

Rudi Deuble, geb. 1952, lebt in Frankfurt/Main.

Fritz Eckenga, geb. 1955, ist Autor, Komiker, Musiker und wohnt in Dortmund. Letzte Buchveröffentlichung: *Ich muß es ja wissen* (Berlin 1998); CD: *Mein wunderbarer Baumarkt* (1998).

Eugen Egner, geb. 1951, lebt als Autor und Zeichner in Wuppertal. Letzte Buchveröffentlichung: *Die Tagebücher des W. A. Mozart – Illustriert von ihm selbst* (Zürich 1998).

Stefan Erhardt, geb. 1959, ist als Lehrer in München tätig und gibt *Der tödliche Paß – Zeitschrift zur näheren Betrachtung des Fußballspiels* heraus.

Thomas Ernst, geb. 1974, studiert Germanistik und Philosophie in Bochum. Veröffentlichungen in Literaturzeitschriften.

Holm Friebe, geb. 1972, studiert Volkswirtschaft und Kulturwissenschaft in Berlin und ist nebenher freier Journalist.

Barbara Geschwinde, geb. 1967, Studium der Japanologie, Vergleichenden Literaturwissenschaft und Geographie. Lebt als freie Autorin und Journalistin in Köln.

Annett Gröschner, geb. 1964, ist freie Autorin und lebt seit 1983 in Berlin.

Albert Hefele, geb. 1951, lebt als freier Autor und Dozent an einer Fachschule für Ergotherapeuten in Ichenhausen. Letzte Buchveröffentlichung (als Hg. zus. mit Jürgen Roth): *Alle meine Endspiele – Herrliche Fußballgeschichten – von Bern bis Hamborn* (Berlin 1998).

Eckhard Henscheid, geb. 1941, lebt als Schriftsteller alternierend in Amberg und Frankfurt/Main. Letzte Buchveröffentlichung: *10:9 für Stroh – Drei Erzählungen* (Berlin 1998).

Marit Hofmann, geb. 1971, ist Redakteurin der Zeitschrift *konkret* und lebt in Hamburg.

Wolfram Kempe, geb. 1960, lebt als Schriftsteller und Journalist in Berlin und ist Redakteur der Zeitschrift *Sklaven Aufstand.*

Peter Köhler, geb. 1957, lebt in Göttingen. Letzte Buchveröffentlichung (als Hg.): *Menschen beschimpfen Tiere* (Leipzig 1998).

Tilo Köhler, geb. 1955, lebt als freier Journalist in Berlin. Letzte Buchveröffentlichung: *Comedian Harmonists* (Berlin 1997).

Ulrich Land, geb. 1956, lebt als freier Schriftsteller in Hattingen. Hörspiele, Essays, Erzählungen und Rundfunkmoderationen. Zahlreiche Buchveröffentlichungen.

Bruno Langen, geb. 1960, lebt in Leipzig. Diverse Tätigkeiten.

Moritz Lupard, geb. 1963, Studium der Rhetorik und Sportwissenschaften in Tübingen, Buchhandelslehre in Reutlingen. Lebt in Calw. Letzte Buchveröffentlichung (als Hg. zus. mit Jürgen Jonas): *Einhundert Jahre Jünger – Ein Erinnerungsbuch* (Tübingen 1995).

Rainer Moritz, geb. 1958, war von 1995 bis 1998 Programmchef des Reclam Verlags Leipzig und lebt als Leiter des Hoffmann und Campe Verlags in Hamburg. Letzte Buchveröffentlichung (als Hg. zus. mit Andrea Köhler): *Maulhelden und Königskinder – Zur Debatte über die deutschsprachige Gegenwartsliteratur* (Leipzig 1998).

Hannes Mühlwald, geb. 1946, Literaturwissenschaftler und Journalist, lebt in Hannover. Letzte Buchveröffentlichung: *Deutschland in Schweden – Schweden in Deutschland* (Hannover 1998).

Stefan Müller, geb. 1966, ist Mitarbeiter des Freien Radios Querfunk in Karlsruhe, Redaktionsmitglied der Zeitschrift *karoshi* und publiziert bisweilen Beiträge zur Rekonstruktion der situationistischen Kritik.

Jan Orthwien, geb. 1968, lebte lange Jahre in Mainz und gelangte dort als Schmähredner zu geringfügigem Ansehen.

Jürgen Roth, geb. 1968, lebt als freier Autor in Frankfurt/Main. Letzte Buchveröffentlichung: *Kultur? Betrieb! – Essays und Polemiken zu Literatur und Geistesleben* (Münster 1999).

Thomas Roth, geb. 1971, studiert Siedlungsgeographie, Soziologie des urbanen Raums und Stadtgeschichte in einer Ortschaft, die nicht weiter der Rede wert ist.

Michael Rudolf, geb. 1961, schrieb von 1990 bis 1994 u. a. regelmäßig für den *Greizer Heimatboten*.

Michael Sailer, geb. 1963, Autor, Redakteur, Musiker, Photograph, erhielt 1998 für den Roman *Die Verrückten stehen in der Sonne* ein Stipendium der Stadt München. Lebt daselbst mit seiner Frau und drei Katzen.

Rolandt Saß, Zivildienst, Studium, längere Auslandsaufenthalte, lebt und arbeitet in Bonn bei Koblenz.

Frank Schäfer, geb. 1966, lebt als freier Autor in Braunschweig. Letzte Buchveröffentlichung: *Lichtenberg-ABC* (Leipzig 1998).

Thomas Schaefer, geb. 1959, lebt in Göttingen. Letzte Buchveröffentlichung (als Hg.): *Robert Gernhardt: Gernhardts Göttingen* (Göttingen 1997).

Harald Schamkowski, geb. 1965, Abitur, Wehrdienst, abgebrochenes Maschinenbaustudium, Hobbys: der deutsche Gegenwartsroman und Modellschiffbau.

Simone Schmid, geb. 1941, aufgewachsen in Grafrath, geheiratet in Grafrath, nie weggezogen aus Grafrath. Arbeiten für die *Süddeutsche Zeitung*, *konkret* und den Rundfunk. Gedichtband *kreuz & gwehr*.

Christian Y. Schmidt, geb. 1956, lebt als freier Journalist in Berlin. Letzte Buchveröffentlichung: *Wir sind die Wahnsinnigen – Joschka Fischer und seine Frankfurter Gang* (München/Düsseldorf 1998).

Lissy Schmidt, geb. 1966, lebt und arbeitet in der Nähe von Großschwabhausen.

Oliver Maria Schmitt, geb. 1966, lebt in Frankfurt/Main und ist Chefredakteur der Zeitschrift *Titanic*. 1999 erscheint (zus. mit Jürgen Jonas): *Gute Güte, Göthe* (Zürich).

Jörg Schröder, geb. 1938, ist der Verleger des legendären MÄRZ Verlags, dessen Archiv 1987 das Deutsche Literaturarchiv Marbach a. N. übernahm. Seit 1990 erscheinen viermal jährlich die Folgen von *Schröder erzählt*. Jörg Schröder erzählt Barbara Kalender, die Tonbandabschrift wird anschließend von beiden redigiert. »Doch wir küssen um so besser« ist ein Auszug aus der 9. Folge, *Bubi*. Informationen zu *Schröder erzählt* jederzeit gern: MÄRZ Desktop VERLAG, Rosenaustr. 70, 86152 Augsburg, Tel. und Fax: 0821/152595.

Björn Schroth, geb. 1970, wohnt in Köln.

Joachim Schulz, geb. 1963, lebt und arbeitet als Buchhändler und Nebenerwerbsautor in Marburg. Schreibt u. a. für die *taz*, die *Frankfurter Rundschau* und den *Freitag* sowie die Texte für Steffen Haas' wöchentlichen Comic strip »Die Abenteuer von Ernestine und Wladimir« im *Schwarzwälder Boten*.

Gunther Schunk, geb. 1967, lebt in Würzburg und arbeitet in Erlangen. Dialektforscher, Rockbassist und Mitherausgeber des Kneipenführers *Würzburg zwischen Sekt und Selters* (Cadolzburg 1998).

Kay Sokolowsky, geb. 1963, lebt als freier Autor in Hamburg. Letzte Buchveröffentlichung (zus. mit Jürgen Roth): *Wer steckt dahinter? – Die 99 wichtigsten Verschwörungstheorien* (Köln 1998).

Martin Sonnenschein, geb. 1966, ist freier Autor und Redakteur in Düsseldorf.

Jochen Stuck, geb. 1968, hätte gern ein Auto, hat auch eins. Sein persönlicher Mechaniker war im Rennsport tätig und ist heute vor allem untätig. Lebt in Frankfurt/Main.

Hartwig Suhrbier, geb. 1942, arbeitet als Rundfunkredakteur in Köln. Edierte u. a.: *Friedrich der Große: Das Buch Blaubart – Eine Satire* (Frankfurt/Main 1987).

Horst Tomayer, geb. 1938, ist Dichter und TV-Seriendarsteller.

Peter Wawerzinek, geb. 1954, lebt als freier Autor in Berlin. Letzte Buchveröffentlichung: *Café Komplott* (Berlin 1998).

Rayk Wieland, geb. 1965, lebt in Hamburg und ist Redakteur der Zeitschrift *konkret*. Letzte Buchveröffentlichung (als Hg.): *The Neurose of England – Massen, Medien, Mythen nach dem Tod von Lady Di* (Hamburg 1998).

Christoph Winnat, geb. 1963, lebt in Frankfurt/Main.

Tom Wolf, geb. 1964, studierte Germanistik und Philosophie, 1996 Doktorarbeit über *Goethe und Pustkuchen*. Publikationen zu Arno Schmidt, Alfred Döblin und Eduard Mörike. Noch immer wohnhaft in Hechingen.

RECLAM-BIBLIOTHEK

Öde Orte

Ausgesuchte Stadtkritiken: von Aachen bis Zwickau

Herausgegeben von Jürgen Roth und Rayk Wieland
252 Seiten. Mit 11 Zeichnungen von Wolfgang Herrndorf. RBL 1625. 19,– DM
ISBN 3-379-01625-X

»Öde Orte« hält, was der Titel verspricht: gnadenlose literarische Reportagen über Städte, Dörfer und Gemeinden unserer Republik. Verfaßt von leiderprobten Kennern des jeweiligen Lokalkolorits wie Franz Dobler, Wiglaf Droste, F. W. Bernstein, Gerhard Henschel, Eugen Egner, Harry Rowohlt, Fanny Müller, Susanne Fischer, Karl Riha, Horst Tomayer, Eckhard Henscheid und vielen anderen. Der etwas andere Reiseführer für unerschrockene Realisten.

»Öde Orte, wohin man kommt, wo immer in Deutschland man lebt. Empfindsame Menschen gestehen, bekennen, klagen an.« *(Die Zeit)*

»Ein Breitbandantibiotikum gegen provinzielle Enge, die Besonderheit vortäuscht; gegen großstädtische Überheblichkeit, die nur notdürftige Beschränktheit verbirgt.« *(taz)*

»›Öde Orte‹ nennt urbanes Leben beim Namen: Aachen (rote Busse spielen Nahverkehr), Zwickau (fördert Konzentrationsschwächen) und Bielefeld (Straßen namens ›Heimweg‹ und ›Pausenweg‹) sowie Frankfurt (vgl. Bielefeld).« *(FAZ-Magazin)*

RECLAM-BIBLIOTHEK

Gerhard Fischer/Jürgen Roth
Leben voller Fallrückzieher

Fußballer erzählen – von Fritz Walter bis Lothar Matthäus

352 Seiten. RBL 1640. 20,– DM
ISBN 3-379-01640-3

Wer fiebert nicht mit, wenn unsere Jungs sich in den Kampf um das runde Leder stürzen. Aber wer weiß schon, wie es in den Fußballer-Seelen aussieht?

»Leben voller Fallrückzieher« bringt Licht ins Dunkel. Wer wissen will, was die Stars des deutschen Fußballs bewegt, der sollte nicht den Gazetten vertrauen, sondern ihre Bücher lesen. Mehr als 150 Autobiographien der letzten fünfzig Jahre haben die Autoren Gerhard Fischer und Jürgen Roth gesichtet, bejubelt und bekrittelt. Sepp Maier, Gerd Müller, Franz Beckenbauer, Berti Vogts, Paul Breitner, Edmund Conen, Uli Stein und viele andere Heroen des Rasens kommen zu Wort.

»Roth und Fischer haben das Genre um ein lesenswertes Buch bereichert.« *(Neue Züricher Zeitung)*

RECLAM-BIBLIOTHEK

Jürgen Roth/Michael Rudolf
Spaltprodukte

Gebündelte Ost-West-Vorurteile

171 Seiten. RBL 1603. 16,– DM
ISBN 3-379-01603-9

Westdeutsche sind geizig, überheblich, geltungssüchtig, geld- und karrieregeil, wissen alles besser, reden geschwollen daher, kennen keine Rücksicht und geben sich als die ewigen Gewinner. Da ist ihnen jedes Mittel recht. Herr Roth (West) glaubt sogar, wenn er sich im Alphabet vor Herrn Rudolf (Ost) schiebt, seine Vorzüge in besserem Licht erscheinen zu lassen. Ostdeutsche hingegen sind maulfaul, larmoyant, langweilig, humorlos, unterwürfig, schüchtern, undankbar, provinziell, vom Neid zerfressen und springen über jedes Opferstöckchen, das man ihnen hinhält. Kein Wunder also, daß Rudolf glaubt, den Eskapaden von Roth keine Bedeutung beimessen zu dürfen.

Zu erfreulich vielen Themenkomplexen darf jeweils eine Ost- und eine Westmeinung zu Wort kommen: Weder Sport und Verkehrswesen, weder Humor, Arbeit, Religion, Pop, Essen und Trinken, Medien, Werbung noch Verbrechen dürfen da unentschuldigt fehlen. Dieses Buch ist eine Leistungsschau der schönsten und wichtigsten Ost-West-Vorurteile, bei deren Lektüre jeder, dem die deutsche Teilung am Herzen liegt, noch eine ganze Menge dazulernen kann.